KB190746

구약 지혜서 연구

Interpreting thd Old Testament Wisdom Books
by Changhak Hyun, Ph.D.

Copyright © 2009 Hapdong Theological Seminary Press
50, Gwanggyojungang-Ro, Youngtong-Gu, Suwon, Kyeonggi-Do, Korea 16517
Telephone | +82-31-217-0629
Fax | +82-31-212-6204
homepage |www.hapdong.ac.kr
e-mail | press@hapdong.ac.kr

Printed in Korea

구약 지혜서 연구

초판1쇄 | 2009년 7월 10일
초판2쇄 | 2012년 2월 25일
초판3쇄 | 2015년 9월 04일
초판4쇄 | 2019년 7월 15일

지은이 | 현창학
펴낸이 | 정창균
펴낸곳 | 합동신학대학원출판부
주소 | 16517 경기도 수원시 영통구 광교중앙로 50 (원천동)
전화 | (031)217-0629
팩스 | (031)212-6204
홈페이지 |www.hapdong.ac.kr
출판등록번호 | 제 22-1-1호
출판등록일 | 1987년 11월 16일
인쇄처 | 예원프린팅 (031)902-6550
총판 | (주)기독교출판유통 (031)906-9191
값 9,500원

ISBN 89-86191-88-2
* 잘못된 책은 교환해 드립니다.

이 도서는 국립중앙도서관 출판시 도서목록(CIP)은 e-CIP 홈페이지
http://www.nl.go.kr/cip.php에서 이용하실 수 있습니다.
(CIP 제어번호 : CIP2009001959)

구약 지혜서 연구

현창학 지음

합신대학원출판부

구약성경은 하나님과 이스라엘 사이의 긴밀한 만남의 관계를 다루는 책이다. 하나님은 이스라엘을 선택하시고 사랑하셨으나 이스라엘은 그 사랑에 둔감하여 하나님을 배반하고 그릇된 길로 가기 일쑤였다. 그래서 하나님은 종종 징계의 매를 드시고, 곤경에 빠진 이스라엘은 하나님 앞에 간절히 기도함으로 곤경에서 건짐 받곤 한다. 하나님은 이 모든 과정을 통하여 자신의 나라에 대한 큰 계획을 한 발자국씩 이루어 가신다. 구약성경은 전체적으로 하나님과 이스라엘 사이의 이와 같은 '치열한' 관계를 취급하는 책으로 알려져 있다.

그런데 구약 안에는 이러한 치열한 관계와는 다소 거리가 있고 조금 다른 관심에 경도되어 있는 일단의 책들이 있다. 소위 지혜서라고 불리는 책들이다. 잠언, 전도서, 욥기 등이다. 지혜서는 '지혜'라는 화두에 관심을 가진다. 선민 이스라엘의 역사적이고 구원적인 경험보다는 보편적인 인간의 일상의 삶에 관심을 기울인다. 하나님과의 특별한 사랑의 관계 속에서 범죄하여 징계 받고, 기도하여 구원 얻고 하는 '긴장이 감도는' 관계에 대한 해설이라기보다는 조용하게 하루하루 사람이 살아가는 생활에 대해 살피면서 거기서 보다 나은 삶의 가치와 방식을 찾아내고 그것을 가르쳐 주고자 하는 것이 지혜서이다. 따라서 지혜서의 분위기는 한층 차분하고 관조적이며 사색적이다.[1] 본서는 바로 이 지혜서들에 대한 해설을 제공하려고 하는 책이다.

지혜서는 관심에 비해 정확한 해설이 덜 되어 있는 분야이다. 서구에서도 지혜서에 대한 관심은 1980년대 이후부터야 본격화되었다. 물론 그 전에도 지혜서가 연구되지 않은 것은 아니지만 지혜서의 독특한 특성에 대해 관심이 주어지고 이를 중심으로 새로운 연구가 촉발되기 시작한 것은 1980년대 이후라고 생각된다. 국내에도 지혜서에 대한 소개는 많이 부족한 형편이다. 몇 가지의 입문서가 번역되긴 했으나 우리 상황에 맞게 지혜서를 소개하는 작업은 아직 전무한 형편이다.

구약이 일반적으로 그렇지만 특히 지혜서는 해석의 사각지대가 많은 책들이다. 책 한 권의 주제나 메시지에 대한 오해는 물론 책의 구성 부분들에 대한 이해도 정확치 않은 경우가 많다. 본서가 이를 어느 정도 해소하여 설교자들이 지혜서 본문을 정확히 설교하는 데 조금이나마 도움이 된다면 그보다 큰 보람은 없겠다. 개인적으로 진지하게 성경을 연구하는 이들에게도 물론 도움이 될 것이다. 전문가만이 아니라 성경에 관심이 있는 사람이면 누구든지 도움을 얻을 수 있도록 평범한 말로 해설하고자 노력했다. 지혜서는 기독교인의 삶에 큰 도전이 되는 책들이다. 지혜서를 새롭게 발견하여 풍부하고 균형 잡힌 신앙생활이 영위될 수 있기를 바란다.

본서는 그동안 필자가 신학정론에 기고한 글들을 중심으로 구성되었다.

---

[1] 물론 욥기 같은 경우는 반드시 조용한 분위기의 책이라고만 할 수 없지만 기본적으로 삶에 대한 반성을 다룬다는 면에서 다른 책들과 성격이 같다.

합신에 와서 강의하는 동안 지혜서에 대해 계속 관심을 가졌고 신학정론의 원고들은 대부분 지혜서에 관심을 가진 목사님들과 신학생들을 염두에 두고 쓴 글들이다. 특히 합신의 신학생들에게 강의할 것을 생각하면서 썼기 때문에 필자의 강의를 들어준 사랑하는 학우들이 이 책의 공동 저자인 셈이다. 그들의 관심과 열성적인 강의 참여가 없었다면 필자의 생각은 여기까지 정리되기 어려웠을 것이다. 그들에게 무엇을 말할까를 생각하며 이 책의 내용은 빚어져 왔다고 할 수 있기 때문이다. 강의를 하면서 부족하더라도 어떤 형태로든 신학생들을 위한 지혜서 입문서 한 권이 필요하다고 생각해 왔던 것이 오늘의 결실이 되었다. 1장에서 4장까지 네 장, 즉 지혜서의 개괄적 성격과 잠언 욥기 전도서 각 권을 다룬 장들은 신학정론에 기고할 당시와 생각이 달라진 부분에 대해 다소 수정을 가한 것이다. 구약의 지혜와 신약의 관계에 대해 다룬 마지막 장은(5장) 이 책을 위해 새로 썼다.

책 각 권을 해설할 때에는 과연 성경이 무엇을 말씀하는지 성경 본문 자체를 정확히 주경하고자 하였다. 외국 학자들의 연구 성과를 종합할 때에도 그들의 연구 내용을 학습한 것을 그대로 옮기려 하지 않았다. 무슨 주제든 부족하나마 우리 실정에서 우리 신앙에 무슨 의미를 갖는가 하는 관점에서 재해석하려고 노력했다. 열심은 있으나 많은 부분에서 균형과 건전성이 크게 아쉬운 우리 신앙의 현실을 감안하여 하나의 창의적 신학적 고민이 되도록 매 경우마다 노력했다.

그러나 이 연구는 어디까지나 진행 중인 진리 탐구 작업의 일부일 뿐이다. 완결된 답을 제시할 수도 없을 뿐더러 그런 무리한 욕심을 내어서도 안 된다고 생각한다. 성경이 말씀하는 진리의 길을 내는 일은 계속되는 진행형이다. 최종적인 답을 기대하지 말고 독자 제현의 성숙한 성경 읽기를 위한 하나의 기초적인 도우미가 나왔다고 생각해주시면 감사하겠다.

본서의 출간을 위해 격려와 배려를 아끼지 않으신 박형용 전 총장님과 오덕교 전 총장님, 그리고 성주진 총장님과 윤영탁 교수님께 깊은 감사를 드린다. 그리고 무엇보다 이 연구를 가능토록 지원해 주신 온누리교회 하용조 목사님께 깊은 감사의 말씀을 드린다. 책의 출간을 위해 편집 교열 교정 등 말할 수 없는 수고를 아끼지 않으신 편집실장 조주석 목사님, 책의 디자인을 맡아주신 김혜림 자매께 또한 심심한 감사를 표한다.

첫 책을 출간하게 됨에 즈음하여 필자의 지도교수이셨던 위스컨신 대학의 마이클 팍스(Michael V. Fox) 교수님께 깊은 감사의 마음을 표한다. 교수님은 필자에게 주경이 무엇인지와 학자로서의 전문성이 어떤 것인지를 몸소 가르쳐 주신 분이다. 스스로를 주경가(exegete)라 부른 대학자 밑에서 공부할 기회를 얻은 필자는 더 없이 복을 받은 사람이다.

무엇보다 마음속으로부터 깊은 감사를 아내 미숙에게 전하지 않을 수 없다. 결혼 초기부터 유학 시절, 귀국하여 교수 사역하는 지금까지 아내는 필자에게 가장 소중한 조언자요 상담자였다. 이러한 아내의 사랑과 격려와 조언이 없었다면 이 책은 빛을 볼 수 없었을 것이다. 필자에게 항상 기쁨이 되어준, 이제는 늠름한 청년들로 자란 두 아들 성수, 은수에게도 사랑의 마음을 전한다.

모든 것은 하나님의 은혜로 되었다. 오직 주님께 영광을 돌린다.

2009년 5월
수원 원천동 캠퍼스에서
현   창   학

약어표

AB	Anchor Bible
ANET	James B. Prichard ed., *Ancient Near Eastern Texts Relating to the Old Testament*, 3rd ed. with supplement (Princeton: Princeton University Press, 1978)
An Or	Analecta orientalia
ASV	American Standard Version
BDB	F. Brown, S. R. Driver and C. A. Briggs, *A Hebrew and English Lexicon of the Old Testament* (Oxford, 1907)
BHS	Biblia Hebraica Stuttgartensia, eds. K. Elliger et al. (Stuttgart, 1967/1977)
Bib	*Biblica*
BKAT	Biblischer Kommentar: Altes Testament
BLS	Bible and Literature Series
CBQ	*Catholic Biblical Quarterly*
CBQMS	Catholic Biblical Quarterly Monograph Series
ETL	*Ephemerides theologicae lovanienses*
FOTL	The Forms of the Old Testament Literature
Fs	Festschrift
GKC	E. Kautzsch ed., *Gesenius' Hebrew Grammar*, trans. A. E. Cowley, 2nd English ed. (Oxford, 1910)
HUCA	*Hebrew Union College Annual*
ICC	International Critical Commentary
IBT	Interpreting Biblical Texts
IDB	*Interpreter's Dictionary of the Bible*
IDBS	Supplementary volume to *IDB*
ISBE	G. W. Bromiley et al. eds., *The International Standard Bible Encyclopedia: Fully Revised*, vols. 1-4 (Grand Rapids: Eerdmans, 1979/1988)
JAOS	*Journal of the American Oriental Society*
JBL	*Journal of Biblical Literature*
JETS	*Journal of the Evangelical Theological Society*
JQR	*Jewish Quarterly Review*
JSOT	*Journal for the Study of the Old Testament*

JSOT Sup   Supplementary volume to *JSOT*
(or JSOTS)
KJV   King James Version
LXX   The Septuagint
MT   The Masoretic Text
NAB   New American Bible
NASB   New American Standard Bible
NEB   New English Bible
NIV   New International Version
NJB   New Jerusalem Bible
NJPS   New Jewish Publication Society (Translation)
NRSV   New Revised Standard Version
OTL   Old Testament Library
RB   *Revue biblique*
REB   Revised English Bible
RSV   Revised Standard Version
SBL   Society of Biblical Literature
SBLDS   SBL Dissertation Series
TDNT   G. Kittel ed., *Theological Dictionary of the New Testament*, trans. and ed.
           G. W. Bromiley, vols. 1-10 (Grand Rapids: Eermans, 1964/1976)
TEV   Today's English Version
TOTC   Tyndale Old Testament Commentaries
WBC   Word Biblical Commentary
ZAW   *Zeitschrift für die alttestamentliche Wissenschaft*

제1장
지혜의 개념과 지혜서의 성격

구약에서 잠언, 욥기, 전도서를 가리켜 지혜서라 한다(여기에 덧붙여 아가서도
지혜서로 간주된다1)). 이 책들은 공히 "지혜"(חכמה; 호흐마)라는 주제를 다루기
때문에 그렇게 이름이 붙여졌다.2) 그런데 지혜서들은 책의 성격도 구약의
여느 책들과는 상당히 다르다. 구약에는 오경, 역사서, 선지서, 시편 등의
큰 덩어리의 책들이 있는데 이 책들은 소위 "구속사"를 다루는 책들이다.
선택된 민족 이스라엘이 하나님과의 관계 속에 엮어내는 사건들이 주된 관심인
것이다.

잠언, 욥기, 전도서 (그리고 아가)는 이와는 다른 관심을 지닌다. 이스라엘과
하나님과의 특수한 관계에 대한 관심 대신 보편적인 인간의 "삶"(life)에 초점을
맞춘다. 사람이 어떻게 살아야 바로 사는 것이며 성공적으로 사는 것인가
하는 것이 관심의 초점이다. 하나님과 선민이라는 특수한 관계는 사라지고

---

1) 아가서를 지혜서에 포함시킬 수 있는가에 대해서는 토론의 여지가 있는 것이 사실이다.
   본서가 아가서를 지혜서로 취급하는 이유에 대해서는 뒤의 5장에서 상세한 설명을 찾을
   수 있다.
2) 본서는 히브리어를 밝혀야 할 때에 한글 발음을 병기하도록 하겠다. 이 발음은 고딕체로
   표기하도록 한다. 물론 같은 단어가 거듭될 때에는 한글 표기를 생략한다.

하나님과 보편적인 인간이라는 일반적인 관계가 전면에 부상한다. 지혜서는 보다 인간적인 입장에서 신앙과 윤리에 대해 토론한다. 권위적이고 지시적이기 보다는 귀납적이고 설득적이다. 사람이 사는 세계(혹은 도덕적 우주)에 일정한 질서가 있다고 보고 사람에게 참되이 유익한 삶의 길이 무엇인지 상담하고 충고하는 책들이다. 본서는 지혜서라는 이와 같이 특수한 관심의 책들을 취급하는 것이 목적이다.

1. 지혜서 연구의 의의

지혜서는 아직까지도 충분히 연구되지 않은 분야이다. 서구의 학계도 이제야 어느 정도 연구 결과의 집적을 보기 시작하는, 말 그대로 유아기라 불러야 좋을 만큼 시초적인 단계의 연구 상태에 있다. 지혜서는 구약성경의 다른 책들과 비교해 볼 때 관점과 표현방법이 독특한데 이러한 독특성 때문에 지혜서는 근대 이후 20세기 중반까지 학자들의 주요한 관심 밖에 있었다. 그러던 것이 1970, 80년대가 되면서부터는 지혜서에 대한 학자들의 관심이 증대되기 시작하였고 근자에는 학자들의 우수한 연구 성과가 급속히 집적되고 있는 실정이다.3) 그 동안 소외(?)되었던 이 분야에 대해서 늦게나마 새로운

3) 지혜서는 중세에 한 차례 상당한 정도로 연구된 적이 있다고 보고된다. 그 후 오래 동안 특별한 관심을 끌지 못하다가 20세기 후반 이후에 들어와서 구미의 상당수 학자들에 의해 연구되고 있다. 근자에는 지혜서에 대한 연구 결과가 그 어느 분야에 뒤지지 않는 수준으로 발표되고 있는데(학술지의 논문, 주석, 논문모음집 등 여러 방식으로 출판되고 있음), 따라서 이 분야는 (비단 본문 주해나 신학뿐 아니라 사본학 역본학 문헌학 등등 모든 분야를 망라하여) 구약학의 여타 분야와 마찬가지로 하나의 독립된 연구 영역으로 자리 매김하고 있다. 아직 미흡하긴 하지만 최근에는 교과서로 쓸 수 있을 정도의 개론서도 여러 권 나와서 이 분야의 연구 성과가 꽤 집적되었다는 사실을 말해 준다. 가장 쉽게 접할 수 있는 개론서들로는 R. E. Murphy, *The Tree of Life: An Exploration of Biblical Wisdom*

연구 붐이 조성되는 것은 극히 다행한 일이며, 조만간 연구 성과가 충분히 쌓이면 성경의 다른 분야처럼 지혜서도 확고히 정리된 터 위에서 연구되고 교수될 수 있을 것이다.

지혜서 연구는 세계 학계에 생소한 만큼 국내에도 충분히 소개되지 않은 것이 사실인 것 같다. 본서를 통하여 지금까지 축적된 이 분야의 연구 결과를 한번 정리 개괄하는 것은 이 분야를 더욱 개척해 나가는 데 필요한 일 뿐더러, 특히 국내적으로는 이 분야에 대해서 새로운 관심이 공유될 계기를 마련하는 작은 작업도 될 수 있지 않을까 한다.

물론 본서는 단순히 지금까지의 연구 성과를 정리하는 것으로 만족하지는 않을 것이다. 여러 갈래로 의견이 나뉘어 있는 사안에 대해서는 각 의견을 종합하고 나름대로 균형 있는 해결책도 제시하고자 할 것이다. 지혜서의 성격이나 지혜서 각권의 의미(메시지)에 관해서 서구 학자들은 쉽게 놓치지만 동양 학자의 시야에는 걸려드는 새로운 관점도 없지는 않으리라 생각한다.

어쨌든 지혜서는 아직 연구하고 규명해야 할 부분이 많이 남아 있어 구약을

Literature(1990년 초판, 1996년 개정판, 2002년 3판); J. L. Crenshaw, *Old Testament Wisdom: An Introduction*(1981년 초판, 1998년 개정판); Richard Clifford, *The Wisdom Literature*(1998) 등을 들 수 있다. Murphy와 Crenshaw가 그렇게 길지 않은 시간 간격을 두고 초판에 이어 재판, 3판을 써내야 할 만큼 지혜서 연구 성과는 급속히 증가하고 있다. 이렇게 20세기 후반 및 그 이후의 새로운 지혜서 연구의 붐을 일으킨 책은 독일학자 Gerhard von Rad의 *Wisdom in Israel*(1972)이라고 일컬어진다. 복음 진영에도 이러한 연구 성과를 반영하듯 몇 가지 입문서가 나와 있다. 독창적인 연구 성과보다는 이미 연구가 이루어진 것을 새롭게 정리한 수준이지만 급진적인 비평적 태도의 폐해를 적절히 차단함으로써 복음 진영 신학교의 교과서로 또는 교회 현장의 성경공부 교재로 쓰기에 적합하다는 장점이 있다. 다음과 같은 것들이다: D. Kidner, *Wisdom to Live by: An Introduction to the Od Testament's Wisdom Books of Proverbs, Job and Ecclesiastes* (1985) (『어떻게 지혜서를 읽을 것인가?』, 유윤종 옮김 [서울: IVP, 2000]); G. Goldsworthy, *Gospel and Wisdom: Israel's Wisdom Literature in the Christian Life* (1987) (『복음과 지혜』, 김영철 옮김 [서울: 한국성서유니온, 1989]); William P. Brown, *Character in Crisis: A Fresh Approach to the Wisdom Literature of the Old Testament* (1996).

공부하는 이들에게 많은 것을 약속하는 처녀지로 우리 앞에 있다. 이 분야에 대한 새로운 관심은 언제나 환영받고 있다 할 것이다.

그러나 본서가 지혜서를 다루는 이유는 이처럼 학술적인 것만은 아니다. 본서의 보다 실제적인 관심은 말씀 사역자들이 지혜서를 설교하고 가르치는 일과 일반 교우들이 이 책들을 하나님의 말씀으로 섭취하는 일과 관련되어 있다. 말씀 사역자들로 하여금 그동안 정체와 의미를 잘 몰랐던 지혜서를 정확히 이해할 수 있게 하여 이 책들이 지닌 풍부한 의미를 강해하도록 돕는 것이 본서의 목표이다. 사역자들이 지혜라는 개념의 의미를 비롯해서 지혜서의 의도와 성격을 정확히 이해하게 되면 그동안 간과되었던 지혜서의 진수를 교중에게 가르칠 수 있게 되고, 따라서 교회의 삶은 한층 성숙해지고 풍요로워질 수 있을 것이다.

지혜서는 일반 교우들도 관심이 많다. 삶에 유익한 지혜를 많이 알려 주고, 인간이면 누구나 겪게 되는 실존적 고민도 깊이 다뤄주기 때문이다. 그러나 관심에 비해 지혜서의 이해를 도와 줄 안내서는 찾기가 그리 쉽지 않다. 서양의 입문서들도 아직은 대부분 학술적인 수준의 것들이어서 평신도들에게는 어렵게 느껴질 수밖에 없다. 본서는 전적으로 평신도를 위한 책이라고 장담은 못해도 그래도 평신도들을 염두에 두고 쓰여졌다. 가급적 평이한 어휘와 차분한 설명으로 전문적인 신학 훈련을 받지 않은 이라도 누구나 이해할 수 있게 하였다. 학술적인 토론이 불가피한 곳은 어쩔 수 없다 하더라도 그렇지 않는 곳에서는 가능한 쉬운 말로 관심 있는 모든 이의 이해를 돕고자 하였다.

구약은 원래 어려운 책이다. 해석의 사각지대가 참으로 많다. 의미(메시지)를 잘 알고 있다고 생각하지만 잘못 알고 있는 수도 있고, 아예 의미를 전혀 알지 못하는 경우도 적지 않다. 이것은 성경의 책 한 권 전체에 대해서 그러하고 또한 개별 구절 하나하나에 대해서도 그러하다. 구약은 이처럼 정확한 이해가 결여된 채 가르쳐지고 설교되기 쉬운 책임을 유념할 필요가 있다. 그렇기 때문에 구약은 책 한 권 한 권을 차분하고 진지하게 공부해내는 끈기가 요청된다. 조급한 마음을 버리고 장기적인 계획을 세워서 구약 한 권 한 권을 샅샅이 공부할 필요가 있다. 한 권 한 권 공부해서 구약성경 전체가 학습되기까지 해야 한다.4) 본문과 관련된 학술적인 이론 모두를(예컨대 문헌학, 비평 등) 다 알아야 할 필요는 없다(그럴 시간도 없음). 그러나 적어도 성경 한 권의 의도와 메시지는 정확히 알고 있어야 한다. 개별적인 절의 의미도 바르게 파악해야 한다. 아마 구약을 창세기부터 말라기까지 다 공부하려면 5년에서 10년은 걸릴 것이다. 그러나 이 시간은 긴 시간도 투자하기 아까운 시간도 아니다. 특히 말씀 사역자들은 이러한 노력이 자신에게 갖다줄 보상을 생각할 필요가 있다. 이 시간을 투자하고 나서 구약성경 전체가 바르고 충분하게 이해되었을 때 자신에게 생긴 설교자로서의 실력(잠재력)을 생각해 보아야 한다. 어느새 전혀 다른 설교자와 교사가 되어있을 것이다. 구약 전체의 공부는 설교자가 결코 건너 뛸 수 있는 과정이 아니다.

　지혜서도 반드시 공부가 필요한 책들 중의 하나이다. 구약의 다른 책들만큼 충분히 소개가 되지 못한 이유가 크겠지만 유독 지혜서는 잘못 이해되는 점이 많은 책들이기 때문이다. 무엇보다 지혜서는 어려운 책들이다. 잘 공부하지 않으면 도대체 책의 메시지(또는 의도)조차 파악하기 힘들다. 개별 구절들도 난해한 것투성이이다. 지혜서들은 어휘, 문법, 구문의 사용과 책의 구조와 내용 등에 있어 구약 내에서 가장 난해한 책들이라 해도 과언이 아니다. 욥기와

---

4) 건전한 신학 입장에서 쓰여진 입문서와 메시지 중심 주석들 중에 한 두 종류를 택하여 학습 도우미로 사용하는 것을 추천할 만하다.

전도서는 분명히 그러하다. 어휘나 구문이 몹시 난해하고 책의 의미와 의도도 참으로 파악하기 어렵다. 잠언도 만만한 책이 아니다. 보통은 잠언을 그저 유익한 교훈이 많은 책 정도로 알고 있으나 정작 책의 진정한 의도와 중심 교훈 같은 것에 대해서는 잘 모르는 경우가 대부분이다. 아가는 남녀간의 연애 감정을 노래한 책인데 각 구절의 해석은 차치하고라도 그와 같이 선정적인 내용의 책이 어떻게 정경의 일부가 되었는지 정경 내에서 어떤 의미를 갖는지 하는 것 등이 아직도 완전히 해결되지 않은 수수께끼이다.

어렵고 오해가 많은 것이 지혜서이지만 적절한 안내를 받아 착실히 공부하면 많은 보상이 약속되어 있는 것이 지혜서이기도 하다. 지혜서는 우리에게 신앙의 새 지평을 열어 준다. 지혜서를 몰랐을 때의 신앙은 좀더 소위 '위기 관리'에 치우친 면이 많은 신앙이었다 할 것이다. 위기를 만나서 회개하고 하나님께 기도하여 구원을 받고 하는 등의 신앙 스타일인 것이다. 지혜서는 보다 평소 생활에 관해 말씀한다. 위기를 만나기 전에 평상시에 삶을 관리하는 요령에 관한 것이다. 하나님이 인간 세계에 부여하신 삶의 질서가 무엇인지를 가르치면서 어떻게 사는 것이 인간에게 가장 복된 결과를 가져오는지를 설명한다. 한 마디로 지혜서는 인간이 하나님이 지으신 창조세계에 허락된 모든 행복을 누릴 수 있도록 삶을 터득하는(to master life) 방법을 가르치는 책이다.[5] 지혜서를 탐구하면 이처럼 그리스도인의 삶에 새 지평이 열리게 된다. 삶을 가장 복되고 안전하고 자유로운 것으로 향유하는 길을 지혜서는 제시하는 것이다. 이와 같은 신세계를 향하여 탐구의 길을 떠나는 이의 발걸음은 복되다. 이 책은 그러한 탐구의 길을 시작하는 이들에게 가장 효율적인 길라잡이가 되도록

---

5) 참고: 잠 3:15-18 "지혜는 진주보다 귀하니 너의 사모하는 모든 것으로 이에 비교할 수 없도다 그 우편 손에는 장수가 있고 그 좌편 손에는 부귀가 있나니 그 길은 즐거운 길이요 그 첩경은 다 평강이니라 지혜는 그 얻은 자에게 생명 나무라 지혜를 가진 자는 복되도다."

최선을 다할 것이다.

본 장은 지혜서 각 권을 탐구하기에 앞서 이를 위한 기초 작업, 즉 지혜의 개념과 지혜서의 성격에 대해 살피는 장이다. 내용은 지금 다루는 1. 지혜서 연구의 의의에 이어, 2. 구약 지혜서의 특징, 3. 지혜의 개념과 정의, 4. 지혜서의 분류, 5. 지혜의 한계, 6. 지혜자 그룹과 학교의 존재 등의 순으로 이어진다. 원래는 지혜의 개념을 먼저 정의하고 다른 논의들을 전개하는 것이 순서이겠지만 도대체 지혜서란 책들이 어떠한 책들이며 그 특징이 무엇인지에 대해 먼저 소개하는 것이 독자들의 이해에 도움이 될 것으로 생각되어 지혜서의 특징을 먼저 살핀 다음(2.) 지혜의 개념과 정의에 대해 다루고 있다(3.). 6. 지혜자 그룹과 학교의 존재는 아직 학자들 사이에 토론이 종결되지 않은 미제(未濟)에 속하나 지혜서의 배경을 깊이 이해하는데 도움이 될 것 같아 수록하였다.

2. 구약 지혜서의 특징

구약의 지혜서는 잠언, 욥기, 전도서, 아가를 이르는 말이다. 가장 간단히 정의한다면 지혜(חכמה)라는 주제를 다루는 책들이다. "바른 삶" 혹은 "효과적인 삶"이 무엇인가에 대해 고민하고 이를 실천할 수 있도록 가르치려는 책들이라 할 수 있다. 에스더도 지혜서로 취급하는 수가 있으나 논란의 여지가 많은 관계로 제외하고 본서는 잠언, 욥기, 전도서, 아가만을 지혜서로 취급하고 있다.6) 이 항에서 다루는 지혜서의 특징이란 이 네 권을 염두에 둔 것이다.

(실제로 필자가 본서에서 장을 할애하여 상세히 논구한 것은 잠언, 욥기, 전도서 세 권이다.)

지혜서는 지혜서가 아닌 책들과 비교할 때 어떤 특징을 지니는가? 그간의 학자들의 관찰을 종합한다면 가장 특징적인 점은 지혜서는 여타의 책에서 중요한 "언약," "구속사," "선민" 등의 개념에 그리 큰 관심을 갖지 않는다는 것이다. 지혜서 외의 책, 즉 오경이나, 역사서, 선지서, 시편에서는 이 개념들을 대단히 중요하게 여긴다. 하나님이 이스라엘을 선택하셨고 그들과 언약이라는 특수한 사랑의 관계를 맺으셨으며 이에 따라 자기 백성을 험난한 세상의 여정 속에서 혹은 채찍질하고 혹은 보호 인도하신다는 이야기, 소위 구속사가 등뼈처럼 이 책들의 줄거리를 이루고 있다.

지혜서 외의 책들이 이처럼 이스라엘의 특수한 성격에 관심을 갖는 데 비해 지혜서는 보다 보편적인 인간의 삶에 관심을 갖는다.7) 즉 선택된 백성의

---

6) 구약 내에서의 지혜서의 범위와 지혜의 영향을 받은 성경의 부분들에 대한 해설은 필자의 글을 참고할 것: 현창학, "지혜서의 성격과 지혜 어휘," 「신학정론」 21, 2 (2003. 11): 378-390. 외경에서는 집회서(Ecclesiasticus, 또는 Ben Sira)와 솔로몬의 지혜(The Wisdom of Solomon)가 지혜서로 생각된다. 그러나 본서는 정경 밖으로 신학적 논의를 확대하지 않고자 하기 때문에 특별한 참고의 경우를 제외하고는 이 두 책을 취급하지는 않을 것이다.

7) 지혜서의 사상 세계에 대해 한 가지 보충적으로 언급하고 넘어가야 할 것이 있다. 지혜서를 평가하는 데 있어 오류를 방지하기 위해서이다. 지혜서에는 지혜서 외의 책들에 있어 중요한 주제인 "언약," "구원," "선민" 등의 개념이 나타나지 않는 게 사실이다. 흔히 구약성경의 핵심 사상으로 간주되는 이러한 주제들이 결여되어 있다. 그러나 그것이 지혜서를 쓴 지혜 스승들이 그 주제들을 몰랐다거나 혹은 그것들과는 전혀 다른 신앙체계를 개진하려 했다는 것을 의미하지는 않는다. 지혜 스승들은 이스라엘의 지도자들이었고 이스라엘의 신앙 전통에 철저한 뿌리를 가지고 있는 사람들이었다. 이 점은 잠언 등에서 "여호와를 경외함"을 거듭 말하는 것이라든지(잠 1:7, 29; 2:5; 3:7; 8:13; 9:10; 10:27; 14:2, 26, 27; 15:16, 33; 16:6; 19:23; 22:4; 23:17; 24:21; 31:30), 율법(잠 28:4, 4, 7, 9; 29:18)과 제사(15:8; 21:3; 참고: 3:9)를 언급하는 것들에서 충분히 엿볼 수 있다. 따라서 지혜서가 지혜서 외의 책들과 같은 주제를 다루고 같은 관심을 보이지 않는다고 해서 지혜서의 신앙 자체를 다른 책들의 그것과 이질적인 것으로 취급하려 한다면 그것은 위험한 일일 뿐더러 큰 오류를 자초하는 일이다. 지혜서는 다만 지혜서 외의 책들과 세계를 보는 초점이 다를 뿐인 것이다. 다른 관점에서 이스라엘의 신앙을 해석하고 그것을 보완하거나 풍부하게

일원이 아닌 단순히 한 인간 개인이 어떻게 살아야 '성공적인' 삶을 살 것인가 하는 데에 초점을 맞추는 것이다. 인간의 삶의 배후에 있는 도덕 질서를 탐구하여 거기서 얻어진 통찰을 가지고 삶의 요령(the art of living)을 추천하는데, 곧 '바르게' 살 것을 추천한다. 구약의 지혜서가 밝혀내는 인간의 삶의 도덕 질서란 곧 바르게(의롭게) 사는 사람을 하나님이 형통케 하신다는 것인데 이 원리와 조화를 이루어 사는 것이 인생 성공의 비결이 되는 것이다. 바르게(의롭게) 산다는 것은 정직하고 성실하며 다른 사람에게 해악을 끼치지 않고 유익을 주는 삶인데, 한마디로 말하면 하나님의 계명에 순종하는 삶이다. 의로운 생활을 할 때 하나님의 복이 임한다는 원리를 의식에 심어주고 이 원리에 부합하여 사는 삶의 태도를 형성해 주려 하기 때문에 잠언의 (교육) 목표는 한마디로 "인격의 형성"(the formation of character)이라 부를 수 있다.[8] 지혜서 (특히 잠언)는 피교육자(젊은이들)에게 바른 삶이 무엇인가 하는 가치관을 정립해 주고 그 가치관대로 삶을 살 수 있도록 실천 의지를 구비해 주려 한다.

그러다 보니 지혜서는 죄를 전제로 해서 그것을 사함 받는 문제라든지, 위기의 상황에서 구원받는 문제라든지 하는 데에 대한 관심보다는, 하나님의

하려는 의도일 뿐이다. 아마 지혜서 외의 책들이 "구원"과 "구속" 등에 관심을 쏟다보니 어쩔 수 없이 등한하게 된 — 그러나 인간의 삶에는 결정적으로 중요한 영향을 미치는 — 일반은총의 측면을 지혜서는 새롭게 부각시키며 이에 필요한 주의를 새롭게 환기시키고 있다고 보아야 할 것이다.

8) 모든 지혜서의 목표를 "인격의 형성"으로 파악한(말한) 것은 W. P. Brown이다. J. Crenshaw도 이 파악을 타당하게 받아들인다. William P. Brown, *Character in Crisis: A Fresh Approach to the Wisdom Literature of the Old Testament* (Grand Rapids: Eerdmans, 1996) (특히 p. 4를 볼 것); James Crenshaw, *Old Testament Wisdom: An Introduction*, rev. and enlarged ed. (Louisville, KY: Westminster John Knox Press, 1998), p. 3. R. Murphy는 잠언의 목표를 인격 형성으로 본다. Murphy는 잠언을 해설하면서 잠언은 이스라엘의 윤리를 제시하려고 도덕률을 모아 놓은 책이 아니고 사람을 훈련코자 한 책, 즉 인격을 형성코자(to form character) 한 책이라고 보았다. Roland E. Murphy, *The Tree of Life: An Exploration of Biblical Wisdom Literature*, 3rd ed. (Grand Rapids: Eerdmans, 2002), p. 15.

형상으로서 자신의 최선을 다하고 평소의 생활에서 바른 의식과 가치관으로 책임을 다하는 일에 관심을 둔다. 즉 은혜, 회개, 기도, 경건 따위보다는 생활, 인격, 책임, 의식 등에 관심을 갖는다고 할 수 있다. 지혜서 외의 책들은 '위기 관리'에 관심을 쓰는 것이라면 지혜서는 '평소 관리'에 초점을 두고 있다고 말할 수도 있다. 물론 이런 대조는 지혜서와 비지혜서 사이의 대강의 차이를 말한 것이지 세부 내용에 있어서 절대적인 차이를 말하는 것은 아니다. 지혜서 안에서도 경건의 문제는 여전히 중요하고 비지혜서들 안에서도 바른 생활의 문제는 거듭해서 거론되는 것이기 때문이다. 다만 양쪽이 현저히 다른 관심을 보인다는 '대강의' 차이를 전제로 이와 같이 구별해 볼 수 있다는 말이다. 한 가지만 더 첨언한다면, 지혜서 외의 책들은 '역사'에 대한 관심을 표출하고 있고, 지혜서는 '창조'에 대한 관심을 표하고 있다고 구분해 볼 수도 있다.

　마지막으로 계시가 형성된 방법에서도 차이가 난다. 비지혜서들은 한마디로 말해서 하나님으로부터 '직접' 받은 계시이다. 율법이라든지, 역사에 대한 지식(해석 지식)이라든지, 선지자의 말씀 등은 하나님께서 초자연적인 경로로 사람과 접촉하셔서 주신 계시이다. 계시 수납자의 자질이나 기질, 처한 상황 등이 계시 전달 과정에 다 개입되는 것은 사실이지만 그래도 어디까지나 하나님이 '직접적으로' 주신 계시이다. 심지어 시편도 이와 다르지 않다. 비록 시편은 사람들이 드린 기도들이긴 하지만 영감된 기도로서 그것 자체가 하나님 이 그의 백성들에게 기도의 모범으로 내려 주신 것이기 때문에 이 역시 직접적 성격의 계시라 할 수 있다. 지혜서는 이와 같은 직접성이 결여되어 있다. 정경의 일부이므로 계시인 것은 틀림없으나 계시가 주어진(형성된) 방식은 비지혜서들과는 현저히 다른 것이다. 지혜서의 계시 내용은 하나님과 사람 사이의 초자연적 접촉이라는 방식을 통하여 주어지지 않는다. 인간의 경험이 계시가 형성되는 주된 원천이다. 지혜서의 제작에 책임이 있는 지혜 스승들은 (솔로몬을 포함한) 자연과 인간의 삶을 오래 관찰하였다. 관찰과 사색을 통해 얻어진 통찰들을 집적하여 삶의 법칙들을 찾아낸 것이 지혜서가 되었다.[9] 이처럼 지혜서의 내용은 하나님이 '직접' 무언가를 주신 것이 아니라 인간이 자신의 삶과 그것에 대한 오랜 관찰을 기초로 얻어낸 것이다. 인간이 이성으로 생각하고 판단하여 얻어낸 결과가 계시가 된 것이다. 표면적으로만 보면 하나님과 직접적인 접촉이 없이 주어진, 즉 인간의 이성과 경험을 매개로 주어진 계시이기 때문에 '간접적' 성격이 강한 계시인 셈이다. 하나님의 경륜으로 보면 그러한 계시의 형성 과정이 하나님의 통제하에 이루어진 것이고 그것이 정경 속에 계시로 수납된 것도 하나님의 섭리 속에 되어진 일이겠지만, 그러나 형성 과정 자체는 비지혜서들과 비하면 아무래도 간접적인 성격이 두드러지다고 해야 할 것이다. 그래서 계시 형성 방식의 차이를 기초로 대강 둘 사이를 구분한다면 비지혜서는 직접적인 성격이 강한 계시요, 지혜서는 간접적인 성격이 강한 계시라 말할 수 있을 것이다. 물론 이러한 구분은 언어의 엄밀한 의미를 따른 것이기보다는 이해를 돕기 위해 편의적이고 잠정적으로 하는 구별인 점을 부연할 필요가 있다. 역시 편의적인 대강의 방식이기는 하지만 이와 관련하여 각각에 별칭을 붙여 보는 것도 비지혜서와 지혜서의 차이를 이해하는 데 어느 정도 도움이 된다. 비지혜서는 직접적으로 하나님이 주셔서 얻는 진리이므로 '주어진 진리,' 지혜서는 인간의 이성이 탐구해서 얻어낸 진리이므로 '발견된 진리'라 이름 지어 보는 것이다.

이상의 구별을 알아보기 쉽게 도표로 나타낸다면 다음과 같이 될 것이다.

---

9) 이러한 이유로 Murphy는 지혜를 한 마디로 "창조와의 대화"(the dialogue with creation)로 정의하고자 하는데 정확한 이해로 생각된다. Roland E. Murphy, "Wisdom and Creation," *JBL* 104/1 (1985): 6.

물론 여기에 지혜서와 비지혜서 사이를 대비시키는 내용들은 절대적인 것이라
기보다는 상대적이며, 세부까지 적용되는 철저한 것이라기보다는 개괄적인
비교임을 다시 한 번 밝혀둔다.

책 구분 내용	비지혜서	지혜서
신학적 주제	언약, 구속사, 선민 (특별은총)	삶 (일반은총)
인간관	죄인	하나님의 형상
관심의 대상	역사	창조
실천적 강조점	은혜, 회개, 기도	의식, 책임, 인격
실천적 용도	위기 관리	평소 관리
계시형성방식	'직접적' 성격 (주어진 진리)	'간접적' 성격 (발견된 진리)

3. 지혜의 개념과 정의

지금까지 지혜서가 지혜서 외의 책들과 어떻게 구별되는가에 대해 살폈다.
이번에는 지혜서라는 말의 어원이기도 하며 지혜서의 핵심 주제가 되는 "지혜"
는 과연 무엇인가를 알아보기로 한다. 앞에서 언급한 것처럼 원래는 이 "지혜"의
개념에 대해 먼저 정의하고 다른 논의들을 전개하는 것이 순서이겠지만 독자들
의 이해를 돕기 위해 먼저 지혜서의 특징을 다룬 다음 지혜의 개념과 정의를
논하고 있다. 지혜라는 개념이 쓰인 범위에 대해 먼저 조사하고 이어서 지혜를
정의하기로 한다.

1) 지혜의 개념의 범위

"지혜"라는 말은 지혜서의 주제답게 지혜서에 집중적으로 나타난다. 먼저 이에 대해 살펴보자. "지혜"라는 뜻의 하함(סכח)을10) 어근으로 하는 단어는 동사, 형용사, 명사를 합쳐 구약성경에 총 318회 나온다(히브리어만 고려한 것임).11) 동사는 어근 하함(סכח; "지혜롭다," "지혜롭게 되다")의 여러 활용인데(칼 19회, 피엘 3회, 푸알 2회, 히트파엘 2회, 히필 1회) 모두 합쳐 27회 나오며, 형용사 또는 명사 하함(סכח; "지혜로운," "지혜자")은12) 단수와 복수를 합쳐 138회 나오고, 추상명사 호흐마(סכמה; "지혜")와 호흐못(סכמות; 역시 "지혜")은 합쳐서 153회(호흐마 가 149회, 호흐못이 4회) 나온다.13) 하함(סכח)을 어근으로 하는 단어 전체의 분포를 보면 구약성경에 나오는 전체 318회 중 58%에 해당하는 183회가 지혜서 세 권에(잠언, 욥기, 전도서) 집중되어 있는 것을 알 수 있다.14) 잠언에 102회(32%), 욥기에 28회(9%), 전도서에 53회(17%) 등이다.15) 이로써 (비록 아가서에는 한

---

10) 히브리어를 보여야 할 때는 한글 표기를 먼저 쓰고 괄호 안에 히브리어를 쓰기로 한다. 한글 발음 표기는 앞에서 그랬던 것처럼 고딕체로 하기로 하겠다. 여기 쓰인 어근 חכם은 사실상 자음만 세 개가 배열된 것이기 때문에 발음이 불가능한데 형용사(혹은 명사)로 가정하고 모음을 붙여 하함이라 표기한 것이다. 이 어근은 국제음성기호로 표현하면 *ḥkm*이 될 것이다.

11) 구약성경은 아람어로 쓰인 부분도 있다. 이 부분까지 고려하면 통계는 약간 달라진다. 구약성경의 아람어 부분은 창 31:47, 렘 10:11, 스 4:8-6:18, 스 7:12-26, 단 2:4b-7:28 등이다. 히브리어와 같이 "지혜"를 의미하는 חכם을 어근으로 가진 말은 에스라와 다니엘에 22회 나온다. 이것까지 합하면 חכם이란 어근으로 된 말은 구약성경에 총 340회 등장하는 셈이다. Ernst Jenni and Claus Westermann, eds., *Theological Lexicon of the Old Testament*, trans. M. E. Biddle (Peabody, MA: Hendrickson Publishers, 1997), pp. 418-419. 그러나 본서는 두 언어를 합쳐 통계를 내는 것은 피하고 히브리어에 대해서만 분포 상태를 고찰하고자 한다.

12) 형용사로 쓰이면 "지혜로운"(wise)의 뜻이 되고, 명사로 쓰이면 "지혜자"(a/the wise man)란 뜻이 됨.

13) Jenni and Westermann, *Theological Lexicon*, p. 418.

14) 유감스럽게도 아가에는 하함(סכח)을 어근으로 하는 단어가 한 차례도 나타나지 않는다. 이 점이 아가를 지혜서로 볼 수 있느냐 하는 논쟁의 시발이기도 하다.

번도 나타나지 않지만) 과연 "지혜"는 지혜서의 주제임을 알 수 있다(물론 지혜서에
는 하함말고도 하함의 동의어 또한 많이 몰려 있다[16]).

지혜를 의미하는 추상명사 **호흐마**(חָכְמָה)(혹은 호흐못[חָכְמוֹת])는 원래 "무언가
를 잘 할 줄 아는 기술이나 요령"(the art/skill of doing something well)을 의미하는
말이었던 것 같다. 물론 그러한 기술이나 요령을 지닌 사람은 당연히 지혜롭다고
(동사 하함[חכם)]) 말해지거나 지혜로운 사람이라고(하함[חכם]) 불렸을 것이다.[17]
호흐마(חָכְמָה)와 **하함**(חכם)(앞으로 하함은 형용사나 명사를 의미하는 표기로 쓸 것임)
은 무언가를 제작하는 기술을 지칭하거나 그러한 기술을 가진 사람을 가리키는
데 쓰였다. 먼저 **호흐마**를 살펴보자. **호흐마**는 특수한 직업과 관련된 전문적인
기술을 의미했다. 예컨대 이 말은 성전을 건축하는 기술(출 28~36장; 왕상
7:14; 대상 28:21), 전쟁을 수행하는 능력(사 10:13), 항해 기술(시 107:27)[18]
등을 지칭하는 데 쓰였다.[19] 또한 **호흐마**는 군왕이나 지도자의 통치 능력을
지칭하는 말로도 쓰였다. 그것은 솔로몬의 통치 능력을 가리키는 데 쓰였고(왕상
2:6; 3:28; 5:9f., 14, 26; 10:4ff.; 11:41; 대하 1:10~12; 9:33ff., 22f.), 여호수아와
다윗의 통치력을 가리키기도 했으며(신 34:9; 삼하 14:20), 심지어 두로 왕들의
통치 능력을 지칭하여 쓰이기도 하였다(겔 28:4f., 7, 12, 17).[20] 또한 **호흐마**는

---

15) 기타 성경 중 많이 나오는 곳은 열왕기상(21회, 7%), 출애굽기(18회, 6%), 예레미야(17회,
   5%) 등이다. Jenni and Westermann, *Theological Lexicon*, p. 418.

16) 예컨대 בִּינָה, תְּבוּנָה, דַּעַת, שֵׂכֶל, עֵצָה, תּוּשִׁיָּה, מוּסָר 등.

17) Georg Fohrer가 하함(חכם)의 원래 의미를 "무언가에 대해 능숙한 이해를 지닌 사람"(someone
   who has a masterful understanding of something)으로 보고 있는데 필자의 해석에 매우 가깝다.
   G. Kittel and G. Friedrich, eds., *Theological Dictionary of the New Testament*, trans. G. W.
   Bromiley, vol. 7 (Grand Rapids: Eerdmans, 1964/76), pp. 483ff.

18) 개역한글판은 "지각이 혼돈하도다"로 되어 있어 지혜라는 말이 나오는지 알 수 없으나
   원문을 직역하면 "그들의 모든 지혜가 혼돈하도다(삼켜지도다)"임.

19) Jenni and Westermann, *Theological Lexicon*, pp. 421-422.

20) Ibid., p. 422.

정치적인 책략을 제시하거나 조언하는 기술을 의미하기도 했다(사 47:10; 렘 49:7; 단 1:4, 20; 삼하 20:22; 사 29:14; 렘 8:9).21)

다음은 하함을 살펴보자. 하함("지혜로운," "지혜자")도 원래 어떤 특수한 직업 또는 전문적인 기술을 가진 사람을 지칭했던 말 같다. 그것은 성막과 성전의 건축에 관계된 제반 기술을(또는 거룩한 기명 일반을 제작하는 기술) 지닌 사람들을 가리켰고(출 28:3; 31:6; 출 35~36장; 대상 22:15; 대하 2:6, 12f.), 자수(刺繡) 기술을 가진 여성들을 가리키기도 했으며(출 35:25), 심지어 우상을 제작하는 기술을 가진 사람을 말하기도 했다(사 40:20; 렘 10:9).22) 또한 이 말은 곡(哭)하는 일을 직업으로 하는 여인들을 지칭하기도 하고(렘 9:17) 마술을 행하는 사람들을 가리키기도 했다(출 7:11; 사 3:3; 44:25; 에 1:13; 다니엘의 아람어 부분). 또한 국가를 다스리는 통치력을 지닌 사람이나(창 41: 33, 39) 왕에게 정치적인 조언을 하는 모사를 지칭하기도 했다(창 41:8; 사 19:11f.; 렘 50:35; 51:57; 겔 27:8f.; 에 6:13).23) 어쨌든 호흐마나 하함은 특수한 기술이나 기능 또는 그 기술/기능을 지닌 사람을 지칭하는 말이었음을 알 수 있다.

이처럼 일반적인 의미의 기술이란 뜻으로 쓰이던 호흐마는 지혜서에 와서는 그 의미가 한 방향으로 좁혀지게 된다. 인생, 즉 사람이 살아가는 일에 관계된 기술이라는 의미로 제한되는 것이다(이것은 꼭 시간적으로 그렇게 되었다는 뜻이라기보다는 쓰이는 범위와 목적이 달라지면서 그러한 변화가 일어났다는 의미이다). 이러한 변화는 단어의 뜻을 좁히려는 의도였기보다는 인간의 삶이라는 중요한 주제를 집중적으로 다루고자 하는 의도에서 되어진 것일 것이다. 그렇다면 호흐마는 지혜서에서 "생의 기술"이란 의미가 된다. 어떻게 사는 것이 행복과

---

21) Ibid.

22) Ibid., p. 420.

23) Ibid.

성공을 가져다주는 삶인지 하는 삶과 세계의 원리를 아는 것이 호흐마이다. 크렌쇼의 표현대로 호흐마는 "경험을 통해 얻어진, 생과 우주의 법칙들에 대한 실천적 지식"(practical knowledge of the laws of life and the world, based on experience)인 것이다.24)

그러나 호흐마는 이처럼 기술이나 지식이라는 중성적인 의미에 머무르지 않는다. 지혜서에서 호흐마는 도덕화되고 신학화된 의미로 쓰인다. 즉 지혜서는 (특히 잠언) 의로운 길에 보상이 있다고 말하며 의롭게(바르고 곧게) 살아야 할 것을 거듭 종용하고 있다. 의로운 삶에 축복과 형통이 있음이 계속 지적된다. 이 원리에 조화되게 사는 것이 지혜이고 거스르게 사는 것이 우매이다. 그러다 보니 잠언에서는 지혜라는 말과 의(義)라는 말이 사실상 동의어이다. 잠언 1~9장은 바른 길을 걷는 것이 지혜라고 설교하고 있고, 잠언 10장 이후에서는 하캄(חָכָם; "지혜로운 자")과 차딕(צַדִּיק; "의로운 자")이 수없이 평행어(동의어)로 등장한다. 이제 삶의 기술은 성공을 거두기 위해 몇 가지 단순한 요령을 습득하는 일이 아니고 인생의 진정한 성공이란 정의로운 삶의 태도에서만 얻어진다는 깊은 원리를 경험을 통해 뼈아프게 체득하는 것을 말한다.

호흐마는 이처럼 도덕적인 의미를 부여받고 쓰이게 되었다. 그런데 호흐마는 단순히 윤리적인 개념으로만 그치지도 않고 있다. 그것은 한 걸음 더 나아가 종교적인 차원과 깊숙이 결부된다. 지혜는 이스라엘의 하나님 여호와와 관계가 있다. 지혜는 그것을 소유한 사람에게 행복과 유익을 주는데 이 기능과 능력은 여호와가 주시는 것이다. 여호와 자신이 지혜를 "주신다"(잠 2:6; 전 2:26). 그리고 그분 자신이 "지혜로운" 분이시며(욥 9:4; 참고: 사 31:2), 지혜를 "지니고"25) 계신다(욥 12:13). 그분만이 "지혜의 장소"와 "그것에 이르는 길"을 아신다

---

24) Crenshaw, *Old Testament Wisdom*, p. 9.

(욥 28:23). 그는 사람들에게 "지혜의 비밀"을[26] 알려주실 수 있다(욥 11:6).
하나님의 창조 행위도 기본적으로 지혜의 행위이다(잠 3:19; 8:22ff.; 욥 28장,
38장; 참고: 시 104:24; 렘 10:12 = 51:15).[27]

　호흐마의 의미가 지혜서에서 가장 두드러지는 점은 그것이 '여호와 경외'와
연결된다는 점이다. 이로써 호흐마는 본격적으로 종교 차원에 결부된다. 여호와
경외가 "지혜의 시작"이라고 말해진다(잠 1:7; 9:10; 시 111:10).[28] 여호와 경외는
구약성경에서 '신앙'을 대신하는 말이므로[29] 지혜는 하나님에 대한 신앙에서
나온다는 뜻이 될 것이다. 이제 지혜는 전적으로 신앙적 행위를 의미하게
된다. "시작"이라고 번역되는 말 레쉬트(ראשׁית)은 "머리"라는 어근에서 나온 말이
므로(9:10은 이 단어를 쓰고 있지 않지만) 이 말은 "시작"이란 뜻 외에 "핵심,"
"본질" 심지어 "목표"라는 뜻도 될 수 있다. 지혜는 여호와 경외에서 출발하지만,
여호와 경외가 그 핵심이고 궁극적으로 여호와 경외를 지향하는 정신 활동이다.
여호와 경외는 "지혜의 훈련"(מוסר חכמה)이라고도 말해진다(잠 15:33).[30] 지혜는
여호와 경외를 그 훈련 내용으로 하며 궁극적으로 거기에 이르려 한다는
뜻일 것이다. 여호와 경외는 "생명의 샘"이라고 말해지기도 한다(잠 14:27).
지혜를 생명의 원천이라 하므로(잠 3:18; 8:35) 결국 지혜와 여호와 경외는
동일한 것이 된다. 잠언 한 권만 보더라도 "여호와 경외"라는 말이 상당히

---

25) עמו חכמה. 직역하면 "지혜가 그와 함께 있다"임.
26) תעלמות חכמה. 개역한글판은 "지혜의 오묘"로 되어 있음.
27) Jenni and Westermann, *Theological Lexicon*, p. 423.
28) 욥 28:28의 경우는 "주를(여기서는 יהוה가 아니고 אדני임) 두려워하는 것이 곧 지혜"라고
　　하여 "시작"이란 말을 빼고 아예 주의 경외와 지혜를 같은 것으로 말한다.
29) Murphy는 여호와 경외는 "성경적 종교와 경건"(biblical religion and piety)과 동의어(equivalent)
　　라고 했는데 적절한 해석이라고 생각된다. Murphy, *The Tree of Life*, p. 16.
30) 개역한글판이 מוסר을 "훈계"라 번역하나 좀더 정확한 번역은 "훈련"(discipline)이다. 영역의
　　"instruction"도(NASB, NRSV) 개역한글판과 마찬가지로 의미를 오도할 위험이 있다.

많이 등장하는데, 책 전체에 그리고 각 부분에 골고루 분포되어 있다.[31] 즉 1:7, 29; 2:5; 3:7; 8:13; 9:10; 10:27; 14:2, 26, 27; 15:16, 33; 16:6; 19:23; 22:4; 23:17; 24:21; 31:30.[32] 잠언의 주제가 지혜인 것을 감안하면 여호와 경외가 지혜와 밀접히 관련됨을 여기서도 알 수 있다. "여호와 경외"가 등장하는 위치도 의미심장하다. "여호와 경외"는 책 제목의 가장 마지막에 배치되어(1:7) 책 전체의 모토(motto) 구실을 한다(머피는 일곱 번째 절에 나타나는 점도 의미가 있다고 본다).[33] 그리고 9:10에 배치되어 1:7과 봉투구조(inclusio)를 이룸으로 책의 첫 부분(1~9장)의 핵심 사상임을 나타낸다. 또한 책의 가장 마지막인 31:30에 다시 나타나 1:7과 책 전체의 봉투구조를 이룸으로 잠언 전체의 핵심 사상임도 시사한다.[34] 여러모로 지혜와 여호와 경외가 불가분리의 관계임을 짐작케 하는 대목이다.

호흐마의 신학화는 의인화된 지혜숙녀(personified Lady Wisdom)에서 절정에

---

31) 여기서 "부분"이란 잠언을 구성하는 컬렉션들(collections)을 말한다. 잠언은 각 컬렉션의 시작점에 제목이 붙어 있어 구조 분석이 명료한 책이다. 다음과 같이 책 전체의 제목(표제)을 제외한 8개의 부분으로 구성된다.

　　　제목, 책의 목적, 모토 (1:1-7)
　　　I.　　　　"아들"을 향한 권면 (1:8-9:18)
　　　II.　　　　솔로몬의 잠언 모음 I (10:1-22:16)
　　　III.　　　　지혜자들의 말씀 모음 I (22:17-24:22)
　　　IV.　　　　지혜자들의 말씀 모음 II (24:23-34)
　　　V.　　　　솔로몬의 잠언 모음 II (히스기야왕의 모음) (25:1-29:27)
　　　VI.　　　　야게의 아들 아굴의 말 모음 (30:1-33)
　　　VII.　　　　르무엘 왕의 말 모음 (31:1-9)
　　　VIII.　　　　이상적 아내에 대한 알파벳 시 (31:10-31)
　　잠언의 구조 이해는 학자에 따라 약간의 차이가 있기는 하나 대체로 대동소이하다. 잠언의 구조 분석은 지혜서 입문서 어디서나 쉽게 찾아 볼 수 있다: Murphy, The Tree of Life, p. 15; Crenshaw, Old Testament Wisdom, p. 60; R. J. Clifford, The Wisdom Literature (Nashville: Abingdon Press, 1998), p. 44.

32) 앞의 각주 7) 참조.

33) Murphy, The Tree of Life, p. 16.

34) 참고: Murphy, The Tree of Life, p. 16.

달한다 할 것이다(잠 1~9장).35) 의인화된 지혜숙녀의 목소리는 잠언 1:20~33, 8:1~36, 9:1~12에서 들린다. 그녀는 마치 선지자처럼 외친다. 아니 선지자 수준을 넘어서 인생들에게 (하나님이 아닌) 자신에게 돌이키라고 말한다. 그리고 자신을 얻어서 "생명"을 얻으라고 한다. 지혜숙녀는 인격적 존재일 뿐 아니라 어떤 신적 존재인 것이다. 잠언의 지혜숙녀가 하나님의 한 위(位)를 의미하는가 하는 것이 오랜 논쟁의 대상이 되어 온 것은 (특히 기독교 안에서) 이러한 연유에서다. 어쨌든 이제 지혜는 단순한 삶의 요령이나 도덕적 삶을 사는 인격이라는 '인간적' 차원의 의미를 넘어서 하나의 신적 존재로 제시되고 있는 것만은 사실이다. 지혜(숙녀)는 계시의 중계자요, 하나님의 목소리요, 심지어 하나님 자신이라고까지 말할 수 있다.

2) 지혜의 정의

이상과 같이 **호흐마**가 어떤 뜻을 가지는지 그 의미의 범위에 대해 살폈다. **호흐마**는 초보적이고 상식적인 의미로만 쓰이지 않음을 알 수 있다. 그것은 상식적인 수준을 넘어 다양한 차원으로 그 용도가 확대되어 간단히 정의하기 어려울 정도로 의미가 다중화되어 있다. 지혜서 내에서 쓰인 그것의 의미를 다음과 같이 정리 요약할 수 있다. 1) 성공적 인생을 위한 삶의 요령, 2) 정의로운 (바른) 생활, 3) 여호와 경외, 4) 하나님의 계시 또는 하나님 자신 등. 그러나 **호흐마**의 의미가 이렇게 다양하게 쓰였다 하더라도 좀더 일반적인 수준에서

---

35) 잠 1-9장의 지혜숙녀는 지혜가 신학화(theologizing)된 것이라는 데에 학자들이 대체로 동의하고 있다. Murphy, *The Tree of Life*, p. 30 endnote 13. 그러나 지혜의 개념이 시간적으로 "발전"했다는 식의 역사적 발상은 극히 경계해야 한다는 것이 필자의 생각이다. Murphy도 이 점을 지적하고 있다.

그것의 의미를 정의하는 것은 여전히 필요한 일이다. 지혜서 전체를 이해하는 데는 이 일이 필수적이다. 어떤 부분 특수화된 면이 있다 하더라도 그것의 대표적이고 일반적인 의미란 게 있을 것이고 또 그것은 이 말이 지칭하고자 하는 대상의 고유한 성격을 표출해줄 것이다. 따라서 본서는 지혜가 고도로 개념화된 부분, 즉 과하게 신학화되었거나 신격화된 부분을 제외하고 — 아마 위의 정리 중 4)를 제외하면 될 것임 — 지혜라는 단어가 지니는 보다 일반적인 의미에 대한 정의를 내려보고자 한다. 일반적인 의미가 명료해지면 특수화된 부분은 따라서 자연스럽게 이해될 수 있을 것이다. 지혜서 내에서 **호흐마**의 용도를 면밀히 조사하고 학자들의 정의를 두루 종합하여 공통분모를 찾은 결과 필자는 지혜를 다음과 같이 정의하고자 한다.

> 지혜(호흐마)는 "경험에 의해 얻어진 삶과 우주의 질서에 대한 지식이며, 그 지식에 조화하여 바른 삶을 살아가는 태도와 능력"이다.

우선 지혜란 "지적"(intellectual) 활동이다. 지혜는 인간의 이성 활동인 관찰과 경험에 의해 얻어진 것이며 이 얻어진 것을 인간의 판단에 호소하기 때문이다. 지혜란 기본적으로 인간의 이성이 얻어낸 지식인데 우주 내의 인간의 삶에 하나님이 심어 놓으신 법칙(원리)이 있음을 알고 그 법칙(원리)을 찾아낸 것이다. 이 법칙은 특히 도덕적 법칙을 의미한다. 그러나 지혜는 두뇌의 단순한 지식만 의미하는 것이 아니다. 그 지식을 내면 깊이 소화하여 그 지식이 알려 주는 우주(삶)의 질서와 조화롭게 살고자 하는 삶의 태도이며 가치관이다. 하나님이 주신 질서와 조화를 이루며 살아가고자 하는 의식인 것이다.[36)]

---

36) 참고로 학자들은 지혜를 어떻게 정의하고 있는지 잠시 살피려 한다. 여러 각도의 정의는

잠언의 서론 부분의(1:1~6) 도움을 얻어 지혜를 정의한다면 지혜는 인생을 "조타"하는("steering," 타흐불롯[תחבלות], 1:5) 기술이며 그것을 가르치는 것인데, "의"와 "정직" 등 "바로 사는" 덕목을(1:3) 익히게 하는 것이다.[37] 지혜는 인간에게 어떻게 살아야 성공적이고 행복한 삶을 사는 것인지를 가르친다. 인생의 가이드이다. 지혜가 발견한 삶의 법칙이란 공의롭고 정직한 삶을 살 때 인간은 번영과 행복을 보상받는다는 원리이다. 따라서 지혜는 의롭고 공평하고 정직한 삶을 살도록 강하게 권면한다. 의로운 행위에 축복이라는 결과가 따른다. 불의한 행동에는 저주라는 결과가 따른다. 결국 지혜가 극도의 열성으로 가르치는 바, 사람의 인격에 심어주고자 하는 가치관과 덕목은 한마디로 "의"(義)인 것이다. 따라서 이 내용을 보강하여 위의 지혜의 정의를 다시 다듬으면, 지혜란 "의로운 삶에 하나님의 축복이 있는 줄 아는 지식이며, 동시에 이 지식에 기초하여 의로운 삶을 살아 내는 태도와 능력"인 것이다. 물론 이 때의 의란 단순히 윤리적인 차원만 의미하는 것은 아니다. 그것은 어디까지나

지혜의 정확한 의미를 이해하는 데 도움이 될 수 있다. Crenshaw는 지혜는 어떤 한 가지 표현으로도 충분히 정의되기 어렵다고 술회하면서 가장 간단히 "인생 대처의 능력"(the ability to cope), 또는 "인생 조타(操舵)의 기술"(the art of steering)이라고 이름 붙였다. 또 정의하기를 "자신을 이해하고 세계를 통달하고자 하는 추구/탐구"(the quest for self-understanding and for mastery of the world)라고도 하고, 앞에서 인용한 것처럼 "경험을 통해 얻어진, 생과 우주의 법칙들에 대한 실천적 지식"(practical knowledge of the laws of life and the world, based on experience)이라고도 했다. Crenshaw, *Old Testament Wisdom*, p. 9. 그는 또한 "모든 실재에 하나님이 심어놓으신 진리를 찾아내고 이 진리에 근거하여 우주의 질서와 조화롭게 살아가는 것을 배우는 것"이라고도 하였다. Ibid., p. 10. Murphy의 정의는 간략하지만 의미가 풍부하다. 지혜는 "창조와 나누는 대화"(the dialogue with creation) 이다. 여기서 "대화"란 단순히 지식을 얻는 과정만 의미하는 것이 아니고 다양한 주위의 환경에 대응하는 삶의 태도 전체를 의미한다. Murphy, "Wisdom and Creation," p. 6(정확하게는 Murphy가 지혜 대신 "지혜 경험"을 그와 같이 정의하고 있는데 그의 문장을 그대로 인용하면 다음과 같다: "In comparison with the prophetic experience, ..., the dialogue with creation may be termed the 'wisdom experience'").

37) 참고: Murphy, *The Tree of Life*, p. 16.

신앙에 근거를 두고 있다. 즉 하나님 앞에서의 의로운 행동과 생활을 말한다. 지혜서 내의 의란 이처럼 어디까지나 신앙적인 차원과 결부된 의이다. 지혜는 여호와 경외와 불가분하게 연결되기 때문이다(잠 1:7; 9:10).

그 다음 더 나아간 지혜의 의미는 쉽게 이해되지가 않는다. 지혜는 신적 존재로 격상되어 제시되어 있다. 지혜가 인격화될 뿐더러(소위 "지혜숙녀"로) 동시에 신격화되어 있다. 이제 지혜는 인간적인 차원의 삶의 노하우가 아닌 하나님 또는 하나님의 지혜를 지칭하는 말이다. 신격화된 지혜는 인간들을 자신에게로 초청한다. 인간은 그를(그녀를) 통해 하나님과 교제를 누리며 생명을 얻는다. 만일 하나님을 신앙하고 교제하는 것도 넓은 의미의 의(義)라 한다면 신격화된 지혜도 분명히 인간의 "의"와 어떤 관계가 있다.

4. 지혜서의 분류(두 종류의 지혜)

얼핏 보아도 잠언과, 욥기와 전도서 사이에는 어떤 차이가 느껴진다. 잠언은 어떤 실제적인 권면을 하는 데에 열심인 반면, 욥기와 전도서는 실제성보다는 주어진 원리에 대해 회의하고 항의하는 태도가 뚜렷하기 때문이다. 이처럼 차별화되는 점을 따라 지혜서를 분류하면 지혜서 전체를 좀더 명료하게 이해할 수 있다. 지혜서를 실천적 지혜(practical wisdom)와 사색적 지혜(speculative wisdom) 두 종류로 분류할 수 있다.38)

---

38) 학계의 정론이라고까지는 할 수 없지만 학자들은 대체로 이 분류에 동의한다. 가장 초기에 이러한 분류를 제안한 학자는 Gordis로 생각된다. Robert Gordis, *Koheleth-The Man and His World: A Study of Ecclesiastes*, 3rd augmented ed. (New York: Schocken Books, 1968), pp. 26-28.

1) 실천적 지혜

실천적 지혜(practical wisdom)는 생활의 실제적인 교훈, 즉 의로운 삶을 살도록 권면하는 지혜이다. 잠언이 이에 속한다.[39] 실천적 지혜는 경험에서 우러나온 실제적인 교훈들이므로 경험적 지혜(experiential wisdom)라 부르기도 하고, 생을 좋은 '요리'로 만들어 가는 것에 비유하여 처방 지혜(recipe wisdom)라 부르기도 한다. 뒤에 나올 사색적 지혜를 '고등' 지혜(higher wisdom)라 부르는 데 비해 실천적 지혜는 '하등' 지혜(lower wisdom)라 부르기도 한다.

기본 사상은 소위 보응의 원리(retribution principle)이다. 즉, 의롭고 바르게 사는 삶에 번영과 축복이 보상으로 주어진다는 사상이다. 악하고 거짓되게 살면 멸망과 저주를 받게 된다.

> 악인의 집에는 여호와의 저주가 있거니와 의인의 집에는 복이 있느니라(잠 3:33).[40]

> 의인의 소망은 즐거움을 이루어도 악인의 소망은 끊어지느니라(잠 10:28).

> 의인은 영영히 이동되지 아니하여도 악인은 땅에 거하지 못하게 되느니라(잠 10:30).[41]

실천적 지혜는 이 원리를 처세훈의 기본 철학으로 제시한다. 인생에 성공하기

---

39) 외경에서는 집회서(Ecclesiasticus; 벤 시라, 또는 시락서라고도 함)가 실천적 지혜로 분류된다.
40) 별도의 언급이 없으면 성경 인용은 개역한글판을 따른 것임.
41) 이외에도 보응의 원리를 나타내는 구절은 지혜서에 수없이 많다. 다음 구절들은 잠언에서 뽑은 몇 가지 예에 불과하다: 3:1, 2; 10:2, 3, 6, 7, 9, 16, 17, 24, 25, 27; 11:17; 21:7, 12, 21; 28:1, 18, 24, 27; 29: 2, 4, 6, 16.

위해(장수, 부귀, 평안, 기쁨, 축복; 잠 3:16~18) 정직하고 의로운 생활을 해야 한다고 거듭 가르친다. 보응의 원리는 하나님이 우주와 인간의 삶에 심어 놓으신 도덕 질서이며 세계가 운영되도록 정하신 내적 원리이다(built-in principle).[42] 보응의 원리는 지혜 스승들의 정통적(orthodox) 가르침이다. 시편 중에 실천적 지혜에 해당하는 시들이 있는데 1, 19B, 32, 37, 112, 119편 등이다.

2) 사색적 지혜

사색적 지혜(speculative wisdom)는 실천적 지혜가 가르치는 보응의 원리가 지나치게 기계적으로 적용되는 것에 대해 항의하는 지혜를 말한다. 욥기와 전도서가 이에 속한다.[43] 사색적 지혜는 보응의 원리를 획일적이고 낙관적으로 적용하는 것에 대해 회의하며 그로부터 한 걸음 물러앉아 인생의 문제를 반추하고 관조한다. 사색적 지혜라는 이름 외에 반성적 지혜(reflective wisdom)라는 이름으로도 불리고, 인간의 실존에 대해 깊이 고민한다는 의미에서 실존적 지혜(existential wisdom)라고도 한다. 실천적 지혜와 대비하여 '고등' 지혜(higher wisdom)라 하기도 한다.

사색적 지혜는 정통적 지혜 전통이 처세훈으로 내세우는 보응의 원리에 반발하여 "이단적"으로(heterodox) 질문한다. 사색적 지혜의 저자들은 의롭게 살아도 고난과 불이익을 받는 수가 있고 악하게 살아도 형통하고 유리하게 되는 수가 있는 삶의 현실을 목도하며 심각하게 고민한다. 이를 신정론(神正論)

---

42) 내적 원리(built-in principle)라 하면 하나님과 무관하게 돌아가는 법칙이라고 오해할 수 있다. 그러나 이 원리는 하나님이 주권적으로 운영하는 원리로서 하나님은 이 원리의 시행에 계속 간여하신다. 때로 하나님의 지혜는 이 원리의 시행을 (잠정적으로) 유보하기도 한다.

43) 외경에서는 솔로몬의 지혜(The Wisdom of Solomon)가 사색적 지혜로 분류된다.

의 고민이라 한다.[44]

> 강도의 장막은 형통하고 하나님을 진노케 하는 자가 평안하니 하나님이 그 손에 후히 주심이니라(욥 12:6).

> 어찌하여 악인이 살고 수를 누리고 세력이 강하냐 씨가 그들의 앞에서 그들과 함께 굳게 서고 자손이 그들의 목전에서 그러하구나 그 집이 평안하여 두려움이 없고 하나님의 매가 그 위에 임하지 아니하며(욥 21:7~9).

> 세상에 행하는 헛된 일이 있나니 곧 악인의 행위대로 받는 의인도 있고 의인의 행위대로 받는 악인도 있는 것이라 내가 이르노니 이것도 헛되도다(전 8:14).

> 내가 내 헛된 날에 이 모든 일을 본즉 자기의 의로운 중에서 멸망하는 의인이 있고 자기의 악행 중에서 장수하는 악인이 있으니(전 7:15).

> 내가 해 아래서 또 보건대 재판하는 곳에 악이 있고 공의를 행하는 곳에도 악이 있도다(전 3:16).[45]

사색적 지혜는 단순히 반항하며 질문만 하는 것은 아니다. 질문 후에는 인간이 이해할 수 있는 한계의 너머에 있는 신앙적인 해법을 추구한다. 시편에서는 37, 49, 73, 139편 등이 사색적 지혜로 분류된다.[46]

---

44) 신정론(theodicy)이란 하나님(theos)과 정의(dikē)가 합쳐진 말로 인간의 고난의 관점에서 하나님은 의로우신가 하는 문제를 논하는 것을 말함. 참고: 졸고, "욥기의 주제," 「신학정론」 21/1 (2003): 22 n 21, 39-40.

45) 전 4:1, 5:8도 참조.

46) 시편 37편이 실천적 지혜와 사색적 지혜 양쪽 모두에 속한 것으로 분류된 것은 양쪽의 내용이 모두 나오기 때문이다. 37편의 일부는 악인이 형통하는 사실에 대해 언급한다(1, 7, 35절). 그러나 전체적으로는 보응의 원리를 교훈하기 때문에 실천적 지혜이다.

5. 지혜의 한계

지혜서 내에서 지혜는 여러 각도로 상대화되어 있다. 우선 개별 금언들의 성격을 먼저 살펴보자. 개별 금언들의 "진리 주장"(truth claim)이란 기본적으로 상대적 성격의 것임을 지적해 둘 필요가 있다. 지혜서에 나타나는 금언들은 율법(또는 율법의 조항)과는 다르다. 율법은 언제 어떤 상황에나 다 적용되는 절대적인 계명들이다. 그러나 지혜서의 금언은 계명이라기보다는 하나의 설득 방식이고, 또 모든 경우를 염두에 두기보다는 특정한 개별 상황들을 겨냥한다. 주어진 하나하나의 상황에서 적합한 행동을 유도해내고자 하는 설득의 기법인 것이다.[47] 즉 어떤 한 경우에 적용되는 금언은 다른 경우에는 전혀 적용되지 않을 수도 있고 오히려 그와는 정반대되는 내용이 진리가 될 수도 있다는 말이다. 다음 예들을 통하여 금언의 상대적 성격을 보기로 하자.

> 도가니로 은을 풀무로 금을 칭찬으로 사람을 시련하느니라(잠 27:21).

> 북풍이 비를 일으킴 같이 험담하는 혀는[48] 사람의 얼굴에 분을 일으키느니라 (잠 25:23).

이 두 금언은 언제나 항상 맞는 절대 진리를 말하려는 것으로 보이지 않는다. 삶의 어느 한 단면에 해당하는 진리만 진술하고 있다. 비난만 아니라 칭찬도

---

47) Murphy가 잠언을 두고 "명령하지(command) 않고 설득하는(persuade)" 책이라고 지적한 점은 옳다. 금언은 율법처럼 일방적으로 명령하는 대신 듣는 자로 하여금 생각하고 판단하여 행동할 수 있도록 유도한다. 참고: Murphy, *The Tree of Life*, p. 15.

48) "험담하는 혀"는 לשון סתר에 대한 필자의 사역(私譯)임. 개역한글판의 "참소하는 혀"는 오해의 소지가 있다. 히브리어 원문의 정확한 의미는 "뒤에서 험담하는 혀"란 뜻이다.

사람의 인격을 연단한다. 남을 헐뜯는 말은 듣는 사람으로 하여금(듣는 사람이 제 삼자라 하더라도) 짜증을 일으킬 수 있다. 그러나 그렇지 않은 경우도 사실이다. 칭찬은 낙담한 사람을 격려하기도 한다(참고: 잠 12:25; 16:24[49]). 또한 험담하는 말은 듣는 사람의 귀를 즐겁게 할 수도 있다(참고: 잠 18:8=26:22[50]). 이처럼 금언들은 그 진술 내용이 상대적이며 적용 범위가 제한적일 때가 많다.[51]

다음 금언을 보자.

> 여호와를 경외하면 장수하느니라 그러나 악인의 년세는 짧아지느니라(잠 10:27).

이 금언도 모든 경우에 다 들어맞는 과학적으로 완벽한 진술은 아니다. 인간의 삶에 대한 일반적인 진술일 뿐이다. 이 금언에 예외가 있을 수 있다. 그러나 예외가 있는 것이 이 금언에 하자가 되는 것은 아니다. 이 금언은 단지 경건하면 장수할 수 있다는 일반적인 원리를 제시하고 있을 뿐이고 그 진리를 말해줌으로 독자가 하나님을 돈독히 신앙하고 악을 떠나는 삶을 살도록 유도하려 하고 있을 뿐이다.

금언들이 '경우 지혜'(case wisdom)인 것은 잠언 26장 4절과 5절이 연속되어 있는 상황에서 명백해진다.

> 미련한 자의 어리석은 것을 따라 대답하지 말라 두렵건대 네가 그와 같을까

---

49) 잠 12:25 "근심이 사람의 마음에 있으면 그것으로 번뇌케 하나 선한 말(דבר טוב)은 그것을 즐겁게 하느니라"; 16:24 "선한 말(אמרי נעם)은 꿀송이 같아서 마음에 달고 뼈에 양약이 되느니라."

50) 잠 18:8, 26:22 "남의 말하기를 좋아하는 자의 말은 별식과 같아서 뱃 속 깊은 데로 내려가느니라."

51) 잠언 27:21과 25:23에 대한 고려는 Murphy의 도움을 받았음: *The Tree of Life*, p. 11.

하노라(잠 26:4).

미련한 자의 어리석은 것을 따라 그에게 대답하라 두렵건대 그가 스스로 지혜롭게 여길까 하노라(잠 26:5).

상대의 질문에 "대답하는" 것(또는 대답하지 않는 것)이 절대적으로 옳거나 절대적으로 그른 행위가 될 수 없다. 다만 주어진 상황이 어떠냐가 문제이다. 어떤 상황에선 대답하는 것이 옳고 어떤 상황에선 대답하지 않는 것이 적절한 행위이다. 금언들은 이처럼 경우에 적합한 행동이나 말을 유도하는 것을 목적으로 할 때가 많다.52)

물론 어떤 금언들은 절대적 성격의 진술을 하는 것도 있다. 여호와를 경외하는 자가 생명에 이르게 된다는 경건의 원리를 말하는 것들이라든지,53) 의인은 번영하나 악인은 망한다는 보응의 원리를 말하는 것이라든지54) 하는 것들은 적어도 정통적 지혜 스승들에게는 절대적인 것이었다. 그 외에도 절대적 진리의 성격을 띠는 언명으로 된 금언들이 적지 않은 것도 사실이다. 그러나 그렇다 해도 금언의 대종을 이루는 소위 '경우 지혜'들은 그 본질적인 특성이 상황성과

---

52) 다음 금언들이 참고가 된다: 잠 25:11 "경우에 합당한 말은 아로새긴 은쟁반에 금사과니라"; 15:23 "사람은 그 입의 대답으로 말미암아 기쁨을 얻나니 때에 맞는 말이 얼마나 아름다운고"

53) 다음과 같은 것들을 말한다: 잠 14:27 "여호와를 경외하는 것은 생명의 샘이라 사망의 그물에서 벗어나게 하느니라"; 19:23 "여호와를 경외하는 것은 사람으로 생명에 이르게 하는 것이라 경외하는 자는 족하게 지내고 재앙을 만나지 아니하느니라"; 22:4 "겸손과 여호와를 경외함의 보응은 재물과 영광과 생명이니라."

54) 보응의 원리를 말하는 금언은 수없이 많다. 의인과 악인, 번영과 파멸의 대조가 뚜렷한 몇 개만 예로 들면 다음과 같다: 잠 10:3 "여호와께서 의인의 영혼은 주리지 않게 하시나 악인의 소욕은 물리치시느니라"; 10:24 "악인에게는 그의 두려워하는 것이 임하거니와 의인은 그 원하는 것이 이루어지느니라"; 10:25 "회리바람이 지나가면 악인은 없어져도 의인은 영원한 기초 같으니라"; 10:28 "의인의 소망은 즐거움을 이루어도 악인의 소망은 끊어지느니라"; 10:30 "의인은 영영히 이동되지 아니하여도 악인은 땅에 거하지 못하게 되느니라."

제한성이다. 특정한 상황이 상정된 경우가 많고 따라서 그 의미의 적용 범위가
자연히 제한적이다. 금언을 바르게 해석하려면 금언이 지니는 이 상대적 성격을
늘 유념해야 한다.55)

인간의 삶과 경험은 언제나 불확실성이라는 한계와 부딪히며 전개되어
간다. 두 번째로 지혜를 상대화하는 것은 이 인간 경험의 불확실성이다. 이
불확실성은 언제나 하나님이라는 예측 불가한 요소와 연관이 있다.56) 아무리

---

55) 한 가지 주제에 대해 서로 모순되는 교훈을 제시하는 금언들(또는 교훈들)도 있는데 이도
금언의 상대적 성격을 말해주는 예가 된다. 대표적인 경우가 부와 가난에 대한 금언들이다(부
와 가난에 관한 금언은 잠언 10-29장에만 50개 이상 나오는 것으로 추정됨). 잠언에서
부는 기본적으로 축복이며 좋은 것이다. 지혜로운(의로운) 길에서, 그리고 근면한 길에서
얻어진다. 잠 3:13-16 "지혜를 얻은 자와 명철을 얻은 자는 복이 있나니 이는 지혜를 얻는
것이 은을 얻는 것보다 낫고 그 이익이 정금보다 나음이니라 지혜를 진주보다 귀하니
너의 사모하는 모든 것이 이에 비교할 수 없도다 그 우편 손에는 장수가 있고 그 좌편
손에는 부귀가 있나니"; 10:4 "손을 게으르게 놀리는 자는 가난하게 되고 손이 부지런한
자는 부하게 되느니라"(참고: 잠 8:18, 20-21; 10:22; 22:4[이상 지혜 관련]; 12:27; 13:4; 21:5,
17[이상 근면 관련]). 그러나 부에 대해 경계의 눈초리로 언급하는 곳도 여럿 있다: 잠
15:16 "가산이 적어도 여호와를 경외하는 것이 크게 부하고 번뇌하는 것보다 나으니라";
17:1 "마른 떡 한 조각만 있고도 화목하는 것이 육선이 집에 가득하고 다투는 것보다
나으니라"; 28:6 "성실히 행하는 가난한 자는 사곡히 행하는 부자보다 나으니라"(더 참고할
구절들: 잠 11:4; 15:17; 16:8; 23:4, 5; 27:24; 28:11, 20, 22 등). 거기다 잠언은 가난한 자에
대한 배려도 각별히 강조한다: 잠 14:31 "가난한 사람을 학대하는 자는 그를 지으신 이를
멸시하는 자요 궁핍한 사람을 불쌍히 여기는 자는 주를 존경하는 자니라"; 19:17 "가난한
자를 불쌍히 여기는 것은 여호와께 꾸이는 것이니 그 선행을 갚아 주시리라"; 23:10-11
"옛 지계석을 옮기지 말며 외로운 자식의 밭을 침범하지 말지어다 대저 그들의 구속자는
강하시니 너를 대적하사 그 원을 펴시리라"; 28:27 "가난한 자를 구제하는 자는 궁핍하지
아니하려니와 못 본 체하는 자에게는 저주가 많으리라"(더 참고할 구절들: 잠 14:21; 17:5;
21:3; 22:2, 16, 22-23 등). 잠언은 원리적으로 부를 정당하고 선한 열매로 간주하므로 가난을
부정적으로 보아 경시하는 태도를 보이지 않을까 생각할 수도 있으나 사실은 정반대이다.
잠언은 가난을 엄연한 하나의 사회적 사실로 보고 사회가(또는 지혜자/의인들이) 이를
책임져야 한다고 생각한다. 이처럼 부라는 하나의 주제에 대해서도 금언들은 서로 다른,
심지어 반대되는 평가를 내리는 것을 볼 수 있다. 역시 금언의 상황성과 상대성을 엿보게
하는 대목이다. 성경 구절 인용은 Murphy의 기초 자료에 필자 자신이 직접 조사한 것을
보충한 것임; 참고: Roland Murphy, *Proverbs*, WBC (Nashville: Thomas Nelson Publishers,
1998), pp. 260-64.

56) 참고: Murphy, *The Tree of Life*, pp. 11-12.

사람이 계획하고 판단해서 행동한다 해도 하나님이 어떻게 일을 끌고 가시느냐에 따라 결과가 달라진다. 인간의 지혜는 결국 하나님의 신비(mystery)에 의해 제약받고 상대화된다. 잠언은 행위와 결과의 상호연관성(즉, 보응의 원리) 따위를 확신있게 또 낙관적으로 가르치지만 한편 적지 않은 곳에서 하나님이라는 불확정성의 요소 앞에 드러나는 인간 지혜의 한계에 대해 언급한다.

> 사람이 마음으로 자기의 길을 계획할지라도 그 걸음을 인도하는 자는 여호와시니라(잠 16:9).

> 마음의 경영은 사람에게 있어도 말의 응답은 여호와께로서 나느니라(잠 16:1).

> 사람이 제비는 뽑으나 일을 작정하기는 여호와께 있느니라(잠 16:33).

사람이 자신의 지혜로 여러 가지 일을 하지만 진행되어 가는 방향과 종착점은 하나님만 아신다. 일의 최종 결과는 하나님의 일하심의 신비에 전적으로 달려 있다. 인간의 지혜와 판단의 한계에 대해 잠언 16장이 좀더 말한다.

> 사람의 행위가 자기 보기에는 모두 깨끗하여도 여호와는 심령을 감찰하시느니라(16:2).

> 어떤 길은 사람의 보기에 바르나 필경은 사망의 길이니라(16:25).

잠언 20:24와 21:30~31에서도 이런 언급을 찾을 수 있다.

> 사람의 걸음은 여호와께로서 말미암나니 사람이 어찌 자기의 길을 알 수

있으라(20:24).

지혜로도 명철로도 모략으로도 여호와를 당치 못하느니라 싸울 날을 위하여 마병을 예비하거니와 이김은 여호와께 있느니라(21:30~31).

이러한 인식에 기초하여 잠언은 자신의 지혜를 과신하는 일을 버리고 하나님을 의지해야 한다고 말한다.[57]

너의 행사를 여호와께 맡기라 그리하면 너의 경영하는 것이 이루리라(16:3).

너는 마음을 다하여 여호와를 의뢰하고 네 명철을 의지하지 말라 너는 범사에 그를 인정하라 그리하면 네 길을 지도하시리라 스스로 지혜롭게 여기지 말찌어다 여호와를 경외하며 악을 떠날찌어다 이것이 네 몸에 양약이 되어 네 골수로 윤택하게 하리라(3:5~8).

행위와 결과의 상호 연관성을 깊이 인식하고 성실하게 살아가는 것은 중요하다. 그러나 동시에 자신이 지닌 지혜는 한계가 있고 어디까지나 상대적이라는 점을 기억해야 한다. 정직과 성실에 최선을 다하되 하나님을 의지하는 것이 인생을 성공으로 이끄는 궁극적인 '조타술'임을 늘 기억해야 한다.

인간의 지혜의 한계(상대성)에 대해서는 전도서를 취급해야 논의를 마감할 수 있다. 전도서에는 지혜의 한계에 대한 언급이 거듭해서 나타나는데 아마 전도서만큼 이 문제에 대해 처절하게 술회한 책은 없을 것으로 생각된다.

---

57) 실제로 잠언은 인간이 스스로 지혜롭게 여기는 것에 대해 상당한 경계를 표한다: 잠 26:12 "네가 스스로 지혜롭게 여기는 자를 보느냐 그보다 미련한 자에게 오히려 바랄 것이 있느니라."

하나님의 모든 행사를 살펴보니 해 아래서 하시는 일을 사람이 능히 깨달을
수 없도다 사람이 아무리 애써 궁구할찌라도 능히 깨닫지 못하나니 비록
지혜자가 아노라 할찌라도 능히 깨닫지 못하리로다(8:17).

바람의 길이 어떠함과 아이 밴 자의 태에서 뼈가 어떻게 자라는 것을 네가
알지 못함 같이 만사를 성취하시는 하나님의 일을 네가 알지 못하느니라
(11:5).[58]

하나님이 하시는 일을 인간이 아무리 지혜를 짜내어 탐구해도 깨달을 수
없다. "하나님의 일"은 인간의 지혜 너머에 있는 문제이다.

하나님의 행하시는 일을 보라 하나님이 굽게 하신 것을 누가 능히 곧게
하겠느냐(7:13).

구부러진 것을 곧게 할 수 없고 이지러진 것을 셀 수 없도다(1:15).

무릇 하나님의 행하시는 것은 영원히 있을 것이라 더 할 수도 덜 할 수도
없나니 하나님이 이같이 행하심은 사람으로 그 앞에서 경외하게 하려 하심인
줄을 내가 알았도다(3:14).

하나님의 일은 인간의 지혜로 깨달을 수 없을 뿐 아니라 인간의 능력으로
변경할 수도 없다. 아무리 사람의 생각으로 동의하기 어려운 힘든 환경과
현상이라 하더라도 인간은 그것을 고치거나 개선할 수 없다. 능력의 한계를
넘어서는 것들에 대해서 인간은 미세한 조정이라도 꿈꾸지 말고 순응하여
받아들여야 한다.[59] 하나님의 지혜와 능력 앞에 인간의 그것들은 무력하다는

---

58) "하나님의 (모든) 행사"(8:17)와 "하나님의 일"(11:5)은 모두 같은 히브리어 מעשה האלהים의
번역이다.

소회를 다음의 구절들이 잘 나타낸다.

> 이미 있는 무엇이든지 오래 전부터 그 이름이 칭한 바 되었으며 사람이
> 무엇인지도 이미 안 바 되었나니 자기보다 강한 자와 능히 다툴 수
> 없느니라(6:10).

> 무릇 된 것이 멀고 깊고 깊도다 누가 능히 통달하랴(7:24).

최종적으로 (인간의) 지혜를 상대화하는 것은 하나님의 지혜와 주권이다. 여기서는 정통적 지혜 스승들의 중심 사상인 보응의 원리에 대해 살펴볼 필요가 있다. 이 원리는 인간의 삶을 포함한 세계의 도덕 질서를 말하는 것으로서 매우 중요하다. 그러나 이 원리는 중요성이 지나치게 강조된 나머지 "교조화"될 위험성을 동시에 지니고 있었다. 너무 중요하다보니 마치 하나님 없이도 돌아가는 자율적이고 독립적인 법칙처럼 생각될 수 있는 위험이었다. 실제로 이 위험은 욥의 세 친구들이 보인 기계적이고 천편일률적인 태도에 잘 나타난다. 세 친구들에게 보응의 원리는 세계가 운영되는 절대적인 법칙이었다. 그것의 적용 대상에서 피할 수 있는 사건이나 사물은 이 우주에 아무것도 없었다. 이 세계는 보응의 원리라는 "인과율의 그물(a web of causality)로 직조(織造)되어 있다."60)

바로 이러한 경직된 태도를 교정하면서 보응의 원리를 교조화의 위험으로부터 막아주는 것이 욥기와 전도서의 토론과 비판들이다. 욥기와 전도서의 저항적

---

59) 필자는 신학정론에서 이 구절들에 대해 상세히 강해한 적이 있다. 졸고, "전도서의 메시지,"
「신학정론」 23, 2 (2005. 11): 42-44.

60) M. Tsevat, "The Meaning of the Book of Job," *Studies in Ancient Israelite Wisdom*, ed. J.
Crenshaw (New York: Ktav Publishing House, 1976), p. 343.

인 비판들은 단순히 한 개인의 고민을 넘어 보응의 원리와 같은 소중한 진리가 융통성이 없는 화석화된 교리로 전락하는 것을 막아주는 소위 "지혜 내적 교정자"(inner-wisdom corrective)의 역할을 수행한다.61) 보응의 원리가 항상 옳은 것은 아니며 모든 개인의 모든 경우에 적용될 수는 없다고 하는 문제 제기는 보응의 원리를 상대적인 관점에서 볼 수 있도록 균형을 잡아 준다. 아무리 보응의 원리라는 지혜가 출중한 진리라 하더라도 이 원리도 어디까지나 하나님의 주권적 자유가 운영하는 원리이다. 결코 자율적이고 독립적인 법칙은 아니다. 하나님은 이 원리의 시행에 계속 간여하고 계셔서 이 원리가 적용되는 곳에는 하나님의 주권도 늘 함께 있다. 그러므로 하나님의 지혜의 판단에 따라서는 이 원리의 시행은 — 혹 잠정적이라 하더라도 — 얼마든지 유보될 수도 있다. 보응의 원리는 중요한 사상이지만 욥기와 전도서는 이것이 하나님의 주권과 지혜 앞에서 상대적인 것이 되도록 적절하게 위치 교정을 해 준다.62) 위의 '4. 지혜서의 분류'에서 든 예들이지만 다시 한 번 인용하여 욥기와 전도서의 논조를 확인코자 한다.

> 강도의 장막은 형통하고 하나님을 진노케 하는 자가 평안하니 하나님이 그 손에 후히 주심이니라(욥 12:6).

---

61) 참고: Jenni and Westermann, *Theological Lexicon*, p. 424.

62) 이 점이 바로 구약성경(지혜서)의 보응의 원리가 동양의 인과응보 사상과 차별되는 점이다. 동양의 인과응보 사상은 그 자체로 하나의 절대적인 법칙이다. 그것을 통제할 외부의 '손'이 존재하지 않는 무소불위의 원리이며, 말 그대로 인과율의 그물이다. 구약의 보응의 원리는 세계가 돌아가는 중요한 법칙이기는 하나 절대적이지 않고 상대적이다. 즉 그것은 경우에 따라 적용이 정확히 이루어지지 않기도 하는 것이다. 하나님이라는 세계 외적 '손'이 있어서 그것의 운영과 적용을 통제하기 때문이다. 하나님의 주권적 간여는 보응의 원리의 적용에 일정한 한계를 설정함으로 그것이 화석화된 교리로 전락하는 것을 막아준다. 보응의 원리는 하나님의 지혜가 그것의 시행에 관여함으로 말미암아 역동적으로 인간의 삶에 적용되게 된다. 이런 점에서 구약의 보응의 원리는 기계적이고 비인격적인 동양의 인과보응 사상과는 전혀 다른 차원의 질을 지닌다고 할 수 있다.

어찌하여 악인이 살고 수를 누리고 세력이 강하냐 씨가 그들의 앞에서 그들과 함께 굳게 서고 자손이 그들의 목전에서 그러하구나 그 집이 평안하여 두려움이 없고 하나님의 매가 그 위에 임하지 아니하며(욥 21:7~9).

세상에 행하는 헛된 일이 있나니 곧 악인의 행위대로 받는 의인도 있고 의인의 행위대로 받는 악인도 있는 것이라 내가 이르노니 이것도 헛되도다(전 8:14).

내가 내 헛된 날에 이 모든 일을 본즉 자기의 의로운 중에서 멸망하는 의인이 있고 자기의 악행 중에서 장수하는 악인이 있으니(전 7:15).

이상과 같이 지혜가 여러 각도에서 상대화되어 있음에 대해 살폈다. 이것은 구약성경의 지혜서가 지니는 두드러진 특징이라 할 것이다. 지혜서는 지혜에 관해 논하고 그것의 가치를 높여 말하는 책들이다. 그러나 동시에 하나님의 존재와 그 분의 지혜의 우월함을 인정하는 일을 주저하지 않는다. 지혜서는 지혜의 삶이야말로 인간이 누릴 수 있는 가장 고귀한 삶임을 강조하지만 그 삶의 완성은 인간의 이해(지혜)를 능가하고 초월하는 하나님의 지혜를 받아들일 때에만 가능하다는 점을 동시에 역설하고 있다.

6. 지혜자 그룹과 학교의 존재

지금까지 지혜와 지혜서의 개념 및 성격에 대해 살폈다. 지혜서는 아직까지 학계나 목회 현장에 충분히 소개되지 못한 분야이기 때문에 이 분야에 대한 이해를 돕고 향후 이에 관한 토의가 활발해지도록 하기 위해 가능한 데까지 그것의 성격을 규정하고 관련 개념들을 정의하고자 하였다. 그러나 이 장의 여기저기에 나타나듯이 그러한 작업이 그리 만족할 만한 수준이 되었다고는 말할 수 없다. 지혜서 분야는 아직까지도 학문적으로 충분히 규명되지 못한 부분이 많기 때문이다. 설명을 시도한 것 중 많은 것은 아직도 가설적인 단계에 있는 것들이다. 긴 논증을 하지만 잠정적인 것으로 결론을 맺을 수밖에 없는 것도 있다. 이러한 연유로 해서 지혜서에 관련된 토론은 많은 경우 모호한 결론으로 끝을 맺기가 십상이다. 이러한 현상은 필자의 글뿐 아니라 현재 나와 있는 여러 해설서들도 마찬가지이다. 그러나 지금은 만족할 만한 수준의 설명을 제시할 수 없다 해도 향후의 보다 나은 결론을 위해서 할 수 있는 데까지는 정지(整地) 작업을 해두어야 하는 것이 현재에 주어진 책무이다.

이제 본 항에서 다루고자 하는 "지혜자"와 "학교"의 존재 문제도 결론이 매우 모호할 수밖에 없는 사항이다. 성경이 그것들에 대해 명확히 말해 주지 않기 때문이다. "지혜자"(sages, 또는 wise men)는 성경 여러 곳에 언급만 있을 뿐이다. 그들이 어떤 사람들이었는지 정체에 관한 명확한 언급이 없다. 그들이 활동한 배경(사회적 위치나 환경, 기구 따위)에 대해서는 더 더욱이 정보를 주지 않는다.63) 따라서 학계는 지혜자들이 하나의 독립된 직업으로 존재했는가 하는 것과 그들이 활동했을 학교라는 사회적 기구가 존재했는가 하는 것에 대해 아직 이렇다 할 결론을 내리지 못하고 있는 실정이다. 예컨대 제사장이나 선지자는 경계가 분명한 직업이었다. 그들은 하나의 독립되고 구별된 계급으로서 이스라엘 역사의 한 부분을 담당했다. 그리고 정경의 일부로 채택된 많은

---

63) 본서는 지혜서들의 저작과 최종 종합에 대해 책임을 졌던 사람들에 대해 다루고 있는 것이다. 잠언에도 솔로몬 외의 저자/편집자가 여럿 등장하고(예: 아굴, 르무엘, 히스기야의 신하들 등) 욥기도 정확한 저자는 익명으로 남아 있는 상태다. 전도서는 "다윗의 아들 예루살렘 왕"(1:1)이라고까지는 하지만 정확히 저자가 누구라고는 밝히지 않고 있다. 따라서 지혜서 전체를 한마디로 솔로몬의 저작이라고 말할 수는 없다. 이런 이유로 지혜서 각권의 저작과 최종 종합까지 어떤 사람들이 책임이 있었는가 하는 문제를 규명하지 않으면 안 되는데 본서는 바로 이 문제를 다루고 있는 것이다.

양의 문헌도 남겼다. 그렇다면 지혜자들도 제사장이나 선지자처럼 이스라엘 사회에서 일정 부분의 지도력을 발휘하는 하나의 독립된 그룹이었는가 하는 것이다. 그리고 그들이 저작을 내고 학생들을 가르쳤을 것으로 추정할 수 있는 학교라는 사회적 기구가 이스라엘에 있었는가 하는 것이다. 본 항은 이 두 문제를 성경이 제공하는 정보의 범위 내에서 탐구해 보려는 것이다.

먼저 "지혜자"라는 그룹(직업, 혹은 계급)이 존재했는가 하는 것부터 살펴보자. 과연 지혜자들이 제사장이나 선지자들처럼 독립된 별개의 계층으로 존재했는가. 결론부터 말한다면 필자는 적어도 지혜자는 독립된 그룹으로 존재하지 않았을까 하는 생각이다(뒤에 말하겠지만 필자는 학교의 존재에 대해서는 부정적이다). 지혜자의 존재에 관한 질문은 우선 적지 않은 분량의 지혜 문헌이 존재한다는 사실에서부터 출발한다. 잠언 전도서 욥기라는 독특한 관심과 내용을 지닌 책들이 한 묶음으로 구약성경에 존재한다. 이 책들은 다른 책들과는 신학적으로 매우 독특한 입장을 나타내며 그것을 표현하는 주된 문학 양식 또한 특이하다(금언, 훈계, 논쟁, 묵상 등). 이처럼 다른 성경들과는 현저히 구별되는 내용과 형식을 지닌 문헌들이 있다는 것은 그러한 문헌이 있도록 그것들의 제작에 관여한 일단의 사람들이 존재하지 않았겠는가 하는 추론을 가능케 한다.64)

---

64) 지혜자 그룹의 존재에 관해 고려할 때 외경 지혜서의 존재도 흥미를 끈다. 이들은 벤시라(Ben Sira)라고도 하는 집회서(Ecclesiasticus)와 솔로몬의 지혜(The Wisdom of Solomon)인데, 집회서는 대략 주전 200-175년 사이에, 솔로몬의 지혜는 주전 220년에서 주후 50년 사이에 쓰인 것으로 생각된다. 지혜 문헌이 이처럼 중간사 시대까지도 계속 제작된 것은 지혜 운동이 왕정기와 포로기를 거쳐 헬레니즘 시기까지도 지속되고 있었음을 말해 준다. 이와 같이 지속적인 운동이 있을 수 있었던 것은 그 운동에 책임을 진 상당한 전문가 그룹이 역사적으로 존재했기 때문이라고 봐야 하지 않을까. 그들은 오랜 시간 동안 자신들의 신학적 문학적 영향력을 후대에 끼칠 수 있었다. 외경 지혜서의 존재는 "지혜자"라는 구별된 집단의 존재에 대한 추론을 더욱 뒷받침해 준다. 집회서와 솔로몬의 지혜의 저작 연대에 대해서는 다음 문헌들을 참고할 것: P. W. Skehan and A. A. Di Lella, *The Wisdom of Ben Sira*, AB (New York: Doubleday, 1987), pp. 8-14; D. Winston, *The Wisdom of Solomon*, AB (New York: Doubleday, 1979), pp. 20-25; J. L. Crenshaw, "Sirach," *Harper's Bible Commentary*,

사회적으로 일정한 사고와 행동 양식을 지닌 사람들이 있었기에 그와 같이 통일된 성격의 문헌이 존재할 수 있지 않았겠는가 하는 생각이다. 선지자라는 일정한 사회적 그룹이 존재하므로 선지서라는 방대한 양의 문헌이 존재하게 됐던 것처럼 말이다.

그러나 정작 하나의 구별되는 집단(직업)으로서 지혜자들의 존재에 대한 심증은 성경 본문 자체로부터 온다. 먼저 지혜서 밖의 한 본문을 보자. 예레미야 18:18에 흥미있는 언급이 나온다.

> 그들이 말하기를 오라 우리가 꾀를 내어 예레미야를 치자 제사장에게서 율법이 지혜로운 자에게서 모략이 선지자에게서 말씀이 끊어지지 아니할 것이니 오라 우리가 혀로 그를 치고 그의 아무 말에도 주의치 말자 하나이다.

이 본문은 율법에 대해서는 제사장 그룹이 책임이 있고, 말씀에 대해서는 선지자 그룹이 책임이 있는데, 모략(עֵצָה)에 대해서는 지혜자(개역한글판은 하함 [חָכָם]을 "지혜로운 자"라 번역한다) 그룹이 책임을 진다고 말씀한다. 이 말씀은 "지혜자"(wise men, sages)가 제사장, 선지자들과 대등한, 하나의 독립된 직업이 었음을 강하게 시사하고 있다. 다만 더 이상 자세한 활동 내용이 보고되지 않을 따름이다.

이번에는 지혜서 안에서 살펴보자. 여러 본문이 지혜자들의 존재에 대한 심증을 굳혀주는 듯하다. 잠언 24:23~34는 두 번째 '지혜자들의 말씀 모음'인 데65) 이 부분을 시작하는 24:23은 "이것도 지혜로운 자의 말씀이라"(גַּם

---

ed. J. L. Mays (New York: Harper & Row, 1988), p. 836; J. M. Reese, "Wisdom of Solomon," ibid., p. 820.

65) 잠언의 구조에 대해서는 각주 31)을 참고할 것.

אלה לחכמים)고 말씀한다. 정확한 번역은 "이것들도 지혜자들에게 속한 것이라"
이다.66) 이 말씀은 "이것들," 즉 24:23~34의 금언들이 "지혜자들"(חכמים)에게서
나왔다는 것이므로 "지혜자들"이란 집단이 있었고 "이것들"(금언들)은 그 집단
이 생산한 것이라고 말하고 있는 것으로 들린다. 즉 상당히 "지혜자들"이라는
어떤 특정 그룹의 존재를 전제하는 것이 분명해 보인다.67) 이렇게 되면 22:17의
"지혜자들" 역시 특정 집단을 가리키는 말로 보는 것이 좋다. 22:17은 제목이("지
혜자들의 말씀들" דברי חכמים) 문장 속에 파묻혀 버려서68) 24:23에서 만큼 하하밈
(חכמים)에 대해 분명하게 말하기는 어렵다. 그러나 24:23의 "역시"(גם)가 22:17의
"지혜자들의 말씀들"을 전제한 것일 것이기 때문에 22:17의 "지혜자들"도
역시 일반적인 의미의 "지혜로운 사람들"보다는 전문적인 의미의 단어, 즉
특정 집단으로서의 "지혜자들"을 가리키는 말이라고 보는 것이 자연스러울
것이다. 이러한 추론의 연장선상에서 1:6의 "지혜자들"도("지혜자들의 말씀들"
안에 들어 있는) 하나의 전문가 집단을 가리키는 말로 이해할 수 있을 것이다.69)

　　다음은 욥기를 살펴보자. 욥의 세 친구(엘리바스, 빌닷, 소발)는 직업적인
"지혜자들"이었을 가능성이 높다. 그들은 전문가들로서 자신들의 철학과 교리
를 욥에게 가르치고자 하는 태도를 분명히 나타낸다. 욥기 15:17~18을 보자.

　　　　내가 너에게 말하리라 나를 들으라,

---

66) 하하밈(חכמים)은 하함(חכם)의 복수임.

67) 따라서 여기 24:23의 "지혜자들"(חכמים)은 일반적인 의미의 "지혜로운 사람들"이 아니고
　　명확히 정의된 어떤 특정 집단을 가리키는 말이 된다. 즉 이 말은 일반 용어(general term)가
　　아니고 전문 용어(technical term)인 것이다. 개역한글판의 "이것도 <u>지혜로운 자</u>의 말씀이라"는
　　번역은 정확한 것이 되지 못한다.

68) 22:17은 22:17-24:22의 부분을 시작하는 절임. 역시 각주 31) 참고.

69) 잠언의 이 부분들에 대한 취급은 Murphy에게서도 발견된다. *The Tree of Life*, p. 3.

> 내가 본 것 그것을 내가 설명하리라,
> 지혜자들이 말하는 것을,
> 그들이 그들의 부여조(父與祖)로부터 듣고 숨기지 않은 것을.[70]

엘리바스의 교사로서의 말투가 완연하다. 그가 가르치는 내용은 전통의 산물인 점도 분명히 드러난다. 엘리바스가 말하고 설명하려는 것은 "지혜자들이 말하고 숨기지 않은" 어떤 것이다. 주목할 곳은 18절의 יגידו חכמים אשר("지혜자들이 말하는 것을")이다. 여기서 "지혜자들"(חכמים)은 평범한 "지혜로운 사람들"을 의미하는 것 같지는 않다. 그들은 전통적인 가르침에 의해 연마된 어떤 직업적인 사람들이다. 그리고 그들의 가르침은 정형화된 어떤 것으로 후대에도 계속 가르쳐지는 어떤 것이다. 그렇다면 여기서 "지혜자들"은 하나의 전통적인 교사 계급으로서의 일단의 무리를 가리키는 말이 아닌가 보인다. 34:2에서 엘리후는 세 친구를 "지혜자들"(חכמים)이라 부르는데 이것도 그들을 하나의 계급의 사람들로 간주하고 부른 이름 같다.[71]

> 지혜자들아 내 말을 들으라,
> 지식 있는 자들아 내게 귀를 기울이라.[72]

이번에는 전도서를 살펴보자. 전도자는 자신을 스스로 하함(חכם; "지혜로운" 또는 "지혜자")이라고 부른다. 12:9를 보자.

---

70) 개역한글판은 만족스럽지 않은 부분이 있어서 필자가 사역한 것임. 다른 영역들에 비해 NIV가 어순도 지키면서 비교적 의미를 정확하고 알기 쉽게 번역하는 듯하다: "Listen to me and I will explain to you; let me tell you what I have seen, what wise men have declared, hiding nothing received from their fathers." KJV는 어순을 안 지키고, NASB는 의미가 모호하며, NRSV는 정확하지 않게 번역을 하고 있다.

71) 욥 34:2의 해석에 대해서는 Murphy의 도움을 얻음: *The Tree of Life*, p. 33.

72) 필자의 사역임.

> 전도자는 지혜자로서(חכם)
> 백성들에게 지식을 가르치고
> (생을) 살피고 연구한 다음 많은 잠언을 (지어) 배열했다.[73]

하함은 형용사로서 전도자 자신을 일반적으로 설명하는 말일 수도 있지만("지혜로운"), 문맥으로 볼 때 명사로서 그가 지혜자 그룹의 일원이라는 의미일 가능성이 높아 보인다("지혜자"). 전도자의 활동 내용을 보면 살피고, 연구하고, 배열하는 일들이었다. 이것은 평범한 사람이 하는 일들이 아니고 매우 전문적인 학술 훈련을 받은 사람이 하는 일들이다. 특히 하나의 금언을 만들어 내는 데 따르는 정해진 과정에 대한 설명 같은 인상을 받는다. 하나의 금언이 탄생하기까지는 삶에 대해 오래 살피고 가설을 세우고 그것을 검토하고 또 연구하고 하는 일을 반복했을 것이다. 마지막으로는 수집한 금언들을 모아 배열하고 책으로 편찬하는 작업도 따랐을 것이다(12:12 참고). 이처럼 12:9에 설명된 일들은 지혜자라는 전문 직종의 사람들이 한 활동 내용으로 보인다. 게다가 전도자는 지식을 가르치는 교사였다고 한다(역시 12:9). 따라서 12:9의 하함은 전도자가 (단순히 지혜로운 사람이라기보다는) "지혜자들"이라는 전문가 집단의 한 사람임을 가리키는 말로 보는 게 옳을 것 같다.[74] 12:11 "지혜자들의 말씀들"(דברי חכמים)의 하하밈(חכמים)도 같은 문맥에서 전문 집단의 사람들을 뜻하는 말로 볼 수 있을 것이다. 8:17도 지혜자의 존재를 시사하는 것 같다.

---

73) 필자의 사역임.

74) 적지 않은 수의 영역본들도 하함(חכם)을 "지혜로운"이 아닌 "지혜자"로 번역하여 전문가 직종을 설명하는 말로 이해하고 있다: NASB ("a wise man"); NJB ("a sage"); NJPS (Tanakh) ("a sage"). "지혜로운"(wise)으로 옮기는 번역들은 KJV, NIV, NRSV, NAB, An American Translation 등이다. 개역한글판은 후자에 속한다.

> 하나님의 모든 행사를 살펴보니 해 아래서 하시는 일을 사람이 능히 깨달을
> 수 없도다 사람이 아무리 애써 궁구할찌라도 능히 깨닫지 못하나니 비록
> 지혜자가 아노라 할찌라도 능히 깨닫지 못하리로다.75)

여기 "지혜자"(ההכם)는 정관사가 붙어있는 말이다. 직업으로서의 지혜자를
의미할 가능성이 매우 높다.

이상과 같이 하캄(הכם) 또는 하하밈(הההכמים)이 일반 형용사가 아닌 특정 집단의
사람들을 가리키는 것으로 사료되는 용례들에 대해서 살폈다. 성경에서 지혜는
사실상 매우 복잡한 개념이다. 단순한 직업 기술을 의미하는가 하면 삶을
살아가는 태도와 요령을 의미하기도 한다. 특히 지혜서에서는 지혜가 도덕적
의미로 깊이 채색되어 있다. 그리고 이스라엘의 여호와 신앙과 깊은 관련이
맺어져 있다. 또한 특이하게도 지혜는 의인화되기도 하는데 이것은 궁극적으로
신격화되어 지혜가 마치 하나님의 계시 또는 하나님 자신을 상징하는 것처럼
나타나기도 한다. 지혜는 이처럼 고도로 정제되고 복잡화된 개념이다. 간단한
해석으로 쉬이 정체를 파악할 수 있는 개념이 아니다. 이와 같이 세련된 개념이
존재하게 된 것은 그만큼 학문적으로 세련된 집단의 역할이 있었기 때문에
가능했다고 추측할 수 있다. 자신들이 제시하는 지혜는 "생명나무"라고 자신
있게 말할 수 있는(참고: 잠 3:18), 그리고 그것이 최고이니 그것을 반드시
얻어야 한다고 확신 있게 권할 수 있는(참고: 잠 4:5~7) 세련된 전문가 집단이
존재했기에 그와 같은 고급 개념이 가능했을 것이라고 추정할 수 있는 것이다.

이상에서 살핀 바와 같이 지혜자 그룹의 존재는 (비록 절대적은 아니라 하더라도)
성경의 여러 증거에 의해 지지되는 바가 있다. 그러나 학교의 존재에 대해서는

---

75) 개역한글판을 그대로 옮긴 것임. 놀랍게도 여기서 개역한글판은 하캄(הכם)을 "지혜자"라
번역하고 있다.

성경이 어떤 증거도 제시해 주지 않는다. 지혜자들이 하나의 직업군을 이루어 활동했다면 그들이 활동했을 사회적 기구를 생각하게 되는 것은 당연하다. 더욱이 그들의 직무는 교육하는 일과 관계되었을 것으로 추정되기에 더욱 그러하다. 그러나 성경이 이렇다 할 증거를 보여주지 않기 때문에 이스라엘 사회에서의 학교의 존재는 일단 부정적으로 결론을 내릴 수밖에 없는 것이 아닌가 생각한다.

일부 학자들이 학교의 존재를 굳이 주장하는 것은 주위 문명권과의 유비를 통한 추론이다. 이집트에도 그렇고 메소포타미아에도 그렇고 상당한 양의 지혜 문학이 발달하였는데 이를 책임졌던 지혜자들이 학교라는 사회 기구를 통하여 그들의 직무를 수행한 것이 드러난다. 이집트에서는 지혜자들이 바로의 궁정 학교를 중심으로 활동했다.[76] 이집트에는 고도로 발달한 정치와 행정을 담당할 엘리트들을 양성해 내는 소위 서기관 학교라는 것도 있었던 것으로 생각된다.[77] 메소포타미아에서는 지혜자들이 주로 신전에 부속된 학교를 중심으로 활동했다.[78] 메소포타미아의 지혜문학은 학교와 깊은 관계가 있다는 것도 조사되고 있다.[79] 메소포타미아에서도 방대한 제국을 다스리는 데 필요한 엘리트들을 길러내기 위한 서기관 학교가 운영된 사실이 여러 고고학적 증거에 의해 밝혀지고 있다.[80] 학자들은 이집트와 메소포타미아에 이처럼 학교가 존재했기 때문에 이 두 문명의 절대적 영향 아래 있던 이스라엘에도 당연히 학교가 있었을 것이라고 추정하게 된 것이다.[81]

---

76) Crenshaw, *Old Testament Wisdom*, p. 44.

77) J. P. J. Olivier, "Schools and Wisdom Literature," *Journal of Northwest Semitic Languages* IV (1975): 55.

78) Crenshaw, *Old Testament Wisdom*, p. 44.

79) Olivier, "Schools and Wisdom Literature," p. 53.

80) Olivier, "Schools and Wisdom Literature," pp. 49-53.

그러나 추정은 추정일 뿐이다. 그 누구도 설득력 있게 성경적 증거를 제시한 적은 없다. 학교의 존재 문제에 대해 결정적 공헌을 한 허미슨이 "서기관 학교"의 존재를[82] 전제해야만 의미가 쉽게 이해될 수 있다고 제시한 몇 구절도 어느 것 하나 이렇다 할 설득력은 없어 보인다[83] 성경에서 학교에 대한 직접적인 언급을 찾을 수 없는 것은 물론이고 간접적인 증거라고 제시되는 것들조차 그리 설득력이 있어 보이지 않는다는 말이다. 머피는 잠언 25:1의 "히스기야의 사람들"의[84] 활동이 궁정 학교의 존재에 대한 증거일 수도 있음을 제안해 보지만 그러나 이것도 단순 추정 이상은 아니다.[85]

크렌쇼는 외경 문헌에 상당히 의존한다. 집회서 51:23을 들어 중간기 시대 유다에(주전 2세기) 학교가 존재했음을 확인하고 그것을 고대 이스라엘에까지 소급해 보고자 한다[86] 그러나 그것은 하나의 바람일 뿐, 성경이 학교의 존재를

---

81) de Vaux와 von Rad가 이러한 추정을 시작한 사람들인데 그들은 자세한 논증은 하지 않았다. Richter는 이스라엘에 학교가 존재했음과 이 학교가 지혜자들의 활동과 연관되었음을 최초로 증명해 보인 사람이다. R. de Vaux, *Ancient Israel* (New York: McGraw-Hill, 1965), pp. 48f.; G. von Rad, *Theologie des Alten Testaments,* vol. 1 (München: Kaiser Verlag, 1966), pp. 430f.; W. Richter, *Recht und Ethos. Versuch einer Ortung des weisheitlichen Mahnspruches* (n.p., 1966), pp. 182f. 그러나 학교의 문제가 학자들의 본격적인 관심의 대상이 된 것은 아마 Hermisson의 연구가 나온 다음부터일 것으로 생각된다. H.-J. Hermisson, *Studien zur israelitischen Spruchweisheit,* Wissenschaftliche Monographien zum Alten und Neuen Testament 28 (Neukirchen-Vluyn: Neukirchener, 1968).

82) "서기관"이라는 직종 자체가 매우 모호한 실체이다. 참고: Murphy, *The Tree of Life,* p. 5.

83) Hermisson이 드는 구절들은 다음과 같다: 삼하 12:25; 왕하 10:1, 5; 대하 27:32; 왕상 12:8. Olivier, "Schools and Wisdom Literature," p. 59에서 재인용.

84) 개역한글판: "히스기야의 신하들."

85) 잠깐 지나가는 제안을 하고 있을 뿐 Murphy 자신이 학교의 존재에 대해 그리 긍정적인 태도를 취하는 것은 아니다. Murphy, *The Tree of Life,* p. 5.

86) 51:23에서 벤 시라는 장차 배우기를 희망하는 예비 학생들에게 자신의 "배움의 집"에 와서 삯을 내고 배우라고 말하고 있다. 이는 정경과 외경을 통틀어 학교에 대한 최초의 언급이다. 이것으로 Crenshaw는 주전 2세기에 유다에 학교가 있었다고 확인한다. 그리고 이것으로부터 고대 이스라엘 사회의 교육 제도에 대한 일말의 단서를 잡아보려고 한다. Crenshaw, *Old Testament Wisdom,* p. 26. 그러나 벤 시라가 말하는 "배움의 집"이라는 것이

확인해 주지 않으니 무리한 시도에 머무를 뿐이다. 이와 같은 여러 이유로 일단 현재로서는 고대 이스라엘 사회에 학교라는 공식 기구는 존재하지 않았다고 결론내리는 것이 가장 안전한 길이 아닐까 한다.

7. 맺는 말

지혜서는 이제 연구의 초기 단계에 있는 분야이다. 따라서 정리가 채 되지 않았거나 정리가 아직 덜 끝난 점이 많은 분야이다. 그러다 보니 지혜서에 관한 논의는 확정적인 결론을 낼 수 있는 부분도 있지만 아직도 상당 부분은 잠정적인 수준의 결론밖에는 낼 수 없는 단계임을 인정하지 않을 수 없다. 지혜서 자체를 비롯해서 관련된 여러 개념들의 성격 규정 및 정의는 아직도 많은 정제(精製)를 필요로 한다고 해야 할 것이다. 지혜서는 향후로도 각고의 학문적 노력이 요청되는 분야이다.

과연 학교냐 하는 것도 확정지어 말할 수 있는 것은 아니다. Crenshaw 자신이 인정하듯이 그것은 벤 시라가 자신의 책(=집회서)을 상징적으로 가리킨 말일 수도 있다. Ibid.

제2장
잠언 _ 바른 생활의 교과서

　잠언은 어떤 책인가? 가장 간단히 말하면 잠언은 바른 생활을 가르치는 책이다. "의" 또는 "의로운 생활"이라는 주제를 다룬다. 이 주제를 젊은이들에게 가르쳐 그것이 그들의 의식과 가치가 되게 하려는 것이다. 젊은이가 의로운 생활(바른 생활)을 지향하는 인격을 갖추게 될 때 그것이 인생 성공의 참된 밑거름이 된다고 본다.

　바른 생활이란 초등학교 교과 과목의 이름이기도 하다. 사람이 어떻게 사는가 하는 것은 그 사람 개인을 위해서나 그가 속한 사회와 그 사회의 미래를 위해서 그만큼 중요한 문제이기 때문에 초기 학교 교육에서부터 필수 과목으로 가르치는 것일 것이다. 성경도 꼭 같이 사람이 어떻게 살아야 하는가 하는 문제에 비상한 관심을 가진다. 특히 잠언 등 지혜서가 그러하다. "의"라는 것이 성경의 구속에 관한 이야기가 지향하는 하나님 통치의 기본 이념이기도 하지만 잠언은 이 문제를 조금 다른 각도에서 접근한다. 잠언은 구속사라는 특수한 민족의 이야기에 구애받지 않는다(비록 처음 독자가 이스라엘 자신이었다 할지라도). 잠언은 그저 평범하고 일반적인 인간의 입장에서 의의 문제를 다룬다. 보통 사람에게 있어서 인생의 성공은 어떻게 성취될 수 있는가. 그것은 바른 생활, 즉 의의 실천을 통해서 이루어진다는 것이 잠언의 교훈의 요체이다.

현대는 인간이 살아가는 기준 따위에 굳이 귀를 기울이려고 하지 않는 시대이다. 따라서 의나 의로운 생활이라는 것에 대해 관심이 없을 뿐더러 감각이 죽어버린 것 같은 시대이다. 그러나 아무리 시대가 절대적인 삶의 기준을 상실해 가는 때라 하더라도 하나님이 우주를 운영하시는 원리에 변화가 올 수는 없다. 잠언이 가르치는 삶의 원리는 바로 현대인을 위한 참된 성공의 법칙이며 미래 사회가 건강하게 성장할 수 있는 비결이다. 이것이 잠언이 젊은이 한 사람 한 사람을 위한 인생 교과서요, 우리 모두를 위해서는 건강한 미래를 위한 사회 교육서가 되는 이유이다.

잠언은 지혜서의 성격을 이해하는 데 가장 기본이 되는 중요한 책이다. 지혜서에 관한 모든 토론이 잠언에서 출발하기 때문이다. 본 장에서는 잠언에 쓰인 문학 장르들, 잠언의 구조, 잠언의 메시지의 순으로 잠언에 대해 살펴보기로 한다.

1. 잠언에 쓰인 장르들

잠언에 대해 살피는 일은 책의 구조로부터 시작하는 것이 바른 순서일 것이다. 그러나 구조를 제대로 논하려면 먼저 책에 사용된 기본적인 문학 도구인 장르들에 대해 알아야 할 필요가 있다. 장르는 구조의 각 부분의 성격을 말해주는 중요한 요소이기 때문이다. 따라서 책의 구조는 다음 항인 II.에서 다루기로 하고 이 항에서는 먼저 잠언의 문학 장르들에 대해 살피고자 한다. 잠언에 쓰인 문학 장르는 금언(Sayings), 훈계(Admonitions),[1] 숫자 금언

(Numerical Sayings), 지혜시(Wisdom Poem) 등이 있다. 이 중 금언과 훈계가
주요 장르로 쓰였다.

1) 금언

금언(Sayings)이란 경험과 관찰의 내용을 간략하게 진술한 것을 말한다.
어떤 내용을 진술한 것이므로 3인칭 직설법으로 되어 있다. 진리가 객관적으로
제시되고 문장의 톤은 냉정하다. 명제적이며(propositional) 서술적이다(de-
scriptive). 금언은 2. 잠언의 구조에서 설명하게 될 구조의 부분 II(10:1~22:16)와
V(25장~29장)를 형성하는 기본 장르이다. 모든 금언은 평행법으로 이루어진
한 줄의 시구로 되어 있다.[2] 대부분 전반절(A)과 이에 호응하는 후반절(A')이
한 쌍을 이룬 두 반절(半節) 평행시이다(bicolon 또는 distich).[3] 금언들은 동의평
행, 반의평행, 종합평행이 골고루 섞여 있으나[4] 반의평행이 수적으로 가장

1) '금언'은 3인칭 서술식 문장으로 주어지기 때문에 '문장'(Sentence)이라는 장르명으로 불리기도
한다. '훈계'는 '교훈'(Instruction)으로 불리기도 한다. 실제 McKane은 금언, 훈계 대신 문장,
교훈이라는 명칭을 쓰고 있다. William McKane, *Proverbs*, OTL (London: SCM Press, 1970).

2) 모든 금언이 정확한 의미에서 평행법(parallelism)을 따르고 있다고는 할 수 없다. 전반절(the
first colon)과 후반절(the second colon) 사이에 의미의 평행이 성립하지 않는 경우도 (꽤)
있는 것이 사실이다(의미 평행은 없어도 소리의 평행이나 구문의 평행 같은 것이 있을
수 있지만 여기서는 토론을 간단히 하기 위해 가장 일반적인 경우인 의미 평행에 대해서만
말하고 있다). 그러나 많은 경우는 금언이 의미 평행으로 이루어지므로 — 동의평행이든
반의평행이든 종합평행이든 — 금언들을 대체로 평행시라고 불러도 크게 문제 될 것은
없어 보인다.

3) 10:1-22:16의 경우 모두 두 반절 평행시인데 19:7 한 절만 세 반절 평행시(tricolon 혹은
tristich)이다(즉 [삼]반절이 세 개 병렬된 평행시). 참고: James L. Crenshaw, *Old Testament
Wisdom: An Introduction*, rev. and enlarged ed. (Louisville, KY: Westminster John Knox Press,
1998), p. 62.

4) 본서는 Robert Lowth가 제시하여 전통적인 범주가 된 동의평행, 반의평행, 종합평행의 개념을
일단 그대로 사용하고 있다. Kugel, Alter, Berlin 등이 평행법의 개념을 많이 다듬고 발전시켜서
엄밀하게 말하면 이 세 평행의 개념은 의미론적으로나 구문론적으로 이미 다른 범주로

많은 편이다.5) 다음은 평행시의 예인데 동의평행, 반의평행, 종합평행을 각각
순서대로 둘씩 든 것이다.

> 16:11 공평한 간칭과 명칭은 여호와의 것이요// 주머니 속의 추돌들도 다 그의
> 지으신 것이니라.6)
> 16:18 교만은 패망의 선봉이요// 거만한 마음은 넘어짐의 앞잡이니라.
>
> 10:1 지혜로운 아들은 아비로 기쁘게 하거니와// 미련한 아들은 어미의
> 근심이니라.
> 10:3 여호와께서 의인의 영혼은 주리지 않게 하시나// 악인의 소욕은
> 물리치시느니라.
>
> 16:27 불량한 자는 악을 꾀하나니// 그 입술에는 맹렬한 불 같은 것이 있느니라.
> 16:28 패려한 자는 다툼을 일으키고// 말장이는 친한 벗을 이간하느니라.

2) 훈계

훈계(Admonitions)는 무엇을 하라거나 말라는 식으로 명령하거나 권고하는
것을 말한다. 교훈(Instructions) 또는 강의(Lectures, Lessons)라 불리기도 한다.
긍정적으로 무엇을 하라고 훈계하는 것은 명령(Command), 부정적으로 무엇을

승화되었지만 그러나 이 셋은 아직까지 학자들 사이에 통용되는 개념들(용어들)이다. 평행법
의 손쉬운 분류를 위해서는 이것들이 아직도 유용하다.

5) 반의평행은 잠언 외의 다른 곳에서는 그리 많이 발견되지 않는다. 잠언은 의인과 악인,
지혜로운 사람과 어리석은 사람 등 여러 가지 대조를 나타내야 할 필요가 있어서 반의평행을
다수 채용한 것으로 보인다. 본서는 평행법에 관한 상세한 설명은 생략하고 있다. 평행법은
어느 정도 전문적인 구약성경 개론서나 구약의 문학기법을 설명하는 안내서라면 어디서나
간단한 설명 정도는 찾을 수 있다. 필자의 글 "선지서 주해의 원리(III)," 「신학정론」 23,
1 (2005. 5): 61-71에도 기본적인 해설이 주어져 있다.

6) 별다른 설명이 없는 한 성경 인용은 개역한글판임.

하지 말라고 훈계하는 것은 금지(Prohibition)라 한다. 명령과 금지는 각각 쓰이기도 하나 함께 쓰여서 하나의 훈계를 이루는 수도 많다. 훈계(명령, 금지)는 보통 2인칭 명령법(imperative)으로 주어지지만 3인칭 명령법(jussive)이 쓰이는 수도 종종 있다. 훈계에는 종종 동기부여절(motive clauses)이 덧붙여져서 명령과 금지를 하는 이유를 제시하는데,[7] 피교육자로 하여금 훈계에 순종할 시 따를 유익과 불순종할 시 따를 불이익에 대해 경고 받게 하려는 것이다. 훈계는 호소하고 권면하는 강렬한 톤을 지닌다. 지시적이다(prescriptive). 구조의 부분 I(1:8~9:18)과 III(22:17~24:22)을 형성하는 기본 장르이고 IV(24:23~34)의 일부도 형성한다. VII(31:1~9)도 훈계로 되어 있다. 다음은 훈계의 예이다. 알아보기 쉽도록 동기부여절은 줄을 바꾸고 들여쓰기 하였다.

1:8-9 내 아들아 네 아비의 훈계를 들으며 네 어미의 법을 떠나지 말라
왜냐하면 이는 네 머리의 아름다운 관이요 네 목의 금사슬이기 때문이니라.[8]

4:6 지혜를[9] 버리지 말라
그러면[10] 그가 너를 보호하리라
그를 사랑하라

---

7) 동기부여절은 반드시 부사절로만(예컨대 접속사 키[כִּי] 따위로 유도되는) 주어지는 것은 아니다. 등위절이(예컨대 접속사 와우[וְ]로 유도되는) 동기부여절의 기능을 하는 수도 있다.
8) 히브리 원문에 있는 접속사(כִּי)의 의미를 살리기 위해 개역한글판의 본문에는 없는 "왜냐하면"과 "때문이니라"를 첨가함.
9) 원문에는 "그녀를"이란 대명사 접미로 되어 있는데(영역들은 원문대로 번역하고 있음) 개역한글판은 의미를 밝혀 "지혜를"이라 하고 있음.
10) 원문의 와우(וְ)를 번역한 것이다. 개역한글판은 와우를 생략하여 (접속사 없이) 번역하고 있지만 나름대로 결과절(즉, 동기부여절)의 의미를 살려내고 있다. 본서는 원문의 구조를 보이기 위해 와우를 번역하고 있음.

그러면11) 그가 너를 지키리라.

1:15, 1812) 내 아들아 그들과 함께 길에 다니지 말라 네 발을 금하여 그 길을 밟지 말라
        ......
        왜냐하면13) 그들의 가만히 엎드림은 자기의 피를 흘릴 뿐이요 숨어 기다림은 자기의 생명을 해할 뿐이니

22:22~23 약한 자를 약하다고 탈취하지 말며 곤고한 자를 성문에서 압제하지 말라
        대저14) 여호와께서 신원하여 주시고 또 그를 노략하는 자의 생명을 빼앗으시리라

3) 숫자 금언

숫자 금언(Numerical Sayings)은 어떤 공통된 성격의 것들을 열거하는 서술기법이다. 보통 하나의 숫자(n) 다음 그보다 하나 많은 숫자(n+1)를 제시하는 방식으로 제목을 말한 다음, 항목들을 구체적으로 열거한다. 어떤 학자는 숫자금언이 선생이 수수께끼를 내면 학생들이 답하는 형식이라 하여 학교에서의 문답식 교육 상황을 반영한다고 말하기도 하지만15) 구체적인 근거는 없다. 구조의 부분 VI(30:1~33)에 주로 집중되어 있다.16) 이 기법은 잠언 외에도

---

11) 앞의 "그러면"과 경우가 같음.
12) 15절의 훈계에는 16절, 17절, 18절 등 세 개의 동기부여절이 첨가되었다고 할 수 있다. 여기서는 18절만 살피기로 한다.
13) 17절의 키(כ)가 18절까지 계속되는 것으로 본다.
14) 동기부여절을 이끄는 키가 여기에는 이렇게 번역되었다.
15) G. Von Rad, *Wisdom in Israel*, trans. J. D. Martin (London: SCM Press, 1972), pp. 36f., 122f.
16) 다른 부분에 나오는 예는 6:16-19 등이다.

구약의 여러 책에서 발견된다.[17]

> 30:21~23 세 가지 때문에 땅이 요동하며 또한 네 가지를 땅이 견디지 못한다[18]
> 곧 종이 임금된 것과, 미련한 자가 배부른 것과, 꺼림을 받는 계집이
> 시집간 것과, 계집종이 주모를 이은 것이다.

> 30:29-31 세 가지의 행진이 위풍당당하고 네 가지의 걸음걸이가 위엄이 있다
> 곧 짐승 중에 가장 강하여 아무 짐승 앞에서도 물러서지 않는 사자와,
> 활보하는 수탉과, 숫염소와, 군대가 그와 함께 한 왕이다.[19]

4) 지혜시

지혜시(Wisdom Poem)란 한두 줄의 진술이나 명령으로 그치는 것이 아니라
교훈을 담되 어느 정도의 길이로 진행되는 시를 가리키는 이름이다. 이것이
적합한 명칭인가에 대해서는 논란이 있으며 개념적으로 다소 모호한 점도
없지 않다. 일정한 교훈을 지닌다는 의미에서 교훈시(Didactic Poem)라 불리기도

---

17) 특히 선지서에서 종종 발견된다. 예를 들면 암 1-2장, 미 5:5 등이다. 성경 밖에서는 특히
우가릿 문헌에서 이 n, n+1 양식이 많이 발견된다. Gordon은 이 양식을 히브리 시와
우가릿 시의 공통된 자산으로 보았다. Cyrus H. Gordon, *Ugaritic Textbook*, Analecta Orientalia
38 (Rome: Pontifical Biblical Institute, 1965), §§ 7.9, 17.3.

18) 21절에서 개역한글판은 "세 개" 부분과 "네 개" 부분을 한꺼번에 묶어 번역해 버렸다:
"세상을 진동시키며 세상으로 견딜 수 없게 하는 것 서넛이 있나니." 이는 숫자금언의
특성을 잘 알아볼 수 없도록 하므로 좋은 번역으로 생각되지 않는다. 따라서 21절은 필자가
직접 번역했다(22-23절은 개역한글판 그대로임 — 다만 항목들을 알아보기 쉽게 필자가
쉼표를 삽입하고 "것이니라"를 "것이다"로 바꿈). 타하트(תחת)는 "아래에"라는 뜻이지만(영
역들은 "under"로 번역하고 있음[NASB, NRSV 등]) 그대로 번역하면 말이 잘 통하지 않아
"때문에," "를"로 옮겼다.

19) 필자의 사역임. 개역한글판은 여러 군데에서 정확치 않은 번역을 보여준다. 특히 제목
부분은(29절) 앞의 21절과 마찬가지로 숫자금언의 특성을 잘 알아볼 수 없게 한다: "잘
걸으며 위풍 있게 다니는 것 서넛이 있나니."

한다. 금언과 훈계들이 그 안에 들어 있을 수 있다. 부분 I(1장~9장)에서 특강에 해당하는 내용들이(다음 항 2. 잠언의 구조 참조) 지혜시에 해당하는 것이 많다 (1:20~33, 3:13~20, 8:1~36 등). 31:10~31(부분 VIII)의 이상적인 부인을 묘사하는 알파벳 시도 지혜시이다.[20]

2. 잠언의 구조

이번에는 책의 구조를 살피자. 잠언은 다른 책에 비해 구조 분석이 용이한 책이다. 잠언은 여러 컬렉션들(collections)로 이루어져 있는데 대체로 모든 컬렉션의 시작점에 '저자'가 명기되어 있어 단위의 시작과 끝을 쉽게 알아볼 수 있게 되어 있다. 이런 이유로 잠언은 학자들 사이에 구조에 관한 논쟁이 가장 적은 책이기도 하다. 잠언은 책 전체의 제목(표제)을 제외하고 총 8개의 부분(컬렉션)으로 구성되어 있다.[21]

제목, 책의 목적, 모토 (1:1~7)

I.	"아들"을 향한 권면 (1:8~9:18)	(A)
II.	솔로몬의 금언 모음 1 (10:1~22:16)	(S)
III.	지혜자들의 말씀 모음 1 (22:17~24:22)	(A)

---

20) 잠언 밖에서는 욥기 28장 지혜의 신비에 대한 찬양 같은 것을 지혜시라 부를 수 있을 것이다.

21) 많은 학자들이 필자와 같은 구조 이해에 동의한다. 가끔 약간 다르게 보는 학자가 있는 정도이다. 예컨대 Crenshaw는 30장을 둘로 나누므로(30:1-14와 15-33) 9개의 부분을 생각한다. Crenshaw, *Old Testament Wisdom*, p. 60.

IV.　　　지혜자들의 말씀 모음 2 (24:23~34)　　　　　　　(S+A)

V.　　　솔로몬의 금언 모음 2 (히스기야왕의 모음) (25:1~29:27) (S)

VI.　　　야게의 아들 아굴의 말 모음 (30:1~33)　　　　　　(NS)

VII.　　　르무엘 왕의 말 모음 (31:1~9)　　　　　　　　　(A)

VIII.　　　이상적 아내에 대한 알파벳 시 (31:10~31)　　　　(WP)

각 부분 뒤에 붙은 괄호 안의 기호는 그 부분이 주로 어떤 장르로 이루어져 있는지를 표시하는 것이다. A는 훈계(Admonition), S는 금언(Saying), NS는 숫자 금언(Numerical Sayings), WP는 지혜시(Wisdom Poem)를 나타낸다. 각 장르에 대해서는 앞의 1. 잠언에 쓰인 장르들을 보면 된다. 각 부분은 저자가 다를 뿐 아니라 각기 다른 장르로 되어 있다.

책 전체의 제목은 1:1의 "솔로몬의 잠언이라"에서 시작하여 책의 모토인 1:7까지 진행되는 것으로 본다.

구조의 중요 부분을 차례로 살펴보자.

1) "아들"을 향한 권면 (1:8~9:18)

책의 첫 부분(I.)은 1:8에서 시작하여 9장 끝(9:18)까지 진행되는 데 여러 개의 교훈(instructions)으로 구성되어 있다. 1:1의 "솔로몬의 잠언이라"가 책 전체의 제목이기도 하지만 이 교훈 부분의 제목 역할도 하는 것으로 보인다. 교훈이라고 이름할 수 있는 내용 여러 가지가 9:18까지 진행된다. 이 부분의 구조에 대해서 몇 가지 다른 견해가 있지만 대체로 10개의 주 강의(main lectures)와 5개의 특별 강의(special lectures; 이하 '특강')로 구성된 것으로 이해하는 것이 보통이다. 주 강의와 특강을 구별하는 기준은 형식에 있다. 주 강의는 아버지가 아들에게 훈계하는 형식으로 되어 있는 것들이다. 특강은 그 형식이 아닌 것, 즉 지혜숙녀(Lady Wisdom)가 연설한 것이거나 기타 형식으로 되어 있는 것들이다. 주 강의 10개는 다음과 같다.[22]

1. 1:8~19   악한 패거리의 유혹
2. 2:1~22   지혜에의 길
3. 3:1~12   경건의 지혜
4. 3:21~35   하나님과 사람에게 은총(호의)을 입음
5. 4:1~9   지혜를 사랑하고 악을 미워함
6. 4:10~19   바른 길
7. 4:20~27   곧은 길
8. 5:1~23   문란한 여인
9. 6:20~35   문란한 여인
10. 7:1~27   문란한 여인

팍스의 견해에 의하면 각 강의는 서론(exordium), 교훈(lesson), 결론(conclusion) 등 3중의 구조로 되어 있다. 서론은 또 다시 부름(address; "내 아들아" 또는 "아들들아"), 권고(exhortation; "들으라" 또는 "소홀히 마라"), 동기부여(motivation)

22) 주 강의 10개와 특강 5개의 구분은 기본적으로 Michael Fox 교수의 것을 따르고 있다. 사실 Fox 교수 자신은 "강의"(lectures), "막간"(interludes)이라는 말로 두 종류의 강의를 구분하고 있는데 "막간"이란 표현이 좀 어색하기 때문에 — 이점은 여러 학자가 지적하고 있는 바임 — 필자는 "주 강의," "특강"으로 바꿔 부르고 있다. Fox의 견해는 여러 학자의 동의를 얻고 있는 편인데 특히 Crenshaw는 Fox의 견해를 고스란히 수용하고 있다. Michael V. Fox, "Ideas of Wisdom in Proverbs 1-9," *JBL* 116/4(1997): 613-619; Crenshaw, *Old Testament Wisdom*, p. 61.

등 3 요소로 구성된다. 교훈은 강의의 본론에 해당하는데 강의 내용 자체이므로 가장 중요한 부분이다. 결론은 강의 내용을 다시 한 번 정리한 것인데 강의 내용을 일반화하여 원리로 제시한 것이다.[23] 모든 주 강의는 균일하게 이러한 구조를 지닌다.[24] 1:8~19(제1강)를 예로 살펴보자.

<서론> (8~9절)
부름:　　　(8절) 내 아들아
권고:　　　(8절) 네 아비의 훈계를 들으며 네 어미의 법을 떠나지 말라
동기부여: (9절) 이는[25] 네 머리의 아름다운 관이요 네 목의 금사슬이니라
<교훈> (10~18절)
　　　　　　　　내 아들아 악한 자가 너를 꾈지라도 좇지 말라
　　　　　　　　그들이 네게 말하기를 우리와 함께 가자 우리가 가만히
　　　　　　　　엎드렸다가 사람의 피를 흘리자 죄없는 자를 까닭없이 숨어
　　　　　　　　기다리다가
　　　　　　　　음부 같이 그들을 산 채로 삼키며 무덤에 내려가는 자 같게
　　　　　　　　통으로 삼키자
　　　　　　　　우리가 온갖 보화를 얻으며 빼앗은 것으로 우리 집에 채우리니
　　　　　　　　너는 우리와 함께 제비를 뽑고 우리가 함께 전대 하나만 두자
　　　　　　　　할지라도
　　　　　　　　내 아들아 그들과 함께 길에 다니지 말라 네 발을 금하여 그
　　　　　　　　길을 밟지 말라
　　　　　　　　대저 그 발은 악으로 달려가며 피를 흘리는 데 빠름이니라
　　　　　　　　무릇 새가 그물 치는 것을 보면 헛 일이겠거늘
　　　　　　　　그들의 가만히 엎드림은 자기의 피를 흘릴 뿐이요 숨어
　　　　　　　　기다림은 자기의 생명을 해할 뿐이니

---

23) Fox, "Ideas of Wisdom in Proverbs 1-9," pp. 614-615.

24) Fox, "Ideas of Wisdom in Proverbs 1-9," p. 615.

25) 원문은 9절의 맨 앞에 접속사 키(ᴋ)가 있어 동기부여절인 것을 분명히 보여준다. 영역들 역시 키가 "for"로 옮겨져 있어 동기부여절을 인지하는데 어려움이 없다.

<결론> (19절)
　　　　무릇26) 이를27) 탐하는 자의 길은 다 이러하여 자기의 생명을
　　　　잃게 하느니라

5개의 특강은 다음과 같다.

가. 1:20~33　　　지혜숙녀가 어리석은 자들을 꾸짖음
나. 3:13-20　　　지혜 찬양
다. 6:1~19　　　여러 가지 어리석음과 악에 대한 4개의 경구
라. 8:1·36　　　지혜숙녀의 자기찬양
마. 9:1~18　　　지혜숙녀와 우매숙녀(Lady Folly)의 초청

다.가 몇 종류의 실제적인 교훈을 모아놓은 특강인데 반해 나머지 4개의 특강은
모두 지혜를 찬양하거나 지혜의 특성에 대해 설명하는 것이다. 그 중에도
3개는 ― 가., 라., 마. ― 지혜를 여성으로 의인화했다.28)

2) 솔로몬의 금언 모음 1 (10:1~22:16)

책의 둘째 부분(II.)인 솔로몬의 금언 모음 1(10:1~22:16)은 모두 375개의
금언으로 되어 있다.29) 이는 통상 10:1에 나오는 "솔로몬의 잠언"이란 말

---

26) 원문에는 없는 번역이다. 그러나 원문은 켄(כֵּ; "그러한," "such")으로 시작하므로 19절이
　　앞의 내용을 일반화한 원리적 언명임을 암시한다.
27) 원문(바채[בָּצַע])의 정확한 의미는 "불의한 이(利)를"이다. 그러나 우리말의 "이(利)"는 보통
　　"불의한 이(利)"를 함의하는 수가 많으므로 개역한글판 그대로도 무방하다.
28) Fox, "Ideas of Wisdom in Proverbs 1-9," p. 616.

속의 이름 솔로몬(שלמה)의 숫자 값과 일치하는 것으로 생각되어 오고 있다. 잠언 편집자가 전체 금언의 숫자가 솔로몬이란 이름의 숫자 값과 같아지도록 정교하게 금언을 수집했다는 말이 된다.30)

솔로몬의 금언 모음 1은 경험에서 얻은 진리를 간략하게 표현한 짧은 스타카토식의 금언들로 이루어져 있다. 1~9장의 교훈이 촉구하고 호소하는 강렬한 톤이었던 데 반해 금언들은 인간의 삶에 관한 진리를 냉정하게 진술하므로 사뭇 가라앉은 분위기를 보여준다. 375개의 금언들은 19:7 한 절을 제외하고는 모두 두 반절(半節) 평행시, 즉 반절 두 개로 이루어진 평행시이다(이를 bicolon 또는 distich라 함).31) 19:7은 삼반절(三半節) 세 개로 되어있는 평행시, 즉 세 반절 평행시이다(tricolon 또는 tristich라 함).32)

솔로몬의 금언 모음 1은 다시 두 단위로 나뉘어 진다. 10:1~15:33과 16:1~22:16 이다.33) 첫째 단위(10:1~15:33)는 반의평행법(antithetic parallelism)을 많이 사

---

29) 금언 하나가 성경 한 절에 해당하므로 이 부분의 전체 절수 375가 금언의 수와 일치한다.

30) 유대인들은 숫자를 표현하는 데 자신들의 알파벳을 사용했다. א = 1, ב = 2, ג = 3 등이다. 솔로몬이란 이름은 300 = ש, ל = 30, מ = 40, ה = 5에 해당하기 때문에 이를 다 더하면 375가 된다. 이 수와 둘째 부분의 전체 금언의 수가 일치한다는 말이다. 그러나 과연 이스라엘이 왕정시대 같은 이른 시기에 이미 수를 표현하기 위해 알파벳을 사용했는지는 아직 명확히 알려져 있지 않다. 10:1-22:16 내의 금언의 숫자가 솔로몬(שלמה)의 숫자 값과 일치한다는 것은 Skehan이 가장 먼저 주장한 바이다. P. Skehan, *Studies in Israelite Poetry and Wisdom*, CBQMS 1 (Washington: Catholic Biblical Association, 1971): 43-45.

31) "반절"이란 colon 또는 half-stich를 번역한 말이다. 히브리 시를 해설하는 용어들은 아직 서구 학자들 사이에 통일이 안 된 분야이다. "반절" 하나를 의미하는데도 이 두 말 외에 half, line-half(또는 half-line), hemistich, verset 등 다양한 단어가 쓰이고 있어 대단히 혼란스러운 상황이다.

32) 평행시를 이루는 단위의 개수에 따라 그 단위를 반절, 삼반절, 사반절 등 용어를 달리하여 부르는 것은 불편한 일이다. 따라서 "반절" 대신 노래 가사의 작은 단위를 지칭하는 것 같은 인상에서 자유로울 수만 있다면 "소절"(小節)이란 말도 괜찮을 것 같다. 영어로는 colon이나 verset이 단위의 개수에 관계없이 쓸 수 있는 말이다. "Verset"은 Alter가 제안한 말이다. Robert Alter, *The Art of Biblical Poetry* (New York: Basic Books, 1985), p. 9.

33) 이 두 단위의 구분은 여러 학자들이 동의하는 것인데 Skehan은 여기다 두 단위를 잇는

용한다는 점에서 둘째 단위(16:1~22:16)와 구별된다. 첫째 단위는 총 184개의 금언(또는 절) 중 반의평행이 무려 163개이다. 전체의 88.6%에 해당한다. 둘째 단위는 총 191개의 금언 중 동의평행이 52개(27.2%), 반의평행이 47개(24.6%), 종합평행이 37개(19.4%)이다. 반의평행의 점유율이 첫째 단위에 비해 현저히 떨어진다.34) 잠언의 금언 모음들은 여러 가지 내용의 금언이 일정한 논리나 규칙이 없이 모아져 있어서 어떤 단위에 ─ 그나마 주제별로는 그러한 단위를 나누는 일 자체가 불가능하지만 ─ 제목을 붙이는 일은 어렵기도 할 뿐더러 별 의미가 없는 일일 수도 있다.35) 그러나 양 단위의 금언들의 내용을 조사하여 대체적인 성격을 말해보라 한다면, 첫째 단위(10:1~15:33)는 의(righteousness) 와 악(wickedness)의 대조, 둘째 단위(16:1~22:16)는 여호와와 왕에 관한 내용들 이라 할 수 있다.36)

이미 말한 것처럼 금언의 배열에 관해서 모음 전체에 적용되는 일반 원칙 같은 것은 없는 듯하다. 배열의 논리 같은 것이 발견되지 않기 때문이다. 따라서 주제별로 문단을 나누는 일이라든지 주제의 발전을 찾는 일이라든지

이음새에 관한 주장도 내놓았다. Skehan이 말하는 이음새란 14:26-16:25인데 그는 이를 "여호와 금언들"("Yahweh sayings")이라 이름하고 이 금언들은 두 단위를 잇고 10:1-22:16 전체를 375개의 금언이 되도록 하기 위해 편집자가 의도적으로 삽입한 것이라고 주장한다. Skehan, *Studies in Israelite Poetry and Wisdom*, pp. 18-20, 35-36. 그러나 14:26-16:25에는 여호와와는 관계가 없는 금언이 많이 포함되어 있고 여기에 속한 금언들이 주제도 일정치 않아서 하나의 '단위'라 할 수 있을지 의심스럽다.

34) Murphy는 둘째 단위는 동의평행과 종합평행이 주로("primarily") 점하고 있다고 말하는데 둘을 합쳐 46.6%이므로 "주로"라고 말할 것까지는 없다고 생각된다. 참고: Roland E. Murphy, *The Tree of Life: An Exploration of Biblical Wisdom Literature*, 3rd ed. (Grand Rapids: Eerdmans, 2002), p. 21. 백분율 통계에 포함되지 않는 금언들은 동의, 반의, 종합 등 세 범주로 분류하기 어려운 것들이다. 금언들 중에는 평행법의 개념에 포함시키기 어려운 것들도 있다.

35) 이는 솔로몬의 금언 모음 1(10:1-22:16뿐만 아니라), 솔로몬의 금언 모음 2(25:1-29:27), 지혜자들의 말씀 모음 2(24:23-34) 등 잠언 내의 금언 모음들 모두에 적용되는 말이다.

36) Crenshaw, *Old Testament Wisdom*, p. 64.

하는 것은 금언 모음에선 애초부터 불가능한 일이다. 한마디로 하면 개별 금언들의 해석에 도움을 줄 주변 문맥 따위는 존재하지 않는 다는 말이다.

모음 전체의 성격은 그렇다 치자. 그러나 그렇다고 금언들이 무조건 마구잡이로만 배열된 것은 아니다. 부분적으로는 금언을 모으는데 어떤 작은 규칙들이 적용된 수도 있었다. 예컨대 형태소(morphemes), 캐치워드(catchwords), 화두(topics)와 같은 것들이다. 이 기준들을 중심으로 금언들이 몇 개씩 모아진 흔적이 종종 발견된다.

먼저 형태소를 중심으로 금언을 모은 경우를 살펴보자. 18:20~22의 세 금언은 모두 문장 첫 알파벳이 멤(מ)인 금언들을 모은 것이다. 11:9~12는 모두 베트(ב)로 시작하는 금언들을 모은 것이다. 캐치워드를 중심으로 모은 경우도 있다. 16:27~29의 세 금언에는 모두 이쉬(איש; "사람")란 단어가 공통으로 들어가 있다(그리고 이 단어가 금언들의 첫 단어이다). 15:13~15의 세 금언은 렙(לב; "마음")이라는 공통어를 중심으로 모아져 있다. 거기다 15~17절 세 절에는 톱(טוב; "좋은")이라는 말이 공통어로 들어가 있다. 따라서 15:13~17의 다섯 개의 금언은 렙(לב)과 톱(טוב)에 의해 연결되어 있는 셈이다. 마지막으로 공통된 화두/주제를 중심으로 모은 경우를 살펴보자. 16:10~15의 여섯 금언은 왕들에 관해 말하는 금언들을 모은 것이다. 솔로몬의 금언 모음 2(25:1~29:27)도 모음 1과 성격이 같으므로 모음 2의 예도 여기 들어보자. 25:2~7의 여섯 절도 왕들에 관해 언급하는 금언들을 모아놓은 것이다. 26:1~12의 열두 금언은 모두 "미련한 자"의[37] 행위와 관련된 것들이다. 26:13~16은 게으른 자에 대한 금언들을 모은 것이다.[38]

---

37) 개역한글판의 "미련한 자"는 히브리어 커실(כסיל)을 번역한 것이다. 잠언의 중심 개념인 "지혜로운 사람"의 반대 개념이다.

38) 자료는 다음을 참고할 것: Murphy, *The Tree of Life*, p. 19; Crenshaw, *Old Testament Wisdom*,

솔로몬의 금언 모음 1은 주제적 배열이라는 제약에 구속되지 않는 만큼
여러 가지 관심을 다양하게 다루고 있다(이 점은 솔로몬의 금언 모음 2도 마찬가지
임). 의(지혜)와 불의(어리석음)라는 대표적인 주제 외에 교만, 언어 습관, 중상,
거짓, 게으름, 빚보증, 부와 가난, 뇌물, 음주, 탐욕, 분노의 통제 등 하루하루의
생활을 살아가는 데 늘 부닥치는 문제들에 대해 예리한 관찰을 제시한다.
절제된 생활, 정직과 신실, 이웃에게 너그러이 베풂 등 사회 윤리적인 덕목을
추천하는 데도 인색하지 않다.

3) 지혜자들의 말씀 모음 1 (22:17~24:22)

책의 둘째 부분(10:1~22:16)이 "금언"이었던 데 반해, 셋째 부분(지혜자들의
말씀 모음 1[22:17~24:22])은 첫째 부분(1:8~9:18)의 장르인 "훈계"로 돌아간다.
셋째 부분은 2인칭 명령으로 된 훈계들이 주를 이루고 있다. 이 훈계들은
보통 두 절 한 조로 이루어진다. 한 절은 명령(또는 금지) 자체를 전하는 절이고,
다른 한 절은 그 명령(금지)의 이유를 말하는 소위 동기부여절이다(예: 22:22~23,
24~25, 26~27; 23:10~11, 17~18, 20~21; 24:1~2, 15~16, 17~18, 19~20, 21~22
등).[39]

22:17에 나오는 "지혜자들의 말씀들"(דברי חכמים)이 셋째 부분의 시작을
알리는 제목이다.[40] 즉 지금까지 전개된 10:1~22:16은 "솔로몬의 금언들"이었
는데, 이제부터는 "지혜자들의 말씀들"이라는 새 단위가 시작된다는 말이다.

---

p. 62.

39) Murphy, *The Tree of Life*, p. 23.

40) 여기서 히브리어 번역은 필자 자신의 것을 쓰고 있다. 원문의 의미를 정확히 새기기 위해서
개역한글판을 따르지 않았다.

사실 "지혜자들의 말씀들"이란 구절은 17절 문장의 일부로 들어가 있어 제목이라는 인상이 뚜렷하지는 않다. 그러나 22:17에서 장르의 큰 전환이 일어나고 있어 이 구절을 새 단위의 시작을 알리는 제목으로 보는 것이 타당할 것으로 생각된다. 넷째 부분(지혜자들의 말씀 모음 2[24:23~34])이 그것의 제목을 "이것들도 지혜자들의 것이라"(גם־אלה לחכמים)(24:23)라고 한 것도 "지혜자들의 말씀들"을 셋째 부분의 제목으로 전제한 것으로 보인다.

지혜자들의 말씀 모음 1(22:17~24:22)은 이집트의 지혜문헌인 아메네모페의 교훈(the Instruction of Amenemope)과의 유사성으로 인해 오랫동안 학자들의 관심의 대상이 되어 왔다.[41] 전통적으로는 아메네모페의 교훈이 기원전 1200년 경의 작품이라는 전제하에 아메네모페가 잠언 22:17~24:22에 영향을 준 것이라는 견해가 일반적이었다. 그러나 최근에 들어서는 아메네모페와 잠언 22:17~24:22 사이의 연관성은 절대적인 것이 아니라는 점이 속속 밝혀지고 있다. 아메네모페와 유사한 교훈은 22:17~24:22뿐만 아니라 잠언의 다른 곳에서도 많이 발견되고 있고, 또한 잠언의 교훈들과(금언 포함) 유사한 것들이 아메네모페 뿐만 아니라 다른 이집트 문헌들, 즉 프타호텝(Ptah-hotep), 아니(Ani) 등과 같은 것에서도 발견되기 때문이다. 따라서 잠언 22:17~24:22가 유독 아메네모페와만 연관을 가진다는 주장은 이제 더 이상 호소력을 지닐 수 없게 되었다. 잠언 22:17~24:22와 아메네모페 사이의 유사성은 일찍부터 인지된 터이지만 그 유사성이란 것도 반드시 상호간의 어떤 직접적인 영향의 결과라고만은

---

41) 아메네모페의 교훈이 출판되어 처음 학계에 알려진 것은 1922년인데 이후로 학자들의 관심은 계속되어 왔다. 아메네모페의 교훈은 James B. Prichard ed., *Ancient Near Eastern Texts Relating to the Old Testament*, 3rd ed. with supplement (Princeton: Princeton University Press, 1978), pp. 421-24에 번역되어 있다(이 책은 이후 *ANET*로 표기함). 아메네모페와 잠언 22:17-24:22의 유사성에 관한 구체적인 내용에 대해서는 Murphy, *The Tree of Life*, pp. 23-24 참조.

볼 수 없게 되었다. 오히려 각각의 교훈은 각자의 독자적인 문화환경 속에서 독립적으로 형성되었으면서도 인간의 경험이 지니는 보편적인 요소들 때문에 불가피하게 유사성을 띠게 된 경우가 많다는 설명도 충분한 설득력을 얻을 수 있게 되었다.42)

지혜자들의 말씀 모음 1의 구조나 교훈의 개수에 대해서 통일된 견해는 없는 것 같다. 이 부분에는 포도주에 대한 탐닉을 경계하는 긴 시(지혜시)인 23:29-35 부분을 제외하고 약 34개 내지 35개의 교훈이 들어있는 것으로 생각된다(필자의 계수).43) 학자에 따라 60개의 교훈을 주장하는 사람이 있는가 하면44) 15개의 교훈만 읽어낸 사람도 있다.45) 교훈의 개수를 비롯해서 이 부분의 구조에 관해서는 앞으로 더 세심한 탐구가 요구된다 하겠다. 셋째 부분은 훈계의 장르로 되어 있지만 금언도 간혹 발견된다(23:24; 24:3, 5 등).

---

42) Murphy는 잠언 22:17-24:22와 아메네모페 사이의 유사성을 한편으로는 충분히 인정하면서도 또 다른 한편으로는 서로간의 의존을 필연적인 것이라고 주장할 이유도 없음을 지적한다. Murphy, *The Tree of Life*, pp. 23-24.

43) 여기서 잠시 22:20의 שלשום(케티브: "전에"; 케레: שלישים "고상한 것들")에 대해 약간의 설명이 필요하다. 많은 학자들이 שלשום를 케티브도 케레도 아닌 שלשים (셜로쉼; "삼십")으로 수정하여 읽기를 선호해 왔다(참고로 칠십인역과 벌게이트는 이 부분을 "세 번"[three times]이라 번역하고 있다). 왜냐하면 이와 같이 읽을 때 그것은 잠언의 저자가 아메네모페의 전체 장 수 "30장"(이집트어로 "30 집들")을 언급한 것이 되어 잠언 22:17-24:22가 아메네모페의 영향 아래 쓰여졌다는 이론이 가능해지기 때문이다. 만족스럽지 못한 케티브나 케레 대신 약간의 수정만 가하면(자음으로는 케티브의 와우[ו]를 요드[י]로 바꾸는 것뿐이다) 이러한 수확을 얻을 수 있기 때문에 이 수정은 널리 인기를 얻어왔다. 그러나 22:17-24:22에서 30개의 교훈을 확인코자 한 학자들의 노력은 한번도 성공한 적이 없다.

44) Meinhold는 22:17-23:11에서 30개, 23:12-24:22에서 30개 등 도합 60개의 교훈을 찾아냈다. Meinhold의 연구는 A. Meinhold, *Die Sprüche*, vol. 1 and 2 (Zurich: Theologischer Verlag, 1991)에 발표됨. Crenshaw, *Old Testament Wisdom*, p. 84 n. 21.

45) Whybray는 22:17-23:11에서 10개, 23:12-24:22에서 5개 등 15개의 교훈을 읽어낸다. Whybray의 연구는 R. M. Whybray, *The Composition of the Book of Proverbs*, JSOT Sup 168 (Sheffield: Academic Press, 1994), pp. 132-45에서 찾아볼 수 있음. Crenshaw, *Old Testament Wisdom*, p. 84 n 21.

4) 지혜자들의 말씀 모음 2 (24:23~34)

넷째 부분 지혜자들의 말씀 모음 2는 금언과 훈계가 섞여 있는 짧은 부분이다. 24:23이 "이것들도 지혜자들의 것이라"(גַם־אֵלֶּה לַחֲכָמִים)라고 한 것으로 미루어 보아 이 부분은 셋째 부분 "지혜자들의 말씀들"의 연속이거나 또는 그것에 대한 보충임을 짐작케 한다. 특이한 것은 이 짧은 단위에 금언, 훈계에 더해 지혜시까지 들어 있는 점이다(30~34절). 이 지혜시는 게으름에 대해 경고하는 것인데 여기에는 첫째 부분의 6:10~11이 문자 그대로 인용되어 있다.46)

5) 솔로몬의 금언 모음 2 (25~29장)

다섯째 부분 솔로몬의 금언 모음 2(25~29장)에는 "이것도 솔로몬의 잠언이요."(גַם־אֵלֶּה מִשְׁלֵי שְׁלֹמֹה)(25:1)라는 제목이 붙여져 있다.47) 둘째 부분(솔로몬의 금언 모음 1[10:1~22:16])의 제목이 "솔로몬의 잠언이라"(מִשְׁלֵי שְׁלֹמֹה)(10:1)인 점으로 미루어 다섯째 부분은 둘째 부분의 연속이거나48) 혹은 유사한 성격의 모음임을 짐작케 한다. 실제로 다섯째 부분은 둘째 부분과 성격이 거의 같다. 즉, 경험적 진리를 간략히 표현한 스타카토식 금언들이고, 전체적으로 반의평행

---

46) 6:10-11이 24:33-34에 그대로 옮겨졌다. 레닌그라드 사본은(BHS) 24:34의 우마흐소레하 (וּמַחְסֹרֶיךָ)에 6:11에는 없는 요드(י)가 하나 더 들어가 있는 것 한 가지만 차이를 나타낸다. 역본이나 다른 중세 사본들에서는 그나마 이 차이도 없다.

47) 25:1은 연이어 "히스기야의 사람들"(개역한글판: "히스기야의 신하들"; NASB, NRSV: "the officials of Hezekiah")이 "편집"한(NASB, NRSV: "copied"; 히브리어 헤티쿠(הֶעְתִּיקוּ)는 "제거하다"라는 뜻으로 추정되는 번역하기 난해한 단어임) 것이라고 부기하고 있다. 이는 지혜서의 작성에 이스라엘의 조정이 직접 간여했음을 보여주는 중요한 증거이다. 지혜서가 미래의 정부 관리들을 훈련하는 용도로 사용되었는지는 아직 확실히 밝혀진 바 없다.

48) 어떤 연유로 해서 솔로몬의 금언 모음 1과 2 사이에 지혜자들의 말씀 모음 2개(22:17-24:22와 24:23-34)가 끼어 들어가 있는 셈이다.

의 빈도가 높다. 개별 잠언의 해석을 도울 주제적 문맥을 결정하기 어렵다는 점도 유사하다.

학자들은 다섯째 부분을 다시 25~27장과 28~29장의 두 단위로 나눌 수 있다는 데에 대체로 동의한다. 이도 둘째 부분이 10~15장과 16:1~22:16으로 나뉘어졌던 것과 유사하다. 25~27장과 28~29장을 구분 짓는 특징은 뚜렷한 편이다. 전자에는 비교법과 은유가 많이 나온다. 대신 반의평행은 많지 않다. 후자는 반의평행을 많이 쓴다. 대신 비교법과 은유는 많지 않다. 후자에 반의평행이 많이 나오는 것은 의와 불의, 부와 가난을 대조하는 금언이 많기 때문이다. 각 단위에서 어떤 주제적 일관성을 기대하는 것은 무리이다. 그러나 크렌쇼는 단위에 속한 금언들의 내용을 조사하여 각 단위의 성격을 대강이나마 규정코자 하였다. 그는 25~27장을 "자연과 농업"(Nature and Agriculture), 28~29장을 "왕 또는 잠재적 통치자"(The King and Potential Rulers)라 이름한다.49)

---

49) Crenshaw, *Old Testament Wisdom*, p. 64.
　　솔로몬의 금언 모음들은 문맥을 정하기 어렵다는 것이 — 혹은 거의 불가능하다는 것이 — 널리 알려진 바이다. 그러나 밴 루웬이란 학자가 25-27장 내에 어느 정도의 주제적 문맥이 있다는 연구 결과를 내놓아 학계의 주목을 끌었다: Raymond C. Van Leeuwen, *Context and Meaning in Proverbs 25-27*, SBLDS 96 (Atlanta: Scholars Press, 1988)(그의 박사학위 논문을 출판한 것임). 그는 25-27장에서 여섯 개의 문단을 찾아내고 문단들의 성격(주제)에 대해서도 해설했다. 구조적, 문학적, 의미론적 분석이라는 매우 정교한 과정을 거쳐 결론을 이끌어 내었는데 그것이 얼마나 생산적인 결과를 산출했는지는 다소 의심의 여지가 있다. 여기 그의 결론을 소개하고 간단한 평가를 하고자 한다. 다음은 그가 찾아낸 문단과 그것들에 대한 해설이다: (1) 25:2-27, 하나님, 왕, 신하로 되어 있는 (사회적) 위계질서와 계층간의 충돌에 관해 조정의 신하들을 가르치는 "금언시"(proverb poem)(이 "금언시"라는 생소한 개념은 B. Alster, *Studies in Sumerian Proverbs*, Mesopotamia 3 [Copenhagen: Akademisk Forlag, 1975], p. 14에서 차용되었다고 밝힘: Ibid., p. 39 n. 1); (2) 26:1-12, 금언(משל)의 바른 이해와 적용, 그리고 미련한 자(כסיל)에 대해 다루는 금언시; (3) 26:13-16, 게으른 자(עצל)에 관한 금언시; (4) 26:17-28, 25:2-7의 주제인 계층간의 충돌(ריב)을 계속 다루되 특히 언어 남용의 관점에서 다룬 금언시; (5) 27:1-22, 앞의 네 금언시로부터 몇 개의 주제를 이어받기는 하나(예: 25:6-7, 26:1, 8, 27:2; 25:20, 27:14) 전체적으로는 주제의 일관성이 결여된 잡다한 금언 모음; (6) 27:23-27, 농부를 교훈하는 목양시의 형식으로 주어진 왕(백성의 "목자")에게 주어진 훈계시. 특히 다음을 볼 것: Ibid., pp. 146-47. 필자는 Van Leeuwen의

6) 야게의 아들 아굴의 말 모음 (30:1~33)

30장은 "야게의 아들 아굴의 말씀들"(דברי אגור בן־יקה)(1절)이라는50) 제목으로 시작한다. 30장에는 제목이 이것 하나만 있기 때문에 30장 전체를 하나의 부분으로 보는 것이 적당할 것 같다. 다만 작은 단위를 1~14절과 15~33절 둘로 나누는 것은 필요할 것이다.51) 첫 단위는 해석이 매우 난해하다. 그

문단 구분에 대해서는 이의를 제기할 생각이 없다. 그것은 자연스러운 구획 구분이기 때문이다. 26:1-12, 13-16, 17-28이 구별되는 단위라는 것은 쉽게 파악이 된다. 각각 "어리석은 자," "게으른 자," "잘못된 언어사용"이라는 일관된 주제를 지니기 때문이다. 27:23-27도 독립된 단위로 봐야 한다. 왕을 위한 "목양"의 교훈이라는 하나의 주제를 지닌 지혜시이기 때문이다(지혜시에 대해서는 이 장 '1. 잠언에 쓰인 장르'들을 볼 것). 이처럼 네 개의 문단이 떨어져 나오면 남아 있는 두 덩어리, 즉 25:2-28과 27:1-22도 자연스레 독립된 단위가 된다. 따라서 25-27장을 25:2-28, 26:1-12, 13-16, 17-28, 27:1-22, 23-27 등의 여섯 문단으로 나누는 것은 타당하다(따라서 이 문단 구분을 굳이 학술적이라고까지 할 필요는 없다). 그러나 Van Leeuwen의 문단 해석은 쉽게 동의할 수 없는 점이 있다. Van Leeuwen의 다른 문단에 대한 해석은 무난해 보인다. 그러나 그가 25:2-27과 26:17-28을 사회 계층간의 충돌이라는 주제를 다룬 문단으로 해석하는 것은 문제가 있다. 그의 해석은 립(ריב; "다툼," "송사")이란 단어를 사회 계층간의 갈등을 의미한 말로 이해하는 데서 출발한다. 그러나 그러한 이해는 과도히 양식비평적인 전제를 개입시킨 이해이다. 본문은 어떤 신학적이거나 비평적인 전제에 휘둘리지 말고 문자적인 의미 그대로 평범하게 읽어야 의미의 왜곡을 피할 수 있다. 립(ריב)은 본문에서 단순히 개인간의 말다툼이거나 분쟁을 의미하는 말로 보인다. 그것이 사회 계층간의 갈등 관계를 함의하는 말이라는 증거는 본문 자체가 제시하지 않는다. 게다가 립(ריב)이 두 문단의 공통 주제가 된다는 것도 억지 주장의 성격이 있다. 이 단어가 25:2-28과 26:17-28 양쪽에 공히 나오는 것은 사실이지만, 문맥을 자세히 살필 때 이 단어는 각 문단에 나오는 개별 금언의 일부일 뿐 그렇게 중심적인 위치를 차지하는 말이 아니다. 따라서 25:2-28과 26:17-28이 공통된 주제를 다룬다든지 그 공통의 주제가 사회 계층간의 갈등이라든지 하는 주장은 결코 설득력이 있어 보이지 않는다. 26:17-28의 주제는 립(ריב)이 아니다. 주제는 "잘못된 언어사용"에 대한 경고이다. 이 문단은 이 주제를 가지고 26:1-12, 26:13-16, 27:23-27 들처럼 독립된 문단으로 구별되고 있다. 25:2-28의 주제도 립(ריב)이 아니다. 아닐 뿐더러 25:2-28에는 아예 일관된 주제가 없다. 27:1-22처럼 그저 여러 내용이 함께 섞여 있는 잡다한 금언 모음이다. 25-27장을 문단들의 성격으로 정리해 보자. 일정한 주제로 자신을 구별하는 단위를 "주제적" 문단, 일정한 주제가 없이 다양한 내용의 금언들로 이루어진 단위를 "비주제적" 문단이라 이름하면, 25-27장은 네 개의 "주제적" 문단과(26:1-12, 26:13-16, 26:17-28, 27:23-27) 두 개의 "비주제적" 문단으로(25:2-28, 27:1-22) 되어 있다고 정리하여 말할 수 있을 것이다.

50) 필자의 번역.

안에 수수께끼와(1~4절) 유사 숫자 금언 내지는 단순 열거(simple listing)가(7~9
절, 11~14절) 들어 있다고 생각된다.

둘째 단위는 숫자 금언과 단순 열거들(simple listing; 목록, 카탈로그라고도
불림)로 이루어져 있다. 숫자 금언들은 모두 3, 3+1의 형식으로 되어 있고(15,
18, 21, 29절), 단순 열거는 2개 열거와(15절) 4개 열거가(24절) 있다. 숫자 금언과
단순 열거의 내용은 다음과 같다: 욕심을 억제하기를 거부하는 것들(15~16절),
기이하여 설명이 불가능한 것들(18~19/20절), 질서가 혼돈되어 용납하기 어렵
게 된 상황들(21~23절), 기대치 않은 성과를 올린 작지만 지혜로운 것들(24~28
절), 사람이든 동물이든 위풍당당하게 행진하는 것들(29~31절) 등. 이와 같이
신기한 것들을 열거하여 목록으로 작성한 것은 독자(청중)들의 재미를 돋구고자
한 오락적 목표도 있었지 않았나 생각된다.

7) 르무엘 왕의 말 모음 (31:1~9)

일곱째 부분 르무엘 왕의 말 모음(31:1~9)은 실제로는 왕의 어머니가 왕을
교훈한 말이다. 이 부분의 사실상의 제목은 "르무엘 왕의 말씀들, 그의 어머니가
그를 가르친 말씀" (דברי למואל מלך משא אשר־יסרתו אמו)(1절)이다.52) 황태후가
왕인 자기의 젊은 아들을 향하여 훈계하는 형식으로 되어 있다. 훈계의 내용은
여자들에게 과도히 힘을 쓰지 말 것(3절), 술에 탐닉하지 말 것(4~7절), 약자를
위해 공정한 판결을 내릴 것(8~9절) 등이다.53) 앞의 둘은 금지(Prohibition)로

---

51) 1-14절과 15-33절을 아예 다른 부분으로 보는 학자들도 있다. 그럴 경우 15-33절은 제목이
없는 부분이 된다.
52) 필자의 번역.
53) 왕이나 군주를 훈계하는 내용의 문헌은 주변 중근동 지방에서도 많이 발견된다. 대표적인
예는 메리카레의 교훈(the Instruction to Merikare), 군주에의 충고(the Babylonian Advice

되어 있고, 마지막 것은 명령(Command)으로 되어 있다. 젊은 왕이 가장 빠지기
쉬운 함정에 대한 매우 실제적인 경계이며, 왕의 참된 본분이 무엇인지를
일깨우는 최고 통치 직의 본질에 관한 교훈이다. 말이 장황한 듯하나 자식의
미래를 염려하는 부모의 애정(affection)이 묻어난다.

8) 이상적 아내에 대한 알파벳 시 (31:10~31)

여덟째 부분 이상적 아내에 대한 알파벳 시(31:10~31)는 남편에게 복을
가져오는 걸출한 아내에 대해 노래한 지혜시(Wisdom Poem)이다. 다른 부분들과
는 달리 여기에는 제목이 붙여져 있지 않다. 그러나 이 부분은 히브리 알파벳을
따라 22줄로 지어진 알파벳 이합체(離合體, acrostic) 시이므로 하나의 독립된
단위로 보는 게 옳을 듯하다. 내용과 형식에 있어서도 일곱째 부분과 구별이
된다. 책의 결론을 맺는 특수한 기능이 부여된 관계로 별도의 제목을 붙이지
않은 것일 수도 있다.

이 부분은 형식과 내용의 독특성 때문에 오랫동안 주석가들의 논쟁의 대상이
되어왔다. 해석상의 특이점 세 가지 정도를 지적할 수 있을 것 같다. 첫째,
알파벳 스물 두자로 첫 자음을 삼아 지은 22줄의 시를 책의 맨 마지막에
배치한 점이다. 영어에서 "A에서 Z까지"라는 말이 "전체"나 "완성"을 의미하는
것처럼 이 시의 '알렙(א)부터 타우(ת)까지'의 방식도 어떤 "완성"을 나타내려고
한 것이 아닌가 추측하게 된다. 즉, 이제 책에 필요한 내용은 다 기술되었다,
그러므로 이 시점에서 책을 마감("완성")한다는 신호(signal)가 된다는 말이다.

---

to a Prince) 등이다. 메리카레의 교훈은 *ANET*, pp. 414-19에, 군주에의 충고는 W. G. Lambert,
Babylonian Wisdom Literature (Oxford: Clarendon Press, 1960), pp. 110-15에 번역되어 있다.
참고: Murphy, *The Tree of Life*, p. 26.

그렇게 볼 때 여기서 알파벳 이합체 시는 책을 갈무리하는 구조적 기능을 지닌 것이 된다.[54]

둘째, '알렙부터 타우까지'가 가지는 "완성"의 의미는 단순히 책의 레이아웃만을 위한 것은 아니다. 보다 근원적으로는 그것은 "아내"가 지닌 자질과 덕성, 그리고 그녀가 이뤄내는 성취의 완전성을 상징하는 것일 수 있다. 즉 "아내"는 완벽한 능력을 지닌 여자이며 그녀가 이루어 남편과 가정에 가져오는 복 또한 완전하다. 시가 실제로 묘사하는 아내 역시 거의 초월적이며 초인적인 능력을 지닌 여성이다. 그렇다면 이 시의 "아내"는 현실적인 여성이라기보다는 무언가 더 깊은 것을 상징하는 것이 아닌가 생각하게 된다. 아마 1~9장에서 이미 의인화한 적이 있는 지혜를 다시 한 번 의인화하여 말하고 있는 것이 아닌가 보인다.[55] 즉 1~9장(첫째 부분)에서는 지혜를 의인화하되 젊은이들에게 구애하는 아름다운 처녀로 묘사하고, 여기 31:10-31(마지막 부분)에서는 이제는 가정을 이루어 남편에게 온갖 유익한 것을 제공하는 덕성 깊은 유부녀로 묘사하여 책 전체로는 의인화된 지혜를 제시함에 있어 '봉투구조'(inclusio)를 형성하는 셈이다. 그렇다면 의인화된 지혜, 즉 지혜숙녀(Lady Wisdom)는 책 전체의 바깥 틀(frame)이 되면서 잠언 전체의 핵심 메시지의 위치를 점하게 된다. 잠언은 이와 같이 말하고 있는 것이다: "지혜의 부름에 응답하여 그와

---

54) 외경의 시락서도 알파벳 이합체 시로 책이 마감된다(51:13-30).

55) 31:10-31의 "아내"는 지혜를 의인화한 것으로 보아야 한다는 생각은 Camp와 McCreesh와 같은 학자들의 제안이다: Claudia V. Camp, *Wisdom and the Feminine in the Book of Proverbs*, BLS 11(Sheffield: Almond Press, 1985), pp. 90-92, 186-91; T. P. McCreesh, "Wisdom as Wife: Proverbs 31:10-31," *RB* 92(1985): 25-46. Whybray, *The Composition of the Book of Proverbs*, pp. 159-65도 참고. 사실 31:10-31은 "아내"를 초인적이고 초월적인 존재로 묘사할 뿐더러 시의 마지막 부분에 이르러는 그녀를 "찬양"(הלל) 받아야 할 존재라고까지 말하고 있다(28, 30, 31절). 아내가 사실상 신적인 존재임을 암시한 대목이다. 이점도 아내를 실제 여성이라기보다는 의인화된 지혜로 파악하게 하는 근거이다. 지혜의 의인화가 뚜렷한 1-9장에서도 지혜는 신적인 존재로 제시되었었다.

'결혼'하라, 그러면 당신에게 '생명'(8:35)이 — 즉, 이 땅의 모든 축복이 —
주어질 것이다." 책의 마지막에 지혜를 선택한 결과에 대해 충분히 설명하므로
지혜의 중요성을 다시 한 번 강조한 것은 책 전체에 대한 적절한 갈무리라
할 수 있다.

셋째, 이 여덟째 부분은 전체로서 하나의 수수께끼라는 해석도 가능하다.[56]
이 부분의 시작인 31:10a의 "누가 유능한 아내를 찾을 수 있느냐?"는[57] 질문은
"여기 나오는 유능한 아내가 누구인지 알아맞출 수 있나?(또는 알아맞춰 봐라!)"라
는 수수께끼 질문으로도 이해할 수 있기 때문이다. 이 시를 다 들은(읽은)
사람은 이 시에 나오는 "유능한 아내"가 누구인지 알아 맞춰야 한다. 유능한
아내는 고난도의 상징이므로 그것이 의미하는 바를 쉽게 찾아낼 수 없다.
아마 고심을 거듭한 끝에 "유능한 아내 = 지혜"라는 답을 찾아내면 그것이
정답이며 여기에는 칭찬이 따를 것이다. 단번에 답을 가르쳐 주지 않고 이렇게
'재미있는' 과정을 거쳐 목표한 교훈을 일깨워주려 한 것은 잠언이 지닌 탁월한
교수 기법이다.[58] 잠언의 교육 내용을 열거한 1:6에 "수수께끼"(חידה)라는 커리
큘럼이 마지막 항목으로 언급되고 있는 사실도 31:10-31이 수수께끼일 가능성
에 무게를 실어준다. 그리고 여기서 멀지 않은 곳에 이미 수수께끼가 하나

---

56) 이 제안은 Murphy의 도움을 받음. Murphy, *The Tree of Life*, p. 27.
57) 필자의 번역임. 에쉘 하일(אשת-חיל)의 하일(חיל)은 "군대," "힘"이라는 뜻이므로 "유능한
아내"가 원문의 의미에 가까운 번역이 될 것 같다. 개역한글판 "현숙한 여인"은 오해의
소지가 큰 번역이다. NRSV는 "a capable wife"로, NASB는 "an excellent wife"로 옮기고
있다. 31:10-31의 시가 아내를 이상적인 수준으로 묘사하기 때문에 여덟째 부분의 제목은
"이상적 아내에 대한 알파벳 시"라고 붙였다.
58) 성경을 엄숙한 책으로만 생각할 수 있지만 잠언을 보면 여기저기에 사람을 즐겁게 하는
교수 방식을 쓰는 것을 알 수 있다. 수수께끼가 그러하고 30장의 숫자금언도 그러하다.
숫자금언은 재미있는 항목들을 재미있게 나열함으로 독자(청자)의 흥미를 돋운 교수법이다.
자세히 조사하면 잠언의 교훈들이 지니는 '오락적 질'(entertainment quality)은 더 많이
확인될 수 있을 것으로 생각된다.

나온 적도 있다: 30:1~4.

3. 잠언의 메시지: 의로운 생활(바른 생활)과 보응의 원리

1) 의로운 생활(바른 생활)

지혜라는 말은 가장 쉽게 말하면 "삶의 기술"(the art of living)이다. 즉 어떻게 사는 것이 "잘 사는"(to live well) 것이며 "성공적으로 사는"(to be successful) 것인가 하는 것이다.[59] 잠언은 이 문제에 대해 답을 주고자 하는 책이다. 즉, 잠언은 지혜, 다시 말하면 "잘 사는 기술"(the art of living well)에 대해 알려주고 이 기술을 따라 살아 참된 "성공"에 이르도록 젊은이들을 독려하고 안내하는 책이다.

그러면 잠언이 가르치고자 하는 지혜, 즉 "잘 사는 기술"이란 무엇인가. 한 마디로 말하면 "의롭게 사는 것"이다. 의롭게 사는 것이 성공과 행복에 이르는 길이기 때문이다.[60] 젊은이는 거짓되고 구부러진 사악한 길을 택해선

---

59) 참고: Richard J. Clifford, *The Wisdom Literature*, IBT (Nashville: Abingdon Press, 1998), pp. 43, 45, 50. Von Rad는 지혜를 "삶에 통달하는 것"(mastering life)이란 말로 표현하기도 했다. Von Rad, *Wisdom in Israel*, p. 74.

60) 잠언은 이 땅에서의 번영과 행복을 나쁜 것으로 말하지 않는다. 3:16, 17에 보면 장수, 재물, 명예, 즐거움, 평안 등을 모두 좋은 것으로 언급하고 있다. 잠언은 인간이 이 땅에서 필요로 하는 것들에 대해 긍정하는 책이다. 다만 그것을 미신적 방법에 의해 얻으려는 시도는 단호히 거부한다. 오직 지혜, 즉 의로운 삶을 통해서 얻도록 권장한다. 잠언은 오히려 내세의 복락 같은 것에 대해서는 알지 못한다. 한편으로는 인간이 이 세상에서 필요로 하는 것들을 긍정하고 또 다른 한편으로는 그것을 얻는 방법에 대해 "옳음"이라는 수단을 엄격히 요구하므로 잠언의 축복의 성격은 요약해서 말하면 속세적이면서(earthly) 동시에 윤리적이라(ethical) 할 수 있다.

안 되고 정직하고 곧은 의로운 길을 택해 살아야 한다. 의로운 길만이 인간에게
참된 성공과 번영, 소위 "생명"을(3:18; 8:35) 보장해 준다.

잠언은 이처럼 의(義)를 가르치는 책이다. 의만을 가르치는 책은 아니라
하더라도 적어도 의가 중심 교훈인 것만은 사실이다. 본서는 잠언이 의의
교훈을 주는 책이라는 이해의 전제 위에 책의 메시지에 대해 논의를 전개하고자
한다.

잠언에 있어 의는 중심 교훈이며 대표 교훈이라 할 수 있다. 이 점을 잠시
살펴보고 지나가기로 하자. 첫째, 의는 잠언에서 가장 중요한 교훈이다. 이것은
그것이 등장하는 빈도로부터 알 수 있다. 의에 대한 교훈은 다른 어느 교훈보다도
높은 빈도로 나타나는데[61] 빈도란 중요성을 측정하는 가늠자이므로 의에
대한 교훈은 여러 교훈 중 가장 중요한 교훈이라 할 수 있다. 그리고 의의
교훈은 책의 처음부터 시작해서 끝 무렵까지 쉬지 않고 가르쳐지는 교훈이다.
이러저러한 다른 교훈이 나오다가도 잠언의 관심은 이내 의의 문제로 돌아가곤
하는 것을 거듭 확인할 수 있다. 이러한 점들로 인해 의는 잠언의 중심 교훈이요
중심 관심사라 말할 수 있다. 둘째, 의는 다른 모든 교훈을 수렴하는 교훈이다.
잠언에는 의(義) 이외의 여러 교훈이 있는 것이 사실이다. 겸손, 근면, 정결,
언어의 절제, 정직, 신실, 분변, 인내, 자기 절제, 관대, 약자에 대한 친절,
교육의 의의(意義) 등등이다.[62] 그러나 이 모든 것들도 면밀히 따져보면 모두가
어떻게 사는 것이 바른 삶인가를 가르치고자 하는 교훈들에 다름 아니기

---

61) 10-29장 사이의 금언만 살펴더라도 의에 대한 교훈은 절대 다수를 점하고 있다: 10:3,
9, 16, 24, 25, 28-31; 11:3, 5-8. 18-21, 23, 31; 12:2, 3, 7, 12, 13, 21, 26, 28; 13:6, 9, 21,
22, 25; 14:9, 11, 14, 19, 32; 15:6, 9, 26; 16:4, 17, 31; 17:20; 18:10; 21:7, 12, 18; 22:5, 8;
24:1, 2, 15, 16, 19, 20; 25:26, 27; 28:1, 10, 18; 29:6.

62) 참고: 앞의 3. 잠언의 구조, 2) 솔로몬의 금언 모음 1; R. B. Y. Scott, *Proverbs · Ecclesiastes*,
AB (New York: Doubleday, 1965), p. 26.

때문에 결국 의의 교훈 하나로 환원될 수 있음을 확인할 수 있다. 여러 교훈이 있지만 그것들이 의의 주제 하나로 집약되는 것이다. 그런 점에서 의는 잠언에서 다른 모든 교훈을 아우르는 대표 교훈이라 해서 무리될 것이 없어 보인다. 의가 잠언의 중심 교훈이며 대표 교훈인 것은 또 하나의 증거가 결정적으로 뒷받침한다. 그것은 잠언이 지혜와 의를 거의 동의어 취급을 한다는 사실이다.[63] 지혜와 의, 지혜로운 자와 의로운 자가 평행으로 등장하며 서로 치환이 가능한 말들로 쓰인다(물론 어리석음과 악, 어리석은 자와 악인도 서로 평행어요 치환이 가능한 말들이다). 지혜는 잠언의 주제 그 자체이므로 잠언이 지혜와 의를 동의어로 간주한다는 점은 바로 의가 잠언의 주제임을 말해주는 결정적 증거이다. 이런 근거들로 인해 본서는 의를 잠언의 중심적인 혹은 더 나아가서는 유일의 주제요 교훈으로 이해하고 있다.

2) 보응의 원리

그러면 잠언이 어떻게 해서 의를 그토록 열정적으로, 책의 중심에 놓고

---

63) 지혜(또는 지혜로운 자)와 의(또는 의인 또는 정직 등)을 동의어(평행어)로 사용하는 구절은 2:20, 4:11, 9:9, 23:19, 23:24 등이다. 특히 9:9와 23:24를 보라.

9:9 지혜있는 자에게 교훈을 더하라 그가 더욱 지혜로와질 것이요 의로운 사람을 가르치라 그의 학식이 더하리라

23:24 의인의 아비는 크게 즐거울 것이요 지혜로운 자식을 낳은 자는 그를 인하여 즐거울 것이니라

그러나 이 예들은 지혜와 의가 시의 한 절(line) 안에서 평행어로 쓰인 경우에 불과하다. 금언 모음들에 보면 지혜(또는 지혜로운 자)에 관한 금언과 의(또는 의인)에 관한 금언들이 인접 문맥 안에서 서로 교차하며 쓰이는 수가 수도 없이 많다. 거의 "지혜 = 의"라고 느껴질 정도로 두 종류의 금언이 인접하여 등장한다.

가르치게 되었는가 하는 배경을 살펴볼 필요가 있다.[64] 이 점이 바로 이 항의
관심이다. 잠언이 의가 인간을 성공으로 인도하는 삶의 방식임을 알고 그것을
열심히 가르치게 된 것은 바로 잠언이 지닌 '보응의 원리'라는 세계이해 때문이
다. 세계는 아무 질서도 없이 우연들이 아무렇게나 이어져 나가는 그런 장소가
아니다. 그곳은 행동과 결과 사이에 부정할 수 없는 엄격한 상관성이 작용하는
엄밀한 도덕적 질서의 세계이다. 이 질서(혹은 상관성)를 보응의 원리라 하는데,
그것은 "의로운 생활을 하는 자에게는 성공과 번영이 따르고 악한 생활을
하는 자에게는 실패와 파멸이 따른다"는 법칙을 말한다. 잠언은 의롭게 살
것을 거듭 촉구하면서 더불어 이 보응의 원리를 쉬임없이 가르치고 있다.[65]

---

64) 사실 von Rad는 잠언의 교훈에는 오늘날 우리가 생각하는 "의"(義)와 같은 윤리적 교훈은
존재하지 않는다는 매우 모호한 주장을 하였다. 아마 von Rad의 주장의 부정적 영향일
것이라 사료되는데 그의 영향을 받은 많은 후대 학자들이 잠언과 지혜서의 중심 사상은
물론 그것들의 성격에 대해 결론을 내려야 할 때 극구 단언적인 언명을 피하고 모호한
방향에서 결론은 짓는 경우가 많은 것을 본다. 적어도 Crenshaw와 Murphy가 그러한 영향을
짙게 받은 대표적인 학자들일 것이다. Von Rad는 잠언의 "의"(צדקה)라는 말이 윤리적인
함의가 없는 말인 이유는 잠언이 "의"에 대해 한번도 정의한 적이 없기 때문이라고 말한다.
그저 공동체에 "좋게" 하는 것이 의일 뿐 그것이 어떤 윤리적 규범(norm)이나 도덕적
이상을 가리킨 말은 아니라는 것이다. Von Rad, *Wisdom in Israel*, pp. 74-96(특히 75, 77-78,
87, 94). 그러나 필자는 그렇게 생각하지 않는다. 잠언이 의라고 말할 때 독자들은(어느
시대거나 할 것 없이) 그것이 윤리적 "바름"을 의미하는 말이라는 것을 금방 알아차릴
수 있다. 그것은 독자들의 마음속에 "의"는 정의가 필요 없을 만큼 분명한 그 무엇으로
이미 자리 잡고 있기 때문이다. 잠언은 정의가 필요 없는 것을 정의하지 않고 있을 뿐이다.
잠언은 인간의 양심에 하나님이 심어 놓으신 가장 기본적인 윤리의식을 당연한 개념으로
생각하고 사용하고 있는 것일 뿐이다. 잠언은 인간의 양심 속에 있어서 인간이면 누구나
알 수 있는 의라는 개념을 인간의 양심 속에 막연한 상태로만 머물게 두지 않고 밝은
빛 가운데로 끌어내어 인간에게 요구되는 치열한 삶의 한 양상으로 명료히 제시하고 있다.
의를 한 인간이 성공적인 삶을 일궈내기 위한 필수불가결의 조건으로 법칙화하여 제시하고
있다.

65) 보응의 원리는 잠언의 주된 사상이다. 그러나 욥기와 전도서도 철저히 이 사상의 배경
아래 쓰여지고 있다. 따라서 욥기와 전도서에도 보응의 원리를 언급한 구절은 수없이
많다. 다만 이 두 책은 보응의 원리에 대해 회의하는 입장일 따름이다.

2:21~22 대저 정직한 자는 땅에 거하며 완전한 자는 땅에 남아 있으리라 그러나 악인은 땅에서 끊어지겠고 궤휼한 자는 땅에서 뽑히리라

3:33 악인의 집에는 여호와의 저주가 있거니와 의인의 집에는 복이 있느니라

10:3 여호와께서 의인의 영혼은 주리지 않게 하시나 악인의 소욕은 물리치시느니라

10:30 의인은 영영히 이동되지 아니하여도 악인은 땅에 거하지 못하게 되느니라

11:19 의를 굳게 지키는 자는 생명에 이르고 악을 따르는 자는 사망에 이르느니라

14:11 악한 자의 집은 망하겠고 정직한 자의 장막은 흥하리라

14:32 악인은 그 환난에 엎드러져도 의인은 그 죽음에도 소망이 있느니라

15:9 악인의 길은 여호와께서 미워하셔도 의를 따라가는 자는 그가 사랑하시느니라

28:1 악인은 쫓아오는 자가 없어도 도망하나 의인은 사자같이 담대하니라

28:18 성실히 행하는 자는 구원을 얻을 것이나 사곡히 행하는 자는 곧 넘어지리라

29:6 악인의 범죄하는 것은 스스로 올무가 되게 하는 것이나 의인은 노래하고 기뻐하느니라

이는 보응의 원리를 가르치는 구절들의 일부 예에 불과하다. 이 원리를 가르치는

구절은 이외에도 수없이 많다. 적어도 다음의 구절들이 보응의 원리를 가르치고
있다: 4:18~19; 10:9, 14, 16, 17, 21, 24, 25, 27, 28, 29, 31; 11:3, 5-8, 17, 18,
20, 21, 23, 30, 31; 12:2, 3, 7, 12, 13, 21, 26, 28; 13:6, 9, 21, 22, 25; 14:9,
14, 19; 15:3, 6; 16:4, 17, 31; 17:20; 18:10; 21:7, 12, 18; 22:5, 8; 24:12, 16,
20; 25:26; 28:10.

　보응의 원리란 무엇인가. "의롭게 사는 것"이 잠언의 중심 교훈이라면 보응의
원리는 이를 뒷받침하는 사상적 근거이다. 하나님은 우주를 지으실 때 그곳에
하나의 질서를 심어(implant) 놓으셨다. 바로 보응의 원리라는 도덕 질서이다.66)
인간의 한 행동에는 그에 상응하는 결과가 따른다. 아무렇게나 말하고 아무렇게
나 행동하면서 좋은 결과가 오기를 기대해서는 안 된다. 인생에 요행이란
없다. 반드시 선하고 의롭고 지혜로운 행동이라야 그에 상응하는 축복된 결과를
기대할 수 있다. 남에게 해를 끼치는 악한 행동을 한다면 불가피하게 실패와
패망이라는 쓰디쓴 결과를 맛보아야 한다. 이와 같은 행위와 결과간의 상관
법칙(the law of the act-consequence relationship)이 바로 보응의 원리이다. 잠언은
(뿐만 아니라 지혜스승들 모두는) 바로 이 보응의 원리를 하나님께서 우주에
심어놓으신 내적 법칙(built-in principle)으로 보았다. 하나님이 지으신 이 우주는
도덕적 우주이다. 도덕적 우주에는 보응의 원리라는 대 원리가 작용하고 있어서
인간이 진정한 성공을 맛보고자 한다면 이 원리를 애초부터 유념하고 의로운
삶에로의 확고한 선택을 하면서 살아가야 한다. 이 원리를 무시하거나 이
원리에 조화하지 않고 멋대로 악을 선택하여 살면 파멸밖에는 인간을 기다리는

---

66) 서양 학자들은 보응의 원리라는 말을 자신 있게 쓰기를 꺼리는 듯하다(그 이유는 뒤에
설명될 것임). Clifford는 보응의 "원리" 대신 잠언이 지닌 "전제"라는 말을 쓴다. 그 전제란
하나님께서 어떤 질서 내지는 내적 역동성(a certain order or inherent dynamism)을 가지고
세상을 창조하셨다는 것이다. Clifford, *The Wisdom Literature*, p. 50.

것이 없다. 이것이 바로 잠언 전체를 흐르는 주요 사상(교훈)이며 잠언이 진정
가르치고자 하는 바인 것이다.67) 잠언에 있어 지혜로운 사람이란 바로 이

---

67) 여기서 한 가지 생길 수 있는 오해는 불식시키는 것이 필요하다. 우리가 사는 우주에
   보응의 원리가 심겨져 있다고(implanted, built-in) 했는데 그렇다면 이 원리는 하나님과는
   독립적으로 돌아가는 자율적 원리인가 하는 질문이 생길 수 있다. 그러나 그것은 그렇지
   않다. 이론적인 설명만 들었을 때, 심지어 보응의 원리를 가르치는 잠언의 몇몇 구절들을
   보았을 때 그런 인상을 받을 수 있는 것은 사실이다(여러 구절이 그런 인상을 줄 수 있는데
   그 중에도 11:3, 5, 6, 13:6 같은 것들은 특히 더 그러하다). 그러나 진실은 그것이 아니다.
   보응의 원리는 우주의 내적 법칙이긴 하지만 — 이신론자(理神論者)들이 자연계의 법칙들과
   관련하여 갖는 오해처럼 — 자율적인 법칙이 아니고 어디까지나 하나님의 통제를 받는
   법칙이다. 하나님 자신이 바로 이 원리(법칙)를 직접 운영하는 분이시라는 말이다. 우주(도덕
   우주)의 내재적 법칙이면서 동시에 어떤 인격의 통제를 받는다는 것은 사람의 이성으로는
   납득하기 어렵다. 그러나 이것은 잠언을 포함한 지혜서의 계시 자체가 지니는 신비라
   할 수밖에 없다. 우주에는 이미 심겨진 하나의 대 도덕법칙이 있다. 그러나 그 법칙은
   스스로의 논리와 힘만으로 돌아가지 않고 여호와 하나님이 그 분의 주권에 의해 통제하며
   운영하신다(Clifford는 이러한 하나님을 "하나님이 심어 놓으신 세계의 체계에 대한 보장
   자"[the guarantor of the divinely implanted system of the world]라는 이름으로 부른다; *The
   Wisdom Literature*, p. 51). 하나님이 보응의 원리를 시행하는 궁극적 주체라는 사실을 다음
   구절들이 명료히 증거하고 있다.

   3:33 악인의 집에는 여호와의 저주가 있거니와 의인의 집에는 복이 있느니라

   10:3 여호와께서 의인의 영혼은 주리지 않게 하시나 악인의 소욕은 물리치시느니라

   11:20 마음이 패려한 자는 여호와의 미움을 받아도 행위가 온전한 자는 그의 기뻐하심
   을 받느니라

   12:2 선인은 여호와께 은총을 받으려니와 악을 꾀하는 자는 정죄하심을 받으리라

   15:9 악인의 길은 여호와께서 미워하셔도 의를 따라가는 자는 그가 사랑하시느니라

   16:4 여호와께서 온갖 것을 그 쓰임에 적당하게 지으셨나니 악인도 악한 날에
   적당하게 하셨느니라

   욥기와 전도서는 보응의 원리의 시행에 회의하며 결과적으로 이 원리의 배후에 궁극적으로
   하나님이 개입하고 계시고 있음을 증언하는데 이 또한 하나님이 보응의 원리의 최종
   집행자이심을 천명해주는 좋은 증거라 할 것이다.

보응의 원리를 깨달은 사람이며 그 깨달음에 기초하여 바른 생활에로 과단성
있게 결단하는 사람이다.[68]

3) 그리스도인과 보응의 원리

이상에서 살펴본 바와 같이 잠언은 의로운 생활(바른 생활)과 보응의 원리를
역설하는 책이다. 인간이 성공적인 인생을 살기 위해서는 의의 삶을 살아야
한다. 그런데 이를 위해서는 하나님이 이 우주에 심어놓으신 보응의 원리라는
대 질서에 대한 앎을(소위 크랜쇼의 말대로 "실천적 지식") 터득해야 한다. 잠언에
의하면 이 보응의 원리에 대한 실천적 지식이야말로 인간이 소유해야 할
가장 중요하고도 기초적인 삶의 자원이다.

그런데 한 가지 어려운 문제가 있다. 보응의 원리가 이렇게 중요한데 그것이
그리스도인의 삶과는 어떤 연관을 가질 것인가 하는 점이다. 잠언이 정경인
이상 보응의 원리는 분명히 그리스도인에게도 의미 있는 원리일 게 틀림없다.
마땅히 그 원리에 준하여 사고하고 그 원리에 순종하여 살아야 한다는 결론을
내릴 수 있다. 그러나 실제로 이 원리를 복음적 은혜 아래 살아가는 그리스도인의
삶의 원리로 제시해 내는 일, 즉 그것을 그리스도인의 삶을 위한 신학 체계
안으로 통합해내는 일은 그리 쉬운 일이 될 것 같지 않아 보인다. 액면 그대로만
보면 보응의 원리는 매우 율법적이고 심지어 인본적이기까지 하게 느껴지는

---

68) 이런 연유로 Crenshaw는 지혜를 "실천적 지식"이라 불렀다. 그는 지혜를 정의하기를 "경험을
통해 얻어진, 생과 우주의 법칙들에 대한 실천적 지식"(practical knowledge of the laws
of life and the world, based on experience)이라 하였다. Crenshaw, *Old Testament Wisdom*,
p. 9. 그는 또한 지혜를 "모든 실재에 하나님이 심어놓으신 진리를 찾아내고 이 진리에
근거하여 우주의 질서와 조화롭게 살아가는 것을 배우는 것"이라고도 하였다. Ibid., p.
10.

원리이기 때문이다. 여기에 보응의 원리를 복음 안에서 적절하게 재해석해내는 일이 하나의 큰 과제로 대두된다.

보응의 원리를 그리스도인의 삶에 있어 의미 있고 유용한 원리가 되도록 통합해내기 위해서는 두 개의 관문을 통과해야 한다. 하나는 언어의 선입견에 관한 관문이고, 다른 하나는 위에서 지적한 바와 같이 신학적 해석의 관문이다.

먼저 언어의 선입견의 관문에 대해 살펴보자. 보응이라는 말은 동서양을 막론하고 학자들이나 일반 대중에게 적지 않은 거부감을 주는 말이라는 점이다. 이 거부감이 보응의 원리를 그리스도인의 삶을 위한 신학의 체계 안으로 융합해 들이는 데 첫째 걸림돌이 될 수 있다. 동양에서는 보응하면 쉽게 불교의 인과응보를 연상하게 된다. 불교의 인과응보는 원인과 결과가 가차 없이 적용되는 기계적인 숙명과도 같은 것이다. 인간 스스로의 힘으로는 도저히 빠져나갈 수 없는 그물과 같다. 세계와 인간사에 개입하시는 신의 인격 같은 개념이 없는 동양의 문화에 젖어온 사람들에게는 이 말은 특히 큰 부담으로 다가올 수 있다.

서양에서도 언어의 편견이 주는 심각성은 마찬가지다. 우선 서양인들에 있어 "보응"(영: retribution; 독: Vergeltung)이라는 단어는 부정적인 함의가 너무 강한 말인 것 같다. 잘한 일에 대한 포상이라는(reward) 의미가 없는 것은 아니지만 잘못한 것에 대해 응징하거나 보복(reprisal, retaliation), 내지는 심판한다는(judgment) 의미가 더 압도하는 듯하다. 그래서인지 학자들은 그 원리의 존재에 대해서는 예외 없이 인정을 하면서도 정작 그것을 '보응의 원리'라는 말로 표현하는 것은 적이 꺼리는 경향을 나타낸다. 이것은 근자의 학자들에게서 볼 수 있는 일반적인 현상이다.69) 예컨대 폰 라드, 코흐, 클리포드

---

69) 사실 전 세대의 학자들은 보응의 원리라는 말을 큰 거부감을 갖지 않고 썼다. 다만 작금에

등의 글을 보면 쉽게 확인된다.[70] 학자들은 보응의 원리란 말은 피하고 그저 "세계의 내적 질서"(inherent order embedded in the world), "행동과 결과의

들어 학자들이 이 표현의 노골적인 사용을 주저하고 있다. 전 세대 학자들은 잠언을 비롯한 구약성경 전체에서 이 보응의 원리라는 도덕 질서를 읽어내고 그것을 흔쾌히 그 이름으로 부른 것을 볼 수 있다. Gunkel과 Eichrodt가 대표적인 예이다. Gunkel은 말하기를 "아주 시초부터 이스라엘의 종교는 보응에 대한 믿음을 유지하고 있었다"(From the very beginning Israelite religion maintained a belief in retribution)고 했다. H. Gunkel, *Die Religion in Geschichte und Gegenwart*, 2nd ed. (Tübingen: J. C. Mohr[Paul Siebeck], 1927-30), V: col. 1529(이 책은 통상 RGG²라고 약기됨). Eichrodt도 그의 유명한 *Theology of the Old Testament*에서 이스라엘 신앙의 두드러진 특징의 하나는 보응의 원리라고 거듭 밝힌다. 그는 보응에 대한 뿌리 깊은 믿음이 선지자들이 활동하기 이전 시기부터 이미 이스라엘에 나타난다고 설명한다. 이스라엘이 가진 보응 신앙에 대해 그는 다음과 같은 말을 덧붙인다: "바벨론 사람들은 그들에게 발달된 신탁이나 점술학이 있었음에도 신이 사람을 다루는 방식에 대해 두려울 정도의 극심한 불안을 느끼고 있었다. 그러나 이스라엘은 그렇지 않았다. 그들은 때가 되면 하나님께서 자신들이 잘 아는 어떤 법칙들에 근거해 자신들을 위해 행동해 주실 것이라고 확신하고 있었다"(Here in Babylonia, despite a developed science of oracles and omens, we find a terrifying uncertainty about the principle of God's dealings with men; but the Israelite is certain that God in his turn will act towards him in accordance with those principles of law with which he himself is well acquainted). W. Eichrodt, *Theology of the Old Testament*, transl. J. A. Baker, vol. I (London: SCM Press, 1961), pp. 242-43, 382. Cf. also Ibid., vol. II (1967), pp. 371-74.

70) Von Rad, *Wisdom in Israel*, p. 79; Klaus Koch, "Is there a Doctrine of Retribution in the Old Testament?" *Theodicy in the Old Testament*, ed. James L. Crenshaw (Philadelphia: Fortress Press, 1983), pp. 57-83; Clifford, *The Wisdom Literature*, pp. 42-68. Clifford는 보응의 원리란 말의 적절성에 대해 명시적 언급은 하지 않지만 이 표현의 사용은 굳이 피하는 것으로 보인다. Von Rad와 Koch는 보응의 원리라는 말이 적절치 않다고 명시적으로 밝힌다. 적절치 않다고 말하는 이유에 있어서는 두 사람이 서로 다르다. Koch는 기본적으로 보응(Vergeltung)이라는 어휘가 "법정적"(judicial) 개념이기 때문에 적절치 않다고 말한다. 잠언이 행위와 결과에 관한 상관 법칙을 말할 때 결코 우주 밖의 어떤 권위를 염두에 둔 적이 없다고 본다(행위와 결과의 상관성은 우주의 내적 법칙일 뿐이다). 하나님은 고작해야 이 법칙이 "완성"되도록(completes) 하는 "산파"(midwife) 정도의 역할을 할뿐이다. 따라서 어떤 행위에 대해 상응하는 결과가 오도록 판정하고 그것을 시행하는 외부 권위(재판관이나 경찰 같은 법정적 권위)의 존재를 전제하는 개념인 보응(Vergeltung)은 잠언의 사상을 나타내는 적절한 표현이 될 수 없다. Koch, op. cit., pp. 58-64. Von Rad는 도대체 잠언이 개념적인 '원리'(교리)를 가르치려 한 책이 아니므로 보응의 원리라는 말을 쓸 수 없다고 한다(von Rad는 잠언에는 윤리적 규범으로서의 "악"도 존재하지 않고, 도덕 법칙으로서의 "보응"이라는 것도 존재하지 않는다고 주장한다). 보응은 다만 오랜 세대의 사회적 경험의 집적일 뿐이라는 것이다. Von Rad에 있어 의나 보응은 다만 사회적인 경험일 뿐 종교적 차원의 이상이나 법칙은 아니다. Von Rad, loc. cit.

상관구조"(Act-Consequence Construct) 정도의 중성적 표현에 만족하려 하고
있다.

명칭이 "내적 질서"든 "행동와 결과의 상관구조"든 "보응의 원리"이든 의미
는 마찬가지이다. 보응의 원리라는 이미 전통적으로 써온 표현을 사용하더라도
보응이라는 말을 잘 정의하여 쓰면 될 것이다. 보응이라는 단어를 성경의
취지로 이해하여 쓰기만 하면 된다. 하나님께서 우주를 창조하시면서 손수
그 곳에 하나님이 원하시는 도덕질서를 심어놓으셨다. 인간이 옳고 바르게
살면 당당한 축복을 받게 되고 거짓되고 사악하게 살면 패망을 맛보게 된다는
질서이다. 이 질서가 보응이다. 이것은 인간을 과거를 문제 삼아 심판한다든지
응보의 그물에 옭아 넣으려고 구상하신 질서가 아니다. 인간을 인간답게 살고
최고의 의미 가운데 살도록 하기 위해 주신 인간성 회복의 질서이다. 인간은
이 법칙으로 말미암아 불의에 대해 경계를 받고, 의라는 높은 도덕적 이상을
향해서는 독려와 자극을 받는다. 인간은 의를 행하므로 말미암아 하나님을
만족시키고 사회를 안정시키며 자신은 번영과 행복의 사람이 될 수 있다.
이처럼 보응의 원리는 부정적이 아니고 긍정적인 삶의 법칙이다. 인간을 인간답
게 만드는 건강한 복지의 원리이다.

게다가 보응의 원리는 순수하게 자체로만 돌아가는 자율의 법칙이 아님을
유념하는 것이 또한 중요하다.[71] 보응의 원리는 우주에 내재된(inherent) 원리인
것은 사실이지만 동시에 하나님이 직접 통제하시고 운영하시는 원리이다.
그저 "자동으로" 돌아가는, 하나님 통제 밖의 법칙이 아니라는 말이다. 코흐는
우주 내에 존재하는 "행동과 결과의 상관구조"는 우주의 내적 법칙인 관계로
외부의 통제적 권위 운운하는 것은 전혀 맞지 않는 말이라고 주장한다(그는

---

71) 앞의 주 67 참고.

이러한 이유로 "보응"이란 말을 쓰는 것을 거부했다).[72] 그러나 이러한 생각은 지나친 관념적 사유의 결과라 생각된다. 성경의 언명들을 인간의 이성의 한계 내에서만 이해하려 한 것이다. 잠언은 한편으로는 우주가 보응의 원리에 의해 돌아간다고 하면서도 다른 한편으로는 하나님이 보응을 시행하신다고 말씀한다. 성경이 두 가지를 동시에 말씀하니 우리는 이것을 그대로 받아들여야 한다. 우주의 내적 법칙이라는 것과 그것을 하나님이 통제하신다는 사실 사이에는 아무런 모순이 없다. 인간의 이성은 이것을 모순으로 느끼지만 그것은 인간의 이성이 지닌 자체의 한계에서 온 것이고, 사실은 그것은 잠언의 계시가(또는 성경의 지혜 사상이) 지닌 고유의 신비라 해야 할 것이다. 하나님은 자신이 원하시는 질서를 세계에 심어놓으셨다. 그러나 동시에 최종의 권위로서 그것을 직접 관리 운영하고 계시다. 보응의 원리는 비인격적인 내재율도, 인간을 무자비하게 구속하는 비정의 법칙도 아니다. 인간을 사랑하시고 기뻐하시는 하나님께서(잠 8:31) 친히 세우신 원리이며 그 자신이 주권적 은혜로 직접 시행해 나가시는 원리이다. 이에 조화하여 사는 사람으로 하여금 "생명"의 수혜자가 되게 하는 원리이다.

언어의 선입견의 관문을 통과하기 위하여 이상과 같이 보응이란 말이 지닌 긍정적 함의와 그를 시행하는 하나님의 주권적 사랑에 대해 살폈다. 다음은 신학적 해석의 관문에 대해 살펴보자. '보응'이라는 말에 대한 선입견이 해결되었다 하더라도 여전히 보응의 원리는 그 자체만으로는 그리스도인의 삶의 법칙으로 자리매김하기가 쉽지 않다. 보응의 원리에는 불가피하게 한두 가지 오해가 따라다니기 때문이다. 첫째는 율법주의의 오해이다. 보응의 원리는 그 자체만으로는 인간이 자신의 공적으로 무언가를 얻어낼 수 있음을 가르치는

---

72) 이에 대한 상세한 소개는 앞의 주 70을 참조할 것.

공식으로 오해될 수 있다. 둘째는 인본주의 내지는 심지어 마술주의의 오해이다. 사람에게는 스스로 무엇을 할(심을) 수 있는 능력이 충분하다는 것을 전제하는 것으로 들릴 수 있고, 또한 무언가 심기만 하면 으레 상응하는 무언가를 되돌려 받을 수 있다고 가르치는 것으로 들릴 수 있다. 모두 기독교 복음과는 양립될 수 없는 오해요 생각들이다. 이처럼 보응의 원리는 자체만 가지고는 심각한 오해의 소지들을 노정한다. 그러면 어떻게 하면 이처럼 자체적으로 불안정한 원리를 복음적 은혜 가운데 사는 그리스도인을 위해 의미 있는 삶의 법칙이 되도록 제시해낼 수 있을 것인가. 아마 세 가지 정도의 신학적 의미 조정 (qualification)을 가하면 가능하지 않을까 생각한다. 보응의 원리를 다음 세 가지의 조망 아래 보면 되지 않을까 하는 것이다.

첫째, 보응의 원리는 하나님의 은혜의 우산 아래 운영되는 원리이다. 잠언 자체에서도 보응의 원리는 인간을 사랑하시는 하나님께서 세우신 원리이며 또 하나님 자신이 직접 운영하시는 원리이다. 그리스도인에게도 마찬가지이다. 구속의 은혜를 받은 하나님의 자녀는 이미 영원한 하나님의 보호와 축복 가운데 있다. 보응의 원리는 이와 같이 은혜 아래 있는 하나님의 자녀의 삶의 질과 방향을 정해주는 길잡이인 것이다. 하나님의 자녀에게 인간답게 사는 법을 가르쳐 그가 지상에서 참된 번영과 행복을 누리도록 인도하는 나침반이다. 은혜와는 상관없이 인간의 공적만으로 마술적 효과를 얻어 보겠다는 식의 율법적 인본적 사상이 아니다. 하나님의 은혜는 이미 받았다. 보응의 원리에 따라 살면 다시 좋은 것을 보응으로 받는다. 보응의 원리는 은혜의 자녀들에게 이중 축복의 기회가 된다 할 것이다

둘째, 보응의 원리는 미래를 지향하는 원리이다. 이는 첫째 조망의 연속이라 할 수 있다. 동서양을 막론하고 보응하면 과거의 잘잘못에 집착하는 경향이

있는 것 같다. 특히 오늘 자신이 처한 어려운 처지를 해석해내는 방편으로 과거의 과오를 상정하여 의미 연관을 정립해 보고자 한다. 보응의 원리는 과거를 해석하는 방법이 아니다. 애초부터 미래를 지향한 교육이었고 상담이었다. 보응의 원리는 젊은이들에게 우주에 존재하는 엄연한 도덕 질서를 일깨워줌으로 단 한번의 인생을 착오가 없는 것으로 설계하도록 하고자 한, 깊은 애정이 담긴 교훈이다.

셋째, 보응의 원리는 하나님의 자녀의 책임과 성실을 촉구하는 원리이다. 첫째 둘째 조망에 이어진다. 복음의 은혜 가운데 사는 하나님의 자녀는 그 은혜를 값싸게 낭비하면 안 된다. 받은 은혜와 자유가 크므로 이제 삶 전체를 드려 응답하는 삶을 살아야 한다. 보응의 원리는 원리 자체가 중요한 것이 아니라 그것이 추구하는 목적, 즉 하나님의 자녀의 "의의 삶"이 중요하다. 하나님의 자녀는 의의 삶으로 하나님과 세상에 대한 책임을 다해야 한다. 하나님의 자녀는 자신의 이기적인 목적만을 위해 부르심 받은 존재가 아니다. 하나님 나라의 건설이라는 높디높은 이상을 향하여 부르심을 받았다. 하나님의 자녀는 부르심 받은 책임을 위하여 성실을 다하는 삶을 살아야 한다. 이제 의와 순종은 무엇을 얻기 위한 수단이 아니다. 오직 은혜 주신 이의 만족만을 지향하는 목적적 성격의 것이다. 여기에 순수하게 드려지는 성결과 사랑과 정의가 있다.

이처럼 하나님의 은혜를 먼저 상정하며, 미래를 지향하는 것으로 이해하고, 자녀의 참다운 책임을 재촉하는 원리로 이해하면 보응의 원리는 그리스도인의 삶의 법칙이 되기에 충분한 자격을 갖추게 된다. 인본적이고 율법적인 원리가 아니라 은혜 가운데 사는 자녀의 삶의 질을 결정하는 복되고 값진 원리가 되는 것이다.

이상과 같이 보응의 원리에 대해 언어 선입견의 관문과 신학적 해석의 관문을 통과하는 작업을 마쳤다. 보응의 원리는 애초에 젊은이들을 의로운 생활로 인도하기 위해 가르쳐진 교리이다. 이제는 복음 아래 살아가는 그리스도인이 따라야 할 삶의 원리가 되었다. 은혜 아래 사는 하나님의 자녀는 자기 자신만을 지향하던 이기적인 안목을 버리고 이제는 자신에게 주어진 책임을 다하고자 하는 '나라'의 안목을 구비해야 할 것이다. 그것이 자유 얻은 자의 마땅한 응답이 될 것이다. 그러나 보응의 원리는 의의 삶에 성실을 다하는 자녀들을 결코 공수로 돌려보내지 않을 것이다. 이 땅의 좋은 많은 것을 누리는 복을 '덤'으로 얹혀 주실 것이 틀림없다. 그것이 보응의 원리가 지닌 "생명"의 법칙이기 때문이다.

4. 맺는 말

잠언은 "의로운 생활"과 그것을 격려하기 위하여 보응의 원리를 가르치는 책이다. 오늘날의 세계는 "바른 생활"이라는 것에 대해 눈이 멀고 감각이 죽어버린 세상이다. 정의나 정직보다는 용의주도한 요령만이 성공의 비결인양 자랑스럽게 가르쳐진다. 도덕적 이상과 정신적인 가치는 이제는 더 말을 꺼내기도 힘들 정도로 케케묵은 구시대의 유물이 되고 말았다. 우리 사회는 정신의 중심을 잃고 가치의 공황 상태가 된 지 이미 오래다. 불건전한 산업은 독버섯처럼 번성하고 사회의 도덕적 기강은 해이하여 수없는 가정이 붕괴되고 있다. 사회 리더십의 관심은 온통 재화와 경제에만 가 있는 듯하다. 사회의 질병을 고치고 사회가 미래가 있는 사회가 되도록 하기 위해서는 근원적인 처방을 생각해야 하는데 여기까지 관심이 미치지 못하는 듯하다. 재화는 사회의 참된 기초가 되지 못한다. 20-30년의 먹을거리는 될 수 있을지언정 근원적인 처방은 아닌 것이다. 잠언은 "약" 곧 바른 정신이 세워질 때에만 번영을 기대할 수 있다고 가르친다. 본말이 전도되지 않도록 주의하여 사회의 미래를 위해서 참된 기초를 놓도록 힘써야 할 것이다. 다른 관심에 앞서 바른 정신이 가르쳐져야 한다. 정직과 바른 생활, 도덕적 정결이 가르쳐져야 한다. "약"의 사고방식과 생활보다 중요한 것은 없다. 이와 같은 정신적인 기초가 놓아질 때만 사회가 고쳐지고 살아난다. 미래가 있을 것이다. '선진 사회'란 것도 사실은 이 길에서만 얻어질 수 있는 열매이다.

잠언은 현란한 새 교리를 창달하는 책이 아니다. 우리의 양심 속에 이미 있으나 세속에 묻혀 잊혀지고 있던 "약"라는 소중한 관념을 깨우치려 할 뿐이다. 막연한 상태에 있는 것을 밝은 세계로 꺼내어 그것이 엄연한 도덕법칙임을 뚜렷이 천명한다. 혹자는 잠언이 너무 당연하고 뻔한 것을 가르친다고 실망해 할지 모른다. 귀에 산뜻하게 들리는 새 사상이 없다고 푸념할 수도 있다. 그러나 하나님이 우주에 심어 놓으신 이 "약"의 법칙은 얼마나 중요한 것인가. 개인이 살고 사회를 세우는 길이며 하나님 나라를 이루는 길이다. 진리 체험이란 통상 들어보지 못한 새 정보를 듣는 데서 오는 것이 아니다. 익히 알고 있고 이미 익숙한 것인데 그것이 새롭게 전달될 때에 새로이 겪게 되는 만남이다(아마 기독교 설교의 기능이 그런 것일 것이다).73) 잠언은 이러한 만남을 활성화하고

---

73) Samuel Johnson이 이에 대해 잘 말했다. 그는 *Rambler*라는 작품에서 "인간은 보다 종종 새 정보를 받기보다 이미 알고 있는 것에 대해 일깨움 받을 필요가 있는 존재이다"라고(Men more frequently require to be reminded than informed) 했고, 또 *Lives of the English Poets*에서는 Alexander Pope의 수사에 대해 평가하면서 "새로운 것들은 익숙하게 되고 익숙한 것들은 새롭게 된다"라고(New things are made familiar, and familiar things are made new) 해설했다. Johnson의 말은 잠언이 진리를 제시하는 방법에 대한 적절한 설명도 된다. Johnson의 말은 Clifford, *The Wisdom Literature*, p. 50에서 재인용.

(activate) 있다. "악"라는 진리를 우리로 하여금 새롭게 만나게 하고 있는 것이다. 이제 의와 보응의 원리는 뚜렷한 도덕 질서로 우리 앞에 있다. 이는 지나쳐서는 안 되는 엄중한 진리이다. 개인과 사회가 정신을 차려 경청해야 하는 잠언의 메시지이다. 의의 길에 참된 번영이 있다.

제3장

욥기 _ 고난의 더 깊은 의미

욥기는 구약의 여러 책 중 문학적인 가치로 볼 때 최고의 책으로 꼽히는 걸작이다. 성경만 아니라 세계문학 전반을 놓고 볼 때도 대등한 것을 찾기 힘들다 할 정도의 최고작으로 일컬어진다.[1] 이것은 단순히 시작(詩作)의 기술이나 문학적 구성 따위만 놓고 내리는 평가가 아니라, 인류 최대의 수수께끼요 난제인 고난, 혹은 의인의 고난이라는 논제를 다루어 내는 신학적 토론의 깊이와 넓이를 두고 내리는 평가이기도 하다.

그러나 동시에 욥기는 성경에서 가장 난해한 책으로도 알려진다. 우선 욥기에 쓰인 히브리어의 어휘와 구문이 난해하고 문장의 톤(tone)을 알 수 없는 경우도 허다하다(현대어 역본들이 빈번히 같은 문장을 각기 다르게 번역하고 있는 현상이 이러한 어려움을 반영한다). 게다가 책의 주제, 즉 욥기가 전체적으로 무엇을 말하고자 하는 것인지 그것을 파악하기가 어렵다. 이러한 어려움은 책을 구성하는 부분들의 기능을 파악하기 어렵다는 것과도 무관하지 않다. 구성 부분들의 기능 파악이란 예컨대, 28장의 지혜찬양은 왜 그 위치에 들어가 있는지, 32~37장

---

[1] H. H. Rowley, "The Book of Job and Its Meaning," *From Moses to Qumran* (London: Lutterworth Press, 1963) p. 139.

의 엘리후의 연설(speeches)은 무슨 의의를 갖는지, 38~41장의 여호와의 말씀
(speeches)은 무슨 의미인지 등을 알아내는 것을 말한다.

이러한 연유로 해서 욥기는 성경 해석사에서 사랑과 경원(敬遠)을 동시에
받아온 책이다. 무엇보다도 해석하기 어렵다는 점이 설교를 맡은 사역자들에게
는 여간 부담되는 일이 아닐 수 없다. 그간 교회에서 되어져온 설교들은 욥기
전체에 대한 진지한 이해를 결한 것이 많았던 것이 사실인 듯싶다. 이미 배운
교리를 다시 확인시켜 주는 정도의 해설에 멈추므로 욥기의 의미가 쉽게
축소되는 경우도 많았다. 선호되는 몇 구절만 상황에 필요한 메시지의 근거
본문으로 선택되어 책 전체의 의도와 동떨어진 의미로 전달되곤 하였다. 무엇보
다 욥기의 치열한 고민들과 날카로운 의견의 대치들이 갖는 의미를 충분히
해설하여 주지 못했던 것은 몹시 아쉬운 일이라 해야 할 것이다.

본 장은 이러한 사정을 감안하여 욥기 전체에 대한 보다 정확한 이해의
바탕을 마련해 보려는 것이다. 이러한 시도가 사역자들이 보다 충실하게 설교를
준비하는 데 조금이나마 보탬이 되기를 기대한다. 욥기의 바른 이해에 기초하여
준비된 설교는 오늘을 사는 청중에게 욥기의 의미(주제)를 정확히 전달해 줄
것이고, 따라서 청중은 욥기의 하나님 말씀과 직접 만나며 자신들의 고통과
혼돈을 하나님 앞에서 참된 용기를 가지고 해결해 나갈 수 있게 될 것이기
때문이다.

1. 욥기 이해를 위한 배경적 지식

욥기가 쓰여지기 전이나 비슷한 시대의 고대 이집트와 메소포타미아의

여러 작품들, 또는 심지어 고대 그리스의 작품들이 욥기와 많이 비교 연구되어 왔지만2) 작품의 크기로나 주제를 다룬 심도와 문학적 수준에 있어 욥기에 필적할 만한 것들은 아닌 것으로 보인다. 욥기가 인류의 정신사에서 지니는 가치는 욥기가 근대 이후 서구의 작품들에 끼친 영향을 살펴보면 쉬이 알 수 있다. 수많은 문학작품이 욥기의 영향을 받거나 욥기의 주석이라 불려도 좋을 만큼 욥기를 현대적으로 재해석해왔다. 욥기가 말하는 '설명되지 않는 고난'이란 것은 인류가 오랫동안 지속적으로 경험해 온 것이고, 욥기는 이에 대해 무언가 응답하는 책으로서 고뇌하는 인간에게 어떤 효과적인 '답'을 주어온 게 분명하다.

인류 역사상의 걸작으로서 욥기의 영향을 받은 작품들은 괴테(Goethe)의 파우스트(*Faust*), 밀턴(Milton)의 삼손(*Samson*), 도스토예프스키(Dostoevsky) 의 카라마조프의 형제들(*The Brothers Karamazov*), 멜빌(Melville)의 모비 딕

---

2) 형태상 욥기는 이집트의 기원전 21세기 작품 『웅변적 농부의 저항』(*The Protests of the Eloquent Peasant*)과 비교되곤 한다(이 작품은 *ANET*, 즉 J. B. Pritchard, ed., *Ancient Near Eastern Texts Relating to the Old Testament*[1969]의 407-410쪽에 영어 번역이 되어 있음). 9개의 시로 된 연설들을 산문으로 된 서언(序言)과 결언(結言)이 앞뒤로 싸고 있는 형상이 욥기와 같다. 이 A-B-A 방식의 전개는 고대 작품들에 흔히 나타나는 기법인데 농부(소작농)는 이 작품에서 자신에 대해 공의가 짓밟힌 것을 바로에게 바로잡아 달라고 호소하고 있다. 메소포타미아의 많은 작품들도 고난의 문제를 다룬다. 그 중 하나가 『내가 지혜의 주를 찬양하리라』(*I Will Praise the Lord of Wisdom*)(*ANET*, pp. 434-437)인데 이는 『의로운 고난자의 시』(*The Poem of the Righteous Sufferer*) 또는 『바빌론 욥』(*The Babylonian Job*)이라 불리기도 한다. 한 귀인이 이해할 수 없는 고난을 겪는다. 결국 말둑(Marduk) 신이 고쳐주며 그에 대한 찬양으로 끝맺음한다. 욥기와 같은 쟁변은 없다. 아카드어로 된 작품으로 『바빌론 전도서』(*The Babylonian Ecclesiastes*) 또는 『인간의 불행에 대한 대화』(*A Dialogue about Human Misery*)(*ANET*, pp. 438-440)로 불리는 작품과 『주인과 종이 나눈 비관적 대화』(*A Pessimistic Dialogue between Master and Servant*)(*ANET*, pp. 437f.)라는 작품 등도 욥기와 공통점을 갖는 작품들이다. 그리스 작품으로는 Aeschylus의 『묶인 프로메테우스』 (*Prometheus Bound*)가 고난의 문제를 다루며 종종 욥기와 비교된다. 이 자료들에 대한 상세한 정보는 J. E. Hartley, "Job," *The International Standard Bible Encyclopedia: Fully Revised*, vol. 2 (Grand Rapids: Eerdmans, 1982), pp. 1067-1068을 참조하면 됨.

(*Moby Dick*), 카프카(Kafka)의 소송(*The Trial*) 등 셀 수 없이 많은 것으로 보고되고 있고,[3] 욥기의 영향은 비단 문학작품뿐 아니라 음악, 미술, 무용, 영화 등 제 예술분야에 걸쳐 광범한 것으로 나타난다.[4] 특히 욥기는 2차 대전기의 홀로코스트(the holocaust, 나치에 의한 유대인 학살)를 겪은 유대인들의 작품에 주요 모티프로 많이 등장한다. 그들이 겪은 '설명될 수 없는 고난'에 대해 욥기는 그러한 고통과 고뇌의 성격을 매우 잘 말해 주는 책이었다. 물론 혹자에 따라서 홀로코스트는 그 규모나 비이성적 잔학성에 있어 성경의 그 어느 내용과도 비견하지 못할 정도의 것이라고 혀를 내두르는 이들도 있지만 그럴수록 욥기는 그와 같은 인간의 이해를 넘어서는 비극에 대해서까지 '답'을 구할 수 있도록 준비된 신앙의 책인 것이다.[5] 책의 이해에 필요한 예비적인 내용을 먼저 소개한다.

1) 명칭

욥기는 룻기, 에스라, 느헤미야처럼 주인공의 이름을 따서 붙인 책명(冊名)이다. 욥(איוב)이라는 주인공의 이름은 그 정확한 뜻은 알 수 없다. 만일 그것이 오옙(איב; "원수")과 관련된 것이라면 그 뜻은 "욥은 하나님의 원수로 취급되었다," 또는 "욥은 적대의 대상이다" 정도가 될 것이다. 마리, 알라카, 텔 엘마르나에서 출토된 기원전 2천년기의 아카드어 문건들에 이 욥이라는 이름이 빈번히

---

3) 욥기가 서구의 문학에 끼친 광범한 영향에 대해서는 Clines의 훌륭한 서지목록(biblography)이 상세히 말해주고 있다. D. J. A. Clines, *Job 1-20*, WBC (Dallas, Texas: Word Books, 1989), pp. civ-cix 참조. Hartley, "Job," *ISBE*, vol. 2, p. 1068에도 유용한 언급이 있음.

4) Clines, *Job 1-20*, pp. cix0cxii 참조.

5) 할러코스트의 경험이 현대 욥기 해석에 하나의 중요한 열쇠를 제공했다는 주장에 대해서 W. Brueggemann, "Theodicy in a Social Dimension," *JSOT* 33 (1985)을 참고(특히 3-4쪽).

나온다. 텔 엘아마르나의 한 편지(no. 256)에 바샬 아쉬타롯의 군주의 이름이 *Ay(y)âb*으로 나오는데, 올브라이트(W. F. Albright)는 이 이름의 의미가 "(내) 아버지는 어디에 계신가? (where is [my] Father?)"일 것이라고 말했다.6) 이러한 어원적 설명은 얼굴을 숨기고 보이지 않으시는 하나님을 갈망하고 찾는 욥의 모습과도 부합하여 욥(איוב)이란 이름에 대한 하나의 가능한 해석으로 보인다.

2) 정경에서의 위치

욥기는 그 난해성에도 불구하고 정경성이 크게 의심된 적이 없다. 히브리어 성경에서는 성문서(Kethubhim, 혹은 the Writings)에 속한다. 레닌그라드 사본에 는 시편, 욥기, 잠언의 순서로 되어 있다. 시리아어역인 페쉬타에는 특이하게도 욥기가 오경 다음에 나오는데 이는 모세가 욥기의 저자라는 시리아어 교회의 전통에 근거한 배치인 것으로 보인다.7)

구약성경의 책들을 분류할 때 욥기는 잠언, 전도서와 더불어 지혜서로 분류된 다. 이 책들이 지혜(חכמה)라는 주제(topic)를 중심적으로 다루기 때문이다. 지혜 서는 다시 크게 두 가지, 즉 '실천적 지혜'(practical wisdom)와 '사색적 지혜'(spec- ulative wisdom)로 나뉘는데 통상 잠언은 실천적 지혜에, 전도서와 욥기는 사색적 지혜에 속하는 것으로 분류한다. '실천적 지혜'는 의인(선인)은 하나님의 복을 받고 죄인(악인)은 하나님의 저주를 받는다는 소위 '보응의 원리'(retribution principle)를 기준으로 이 원리를 충실히 지지하는 책들을 말하며, '사색적 지혜'는 이 원리에 대해 회의하거나 깊은 의문을 품고 저항하는 입장의 책들을

---

6) *JAOS* 74(1954): 223-233. Hartley, "Job," *ISBE* vol. 2, p. 1065에서 인용.

7) 역시 Hartley, *ISBE* vol. 2, p. 1065 참고.

말한다.8) 욥기는 의인이 형통하고 악인(죄인)이 벌을 받는다는 전통적인 관념(친구들의 입장)에 대하여 신정론(神正論, theodicy)을 문제 삼으며 강력히 반발하는 내용을 담은 책이다. 물론 욥기는 단순히 반항하며 질문만 하는 책이 아니다. 그러한 질문과 고민을 넘어서 하나님의 지혜 또는 하나님의 주권에의 의지라는 높은 수준의 신앙으로 도약하는 과정을 그려 보여주고 있다. 인간의 이해나 계산을 넘어서는 고차원의 신앙을 보여주는 것이다. 질문과 고민, 인간의 인지 능력을 초월함 등을 다루기에 욥기는 사색적 지혜('실존적 지혜'라고도 함)로 적절히 분류되고 있다.

3) 텍스트

하나의 본문을 주경하고 설교를 준비하는 데 있어 그 본문에 대한 문헌학적인

---

8) 이 분류에 대한 설명은 이미 본서 1장에서 충분히 다룬 바 있다. 외국 학자의 글로는 Robert Gordis, *Koheleth the Man and His World: A Study of Ecclesiastes* 3rd ed. (New York: Schocken Books, 1968), pp. 26-28을 참조하면 좋을 것이다. 다시 한 번 간략히 설명하면 다음과 같다. '실천적 지혜'는 '하급지혜'(lower wisdom) 또는 '처방지혜'(recipe wisdom)라고도 불린다. 잠언과 시편 1, 19B, 34, 37, 112, 119편, 외경의 벤시라(집회서)가 이에 속하며 성공적 인생을 위한 '처방적' 교훈을 제공하는 것을 목적으로 한다. 보응의 원리(retribution principle)가 처세훈의 기본 철학이 되며 신앙적 인생 해석의 정통적(orthodox) 입장이라 할 수 있다. 예컨대 잠 3:33 "여호와의 저주가 악인의 집에 있고 의인의 거처는 그가(여호와) 복을 주시느니라"와 같은 말씀이 이 입장을 대변한다. '사색적 지혜'는 '고급지혜'(higher wisdom) 또는 '실존적 지혜'(existential wisdom)라고도 불린다. 전도서, 욥기, 시편 37, 49, 73, 139편, 외경의 솔로몬의 지혜가 이에 속한다. 처방지혜(실천적 지혜)의 직선적 가르침을 다분히 기계적이라 보고 그러한 '정통주의'에 대해 회의하며 '이단적으로'(heterodoxically) 질문하는 입장이다. 보응의 원리를 지나치게 획일적이고 낙관적으로 적용하는 것에 반대하고 한걸음 물러 앉아 인생을 사색하고 관조하며 경우에 따라서는 격렬하게 항의한다. 예를 들면 전 7:15 "내가 내 모순의 날들에 모든 것을 살핀즉, 의로운 중에 망하는 의인이 있고 악한 중에 장수하는 악인도 있더라," 또는 욥 12:6 "강도들의 장막은 평안하고 하나님을 격노케 하는 자들은 안전하니 하나님이 그들에게 그 손으로 (후히) 주심이라" 같은 말씀이 이 입장을 대변한다 할 수 있다.

정보는 일견 불필요해 보일 수도 있다. 그러나 진지한 주석자라면 한 권의 성경이 지금 우리 손에 이르기까지 하나님께서 어떻게 보존해 오셨는지 한번쯤은 관심을 가질 법하다. 그리고 본문의 역사에 대한 적절한 지식은 하나의 본문을 역사적인 안목을 가지고 보다 풍부하게 이해하는 데에도 도움이 되리라 보기 때문에, 욥기가 우리 손에 들어오기까지의 간략한 문헌학적인 정보를 여기 소개하고자 한다.

앞서 언급한 대로 욥기의 히브리어 텍스트 — 특히 레닌그라드 사본으로 대표되는 맛소라 텍스트 — 는 종종 뜻을 파악하기 어려울 정도로 난해하다. 성경에 한번밖에 안나오는 단어들(이를 hapax legomena라 함)을 포함하여 희귀 단어가 많고 구문도 대단히 난해하다. 성경의 시 부분과 산문 부분을 망라하여 가장 어려운 본문이 욥기라고 해도 과언이 아닐 것이다. 욥기는 절마다 어려운 단어가 보통 몇 개씩 들어 있어서 구약성경을 전공하는 학생이 히브리어 욥기를 읽으려 하면 성경의 여느 책에 비해 몇 갑절의 노력이 들어가는 책이다. 단어를 다 파악한다 해도 문장 해석이 여의치 않은 경우가 보통인데, 구문 파악이 쉽지 않고 평서문인지 의문문인지, 어떤 톤으로 발설된 말인지 결정하기 어려운 경우가 허다하다. 책 전체의 주제를 정하기 전에 한 절 한 절, 한 문장 한 문장이 해석자에게 '열려 있는' 책이 욥기가 아닌가 싶다. 문장이나 단어가 쉽게 이해되지 않는다고 해서 텍스트가 '오염'(corrupt)되었다고 쉽게 단정하는 것은 경솔한 일이다. 욥기 본문이 읽기에 난해한 곳이 많은 것은 오히려 현재 우리가 가진 (맛소라) 텍스트가 매우 고대의 본문을 반영하고 있는 것이고 따라서 원문에 가까운 것임을 말해주는 강력한 증거도 되기 때문이다.9)

---

9) 본문비평의 일반원리는 소위 더 어려운 독법(lectio difficilior)일수록 더 고대의 것이요, 신빙성이

히브리어 본문이 어렵기 때문에 고대 역본들에는 이 어려움을 극복하기 위해 뜻을 풀어 번역한 흔적이 많이 나타난다. 칠십인역(헬라어역, 주전 2~3세기에 번역)은 특별히 어려운 곳을 제외하고는 직역을 원칙으로 한다. 칠십인역에는 맛소라와는 다른, 소위 상이역(variant readings)이 많지만 히브리어에 별 문제가 없는 한 히브리어 원문에 충실하려는 번역자의 노력이 돋보이는 번역이다. 이해하기 어렵거나 모호한 부분은 번역자 자의로 쉽게 풀어(paraphrase) 번역한 곳이 많은 것도 사실이다.

탈굼(아람어역, 주후 1~5세기에 번역)은 맛소라 텍스트를 가까이 따르지만 아주 특이하게 번역한 부분도 있다. 예컨대 어떤 본문을 이스라엘 역사의 관점에서 재해석하기도 하고 또 어떤 본문에 신학적 설명을 가하기도 한다. 탈굼은 전체적으로 본문을 확대시키는 편이다.

욥기 페쉬타(시리아어역, 주후 1~2세기에 번역)는 히브리어를 번역한 것이고, 직역이며, 히브리어 원문에 충실한 번역으로 알려진다. 욥기 히브리어의 어렵고 이해하기 어려운 부분에 대해서 페쉬타가 새로운 통찰을 제공해 주는 경우도 꽤 있다고 보고된다. 최근에 페쉬타에 대한 관심이 고조됨과 궤(軌)를 같이 하여 욥기 페쉬타의 번역 성격에 대해서도 새로운 이해의 장이 열리고 있다.[10]

히브리어를 번역한 벌게이트(라틴어역, 주후 4~5세기에 번역)는 칠십인역

있는 것으로 본다. 필사자들은 자신의 대본을 독자들이 이해하기 어렵도록 만드는 것보다는 더 쉽고 단순하게 하려는 경향을 띠게 되기 때문에, 어떤 사본에 희귀한 단어나 어려운 표현, 또는 불규칙적인 문법의 형태가 많다면 그 사본은 후대의 가필(수정)을 덜 겪은, 덜 '오염된' 오래된 본문을 가지고 있는 것으로 판정되는 것이다. 이 점은 Gleason Archer가 명료하게 지적하고 있다(김정우 역, 『구약총론』[서울: 기독교문서선교회, 1985], p. 61).

10) 1990년대에 발간된 욥기 페쉬타에 대한 연구로 H. M. Szpek, *Translation Technique in the Peshitta to Job: A Model for Evaluating a Text with Documentation from the Peshitta to Job*, SBLDS 137 (Atlanta: Scholars Press, 1992)와 G. Rignell, *The Peshitta to the Book of Job Critically Investigated with Introduction, Commentary and Summary*, ed. Karl-Erik Rignell (Kristianstad, Sweden, 1994)가 있다.

헥사플라의 영향을 받고 또한 리다(Lydda)의 한 랍비가 제공한 전통적 랍비
주석(rabbinic interpretation)의 영향도 받았다. 유창한 라틴어가 돋보이는 부드
러운 번역인데 경우에 따라 욥기 히브리어 텍스트의 고대 형태를 이해하는데
도움을 주기도 하는 것으로 알려져 있다.[11]

2. 욥기의 구조

욥기는 책을 구성하는 부분들의 기능에 대해서는 이해하기 어려운 점이
있지만 구조 자체는 비교적 명료하게 파악된다. 욥기의 전체 구조는 다음과
같이 제시된다.

1~2장   서언(the prologue) (시련을 맞는 욥과 세 친구의 도착)[12]
3:1~42:6   대화들(the dialogues)
42:7~17   결언(the epilogue) (욥의 회복과 하나님의 무죄 증명)
(* 밑에 더 자세히 설명되는 부분은 밑줄을 그어 표시함)

산문으로 된 서언(序言)과 결언(結言)이 책 전체의 틀(frame)을 형성하고
(A-A') 그 안에 시로 된 대화들(B)이 싸여 있는 A-B-A'의 봉투구조(inclusio)를
이룬다.
가운데 대화들(3:1~42:6)이 책의 핵심을 이루는데 이 부분은 다음과 같은

---

11) Hartley, *ISBE* vol. 2, pp. 1065-1066 참고.
12) 구조 이해에 도움이 된다고 생각되는 곳에 경우에 따라서 괄호 안에 그 부분의 내용을
    설명함.

6개 내용으로 이루어져 있다.

3장	욥의 개시 탄식-저주
4~27장	3회에 걸친 세 친구와 욥 사이의 대화 난타전
28장	지혜에 대한 찬양
29~31장	욥의 무죄 선언
32~37장	엘리후의 연설
38:1~42:6	신현(神顯)과 여호와의 담화

이 중 3회의 대화 난타전(4~27장)은 다음과 같이 이루어져 있다.

4~14장	제1회 난타전
4~5장	엘리바스의 연설(I-1)[13]
6~7장	욥의 응수(I-1)
8장	빌닷의 연설(I-2)
9~10장	욥의 응수(I-2)
11장	소발의 연설(I-3)
12~14장	욥의 응수(I-3)
15~21장	제2회 난타전
15장	엘리바스의 연설(II-1)

---

13) 욥과 친구들의 토론 부분을 장수(章數)로만 인용하면 어디쯤에서 한 토론인지 알기 어려운 때가 많다. 그래서 본서는 여기 나온 바같이 토론의 각 부분이 몇 회전(cycle)의 몇 번째(round) 토론인지를 미리 분류하여 둠으로 향후 본문에서 어떤 장이 인용될 때마다 어디에 속하는 토론인지를 밝히기로 한다. 몇 회전인지 몇 번째 토론인지는 각각 로마 숫자와 아라비아 숫자로 나타내기로 한다.

(3회에는 소발의 연설이 빠지고 따라서 III-3은 존재하지 않음)14)

---

14) 제3회의 난타전에 대해서는 논의가 분분하다. 앞의 두 회전이 세 번씩의 주고받는 토론으로
되어 있는데 3회전에는 두 번의 응수밖에 나오지 않기 때문이다. 그 중 27장이 많은 논쟁의
대상이 되어 왔다. 욥의 응수가 두 장 이상으로 길어지는 경우를 보면(6-7장, 9-10장, 12-14장,
16-17장, 23-24장, 26-27장), 다른 경우들은 "욥이 대답하여 말하기를"이라는 말을 첫 장에
한 번만 쓰고 연속되는 장에는 쓰지 않는데 반하여 27장에는 예외적으로 "욥이 다시 비유를
들어 말하기를"하는 도입문이 나온다. 이와 같은 형태상의 문제와 더불어 27장은 그 내용에
있어서도 어려운 점이 오랫동안 지적되어 왔다. 27:13-23의 내용이 욥의 주장이라고 하기에는
너무나 친구들의 논조에 가깝다는 것이다. 즉 악인의 운명은 처음에는 잘되는 듯싶지만
결국은 홀연히 망하고 만다는 소위 '보응의 원리'(retribution principle)를 지지하는 내용이라는
것이다. 이러한 관계로 학자들은 종종 27장을 '재구성하는(reconstruct)' 시도를 해 왔다.
13-23절(혹은 7-23절)은 원래가 결장(缺場)한 소발의 연설이었는데 본문 전수 과정의 어떤
착오로 주인 없는 말이 되어버린 것이라는 주장과, 이는 25장의 빌닷의 연설에 이어지는
부분인데 역시 전수 과정의 착오로 욥의 말 뒤에 잘못 배치된(dislocated) 것이라는 주장
등 여러 가지 해법이 제시되어 왔다. 온건하다는 Hartley도 27:13-23을 빌닷의 연설로 돌리고
있다(Hartley, *ISBE* vol. 2, p. 1071). 욥은 전통적인 '보응의 원리'에 무지한 사람이 아니다.
욥은 극심한 고통과 토론의 막바지 피로 속에 제 정신이 아니었는지도 모른다. 또는 27:13-23의
말은 비꼬는 톤으로 했을 수도 있다. 작품 속에서 한 인물(character)이 반드시 하나의 일관된
(consistent) 주장만 펴야 한다는 생각은 지나치게 기계적인 전제이다. 이러한 전제에 얽매어
27장의 뒷 부분을 욥이 아닌 다른 사람의 말로 치부하는 것은 성급하고 피상적인 조치가
아닐까 싶다. F. I. Andersen이 27장에 새로운 도입문이 등장한 것은 27장이 난타전의 나머지
부분과 구별된다는 표시이고, 27장은 난타전을 결론하는 욥의 말로서 3장과 균형을 이루는

38:1~42:6의 여호와의 담화(discourses)는 2개의 여호와의 말씀(speeches)과 각각에 대한 욥의 답변으로 구성되어 있다.

38:1~40:2   여호와의 말씀 I (창조의 지혜)

40:3~5   욥의 답변 I (자신의 '작음' 인정-입을 다묾)

40:6~41:34   여호와의 말씀 II (브헤못, 리브야탄)

42:1~6   욥의 답변 II (자신을 부인하며 '불가해합니다' 고백)

욥기의 연설/말씀들(speeches)은 아름다운 시로 지어져 있고, 이 부분들은 풍부한 어휘와 뛰어난 문체로 구약 시의 백미로 꼽힌다.

3. 욥기의 주요 대화 부분에 대한 분석

제한된 지면에 욥기에 나오는 모든 부분을 분석할 수는 없다. 본서는 욥기의 메시지 파악을 위해 가장 핵심적이라 생각되는 부분인 욥과 세 친구간의 토론(4~27장)과 여호와의 담화(38:1~42:6)를 중점적으로 분석하고자 한다. 욥과 친구들의 토론은 전통주의자들인 친구들의 신학과 이에 이의를 제기하는 욥의 입장을 첨예하게 대립시킨 가운데 신정론(神正論)의 고민을 잘 드러내고 있고, 여호와의 담화는 이러한 고민에 대한 모종의 답변을 주고 있다. 따라서 이 두 부분은 책 전체의 주제를 파악하는 데 가장 중요한 단서가 될 수 있을

것이라고 주장했는데, 오히려 이 견해가 설득력이 있고 적절해 보인다(*Job: An Introduction and Commentary*, TOTC [Downers Grove, IL: IVP, 1976], p. 219).

것으로 보인다. 28장의 지혜에 대한 찬양, 29~31장의 욥의 무죄선언, 32~37장의
엘리후의 연설 등도 모두 자세히 탐구할 가치가 있는 내용들이지만 다른
기회를 빌릴 수밖에 없다.15)

책의 여러 부분들이 다루고 있는 바와 같이 욥기의 주요 관심은 '의인의
고난'(innocent suffering)에 관한 문제라 할 수 있다. 다른 말로 한다면 이것은
이스라엘인들에게 전통적으로 가르쳐온 의인은 형통하고 악인은 망한다는
삶의 대질서, 즉 보응의 원리(retribution principle)가 과연 맞는 것이냐 하는
질문이기도 하다. 본서 역시 이 문제에 대한 욥기의 해답을 찾는 것을 주목적으로
할 것이다.

1) 책의 줄거리

욥이라 이름하는 사람이 우스(עוץ) 땅에 살고 있었다.16) 그는 흠이 없고
올바르며 하나님을 경외하고 악을 떠난 사람이었다.17) 그런데 갑자기 곤경이
덮쳐 그를 삼키고 만다. 어째서 그러한 일이 생겼는지 모르는 채, 그는 재산,
가족, 심지어 건강에 이르기까지 자신에게 있던 모든 것을 잃게 되고 말았다.

---

15) 이 세 부분은 그것들이 배치된 위치부터 시작해서 욥기 내의 기능에 이르기까지 뜨거운
논란이 있어온 부분이다. 특히 비평학자들은 이 부분들에 대해 이들이 잘못된 곳에 배치되었
다거나(dislocated), 후대에 첨가된 부분이라거나 하는 식의 '합리적인' 해결을 여러 가지
방법으로 모색해 왔다. 이에 대한 비판도 긴 논의가 필요하기 때문에 여기서 다 다룰
수 없다.

16) 우스(עוץ)라는 지명 자체가 욥기가 지혜라는 주제를 다루는 책임을 암시하고 있는지 모른다.
이 단어와 같은 어근의 단어인 에차(עצה; "상담") 또는 야아츠(יעץ; "상담하다")는 이스라엘의
지혜를 지칭하기 위하여 사용되는 여러 단어들 중 하나이다. 에차(עצה)는 잠 8:14; 12:15;
19:20; 20:5, 18; 21:30; 욥 12:13; 38:2; 42:3 등에, 야아츠(יעץ)는 잠 11:14; 15:22; 욥 12:17
등에 나온다.

17) 욥 1:1.

세 친구가 그를 위로하기 위해 찾아온다. 그리고는 욥과 그의 친구들은 기나긴 토론에 빠져들게 된다. 친구들은 욥의 모든 고난과 불행이 그의 죄 때문에 비롯된 것이라는 것을 설득하려고 애쓴다. 그러면서 욥으로 하여금 회개하고 하나님께 돌아와 그 분과 화목하도록 끈질기게 충고한다. 친구들의 '인과율의 그물'(the web of causality) 철학은 집요하고 숨막히는 것이었다. 도저히 빠져나갈 길이 없는 욥은 친구들과 하나님께 번갈아 가며 항의한다. 소위 보응의 철학이라는 것은 진리도 아니며 공허한 거짓일 뿐이라고 반발하면서 무흠한 자에게 고난을 주시는 하나님 자신도 옳지 않다고 격렬한 불평을 쏟아 놓는다. 욥은 한편으로는 친구들의 철학을 거부하면서 다른 한편으로는 자신의 무죄함 (innocence)에 대한 주장을 거듭하고 이와 더불어 하나님의 정의(divine justice) 가 과연 시행되고 있는지에 대해 강한 의구심을 나타낸다. 새로 등장한 엘리후의 연설은 문제 해결에 아무런 도움을 주지 못한다. 결국은 하나님이 나타나셔서 폭풍 가운데서 욥에게 말씀하신다. 욥은 회개하고 모든 것은 회복된다. 욥이 옳았다는 것이 인정되고 그를 괴롭히던 모든 것이 사라진다.

2) 보응의 원리(Retribution Principle)

욥기의 가장 많은 부분이 욥과 그의 친구들 사이의 논쟁에 할애되고 있다(3-37장). 그리고 이 논쟁의 주요 관심은 '의인의 고난'(innocent suffering)이라는 문제이다. 결론적으로 말해서 친구들은 의인의 고난이라는 것 따위는 존재하지 않는다는 것이다. 친구들은 소위 '보응의 원리'라는 전통 사상에 철저히 헌신되어 있어서, 욥의 고난에 대해 일체 다른 설명의 여지를 허락하지 않는 철벽같은 태도를 보인다. 사람은 뿌린 대로 거둔다. 잘한 일은 잘한 만큼 보상받고,

잘못한 일은 잘못한 만큼 벌을 받는다. 한마디로 의인은 번영하고 악인은
쇠망한다는 것이다. "이 세계는 인과율(a web of causality)로 직조(織造)되어
있다."18) 모든 것은 보상과 보복의 원칙(the measure for measure principle)에
의해 되갚아지게 되어 있다. 빠져나갈 길은 전혀 없다! 이들의 주장은 철저하고
천편일률적이었다. 욥에게 변명이나 설명의 여지를 전혀 허락하지 않았다.
욥이 의롭다면 그와 같은 고난이 올 수가 없는 것이고, 그가 지금 절망적
불행을 겪고 있는 것은 그가 무언가 심각한 죄를 범했기 때문임이 틀림없다.
길은 오직 하나, 욥이 회개하는 것이다.

3) 욥의 응수

욥은 극히 의로운 사람이었다. 이 사실은 책에서 화자(the narrator)가 한
번,19) 하나님이 두 번20) 확인해 주었다. 그와 같이 뛰어나게 의로운 사람이
그렇게 극심한 재난을 겪었다는 것은 큰 대조가 아닐 수 없다. 욥은 자신이
범죄했다는 사실을 부인하며 자신을 죄인으로 몰아세우는 위로자들을 비난한
다. 그는 보응의 원리는 성립하지 않는다고 주장한다. 왜냐하면 욥 스스로
자신이 바로 무고한 자의 고난(innocent suffering)의 본보기라고 생각하기 때문
이다. 욥은 심지어, 자신이 완벽한 선으로 믿어온 하나님마저 사실은 무자비하시
며 예측할 수 없이 잔인한 분이라고 부르짖게 된다.21)

---

18) M. Tsevat, "The Meaning of the Book of Job," *HUCA* 37 (1966): 75 (= *Studies in Ancient
Israelite Wisdom*, ed. J. Crenshaw [New York: Ktav Publishing House, 1976], p. 343).

19) 1:1.

20) 1:8과 2:3.

21) 인간의 고난, 특히 의인의 고난이라는 문제 앞에서 하나님의 정의로우심(the justice of
God in light of human suffering)을 고민하는 신정론(theodicy)은 적어도 그리스나 서구 후기의

친구들에 대한 욥의 응수는 전체적으로 요약하면 대개 다음의 4가지 요소로 정리될 수 있을 것이다.[22] (1) 하나님을 향한 탄식, (2) 친구들에 대한 질책, (3) 자신의 결백(innocence) 주장/고집, (4) 보응의 원리의 부정(否定) 등이다. 앞의 둘은 욥의 어떤 인격에 대한 공격이고 뒤의 둘은 그 공격에 대한 논리적 변명이다. 이 요소들은 욥이 연설을 할 때마다 번갈아 나오는 주제들이고, 전체적으로 볼 때 각 요소의 등장 빈도도 서로 비슷하다.

'하나님을 향한 탄식(불평)'은 욥의 연설의 중심에 위치한다. 그의 연설의 기본 분위기이기도 하다. 어떻게 보면 뒤의 모든 요소들을 있게 하는 가장 근원적인 요소인지도 모른다. 이 요소는 3:23~26; 6:1~3 (I-1); 7:11~21(I-1); 10:1~22(I-2); 13:17~28(I-3); 16:6~17(II-1); 19:1~12(II-2); 30:1~31 등에 나온다.[23]

욥이 세 친구를 공격하는 '친구들에 대한 질책' 역시 욥의 연설 전체를 통해 줄기차게 등장하는 내용이다. 16:2이 그 핵심 내용을 담고 있다고 볼 수 있다: "너희는 모두 고통스러운 위로자들이로구나!"(miserable comforters are you all!).[24] 이 요소는 12:1~4(I-3); 13:1~12(I-3); 16:1~5(II-1), 16:18~17:2(II-1); 17:6~16 (II-1); 30:1~8 등에 나온다.

'자신의 결백 주장' 역시 욥의 응수에 두루 퍼져 있다. 욥의 마지막 연설인

사상에서는 다음과 같은 두 가지 딜레마로 표현되어 왔다: (1) 하나님이 만일 정의로우시다면, 그는 무능하다(If God is just, he is impotent); 반대로 (2) 하나님이 만일 전능하시다면, 그는 의롭지 못하다(If God is potent, he is not just). 즉, 하나님이 의로우시고 또한 동시에 전능하다면 의인에게 고난이 덮치는 것을 허용하지 않았을 것이라는 것이다. 이에 대한 간단한 논의는 *The NIV Study Bible* (Grand Rapids: Zondervan, 1985), p. 731 참조.

22) 이 요약은 전적으로 필자 자신의 3장-27장, 29장-31장의 정독에 의존하고 있다.

23) 장 절 뒤에 있는 괄호 안의 로마 및 아라비아 숫자는 욥과 세 친구 사이의 토론(4-27장) 가운데 몇 회전 몇 번째 토론인지를 표시한다. 이 표기법에 대해서는 2. 욥기의 구조에서 설명한 바 있다.

24) 성경 인용은 반드시 개역한글판을 따르지 않고 영역본들을 따르거나 혹은 필자 자신이 히브리어를 직접 번역하고 있다.

31장 전체가 이 요소로 채워져 있는 사실이 이 요소가 욥에게 얼마나 중요했는지 알 수 있게 한다. 31장의 결백 주장은 맹세라는 문학 형식으로 주어져 있는데, 이 맹세공식(oath formula)은 연설을 듣는 이(여기서는 하나님)에게 상당한 구속력을 지녀서 듣는 이로 하여금 침묵을 깨고 뭔가 행동하지 않으면 안 되도록 작용한다.[25] 이 요소는 6:24~30(I-1); 23:1~7(III-1); 31:1-40 등에 나와 있다.

'보응의 원리의 부정'은 위의 결백 주장/고집 요소와 불가분리의 관계로 연결되어 있다. 또한 이 요소는 여러 군데에서 탄식 요소와도 중첩된다(특히 욥이 하나님께 대하여 불평할 때). 이 요소는 21장(II-3)에 전형적으로 잘 표현되어 있다. 21장의 요지는 "악인은 패망한다는 너희의 이론은 사실이 아니다; 악인이 형통하는 경우도 수없이 많다"이다. 그리고 욥은 보응의 원리의 부정(否定)을 다음과 같이 말하면서 끝을 맺는다(34절): "(너희의 보응의 원리는) 공허한 빈 껍데기(empty nothings, הבל)요, 거짓(falsehood, מעל)일 뿐이다." 이 요소는 단순히 전통 사상을 반대하는 데 머무르지 않고 한 걸음 더 나아가 하나님을 공격하는 데로 발전한다. 하나님이 창조한 세계는 무의미하며(meaningless)(12장 = I-3) 하나님 자신도 불의하시다(unjust)(9장 = I-2).[26] 이 요소는 9:13~24(I-2);

<hr/>

25) Tsevat이 31장이 주는 충격과 구속력에 대해 잘 설명하고 있다. 욥은 비난도 하고 빌기도 하고 희망하기도 해보지만 30장 끝에 보면 이 모든 것에 만족하지 못하고 있는 것으로 드러난다. 31장이 되면 욥은 아주 무시무시한(terrible) 맹세들을 발하면서 하나님을 향하여 마지막 도전을 시도하는 것이다. 이 맹세들을 들으면 하나님은 뭔가 행동하시지 않으면 안 되게 되어 있다. 이 맹세들은 무언가 사법적인 절차가 따르지 않으면 안 되게끔 하는 구속력을 가지고 있다. 즉 하나님은 욥의 맹세가 틀렸다고 하시면서 욥을 지난번보다 더 심하게 벌하시든가, 아니면 맹세가 맞기 때문에 욥을 옳다고 인정해 주시든가 둘 중의 하나를 택하지 않으시면 안 되게끔 되는 것이 맹세가 지니는 효과인 것이다. 중간에 엘리후의 연설(32-37장)이 끼어 들긴 하지만 이 욥의 마지막 자기 변명 후에, 즉 38장 이후에 하나님은 나타나시어 모종의 선언을 하시게 된다. 참조할 부분: Tsevat, "The Meaning of the Book of Job," pp. 77-79.

26) 12장과 9장의 해석에 대해서 필자는 T. N. D. Mettinger의 도움을 받았다. Mettinger, "The God of Job: Avenger, Tyrant, or Victor?," *The Voice from the Whirlwind*, ed. L. G. Perdue and W. Gilpin (Nashville: Abingdon Press, 1992), pp. 44-47.

12:5~25(I-3); 21:1~34(II-3); 24:1~12(III-1) 등에 나타난다.

4) 하나님의 말씀이 주는 답

하나님의 말씀(38:1~40:2, 40:6~41:34)이 주어지고 나서 욥의 고통(agony)이 사라지고 욥의 태도도 일변하기 때문에, 욥기의 주제/의미를 파악하는 데는 하나님의 말씀이 결정적인 역할을 할 것임이 틀림없어 보인다.[27] 그러면 욥에 의해 제기된 질문들이[28] 하나님의 말씀에서 어떻게 답해졌는지 살펴보자. 하나님의 말씀은 욥이 그의 응수에서 제기하는 질문들에 대해서 답변하리라고 기대되는데, 특히 요소 (3) '자신의 결백 주장'과 (4) '보응의 원리의 부정'에 나타나는 의인의 고난(innocent suffering)이라는 이슈(이는 보응의 원리의 이슈, 또는 신정론[神正論], 즉 하나님의 정의의 문제의 이슈라고도 할 수 있음)에 대해 답변하고 있다고 생각된다. 물론 요소 (1) '하나님을 향한 불평'과 요소 (2) '친구들에 대한 질책'에도 이 의인의 고난이라는 이슈는 잠재해 있고 따라서 하나님의 말씀은 이 두 요소에 대해서도 어느 정도 답변하고 있다고 본다. 그러나 요소 (1)과 (2)는 하나님의 말씀에서 응답되었다기보다는 결언(42:7~17) 에서 응답되었다고 볼 수 있다. 이 점에 대해서는 결론 부분인 '5. 맺는 말에서

---

27) 욥기 전체의 의미에 대한 답이 어디서 발견되는지에 대해서 많은 논란이 있어 왔다. Tsevat의 지적처럼 답은 책의 말미에 주어진다고 보는 것이 가장 자연스러울 것이다. 어떤 학자들은 엘리후의 연설에서 답을 찾으려고 했다(예: K. Budde, Rosenmüller). 그러나 엘리후의 연설에서 찾을 수 있는 답은 고난은 훈련의 목적을 갖는다는 것인데, 이는 욥기에 적절치 않다. 만일에 고난의 문제에 대한 답이 그렇게 간단하고 쉬운 것이라면 욥기란 책 자체가 존재할 필요가 없었을 것이다. 이에 대해 Tsevat, "The Meaning of the Book of Job," p. 79와 H. H. Rowley, *The Book of Job*, The New Century Bible Commentary(Grand Rapids: Eerdmans, 1976), p. 13 참조.

28) 필자는 책 욥기의 질문이 욥이 그의 토론에서 제기한 질문과 같다고 전제하고 있다. 왜냐하면 책의 주인공이 욥이고 따라서 욥의 문제는 책 전체의 문제일 것이기 때문이다.

간단히 언급할 것이다.

　필자는 하나님의 말씀을 분석하는 데 있어 체밧(Tsevat)과 로울리(Rowley)의 해석을 살피는 것에서 시작하고자 한다.29) 이 두 학자의 견해에 전적으로 동의하기 때문이 아니고 다만 이들이 토론의 출발점으로 적절하다고 보기 때문이다. 다른 학자들처럼 체밧도 정의(正義)의 문제(the idea of justice)를 책의 핵심으로 생각한다. 보응의 원리라는 문제를 욥기의 핵심 질문으로 간주하는 것이다. 친구들은 보응의 원리로써 욥을 압박한다. 욥은 그 원리가 자기에게는 해당되지 않는다고 주장한다. 욥은 죄인이 아니다. 그는 왜 자신과 같은 의인이 그와 같이 극한적인 곤경을 겪어야 하는지 의구를 나타낸다. 욥이 의인인데 그러한 고난을 겪고 있다면 하나님이 도덕 원리를 집행하시는 방법에는 큰 문제가 있다고 할 수밖에 없다. 하나님의 말씀(38:1~40:2; 40:6~41:34)은 이 긴장시키는 질문에 대해 뭐라고 답변하시는가? 체밧에 의하면 하나님의 응답은 하나님은 '도덕이 없는/도덕과 무관한'(amoral) 분이시라고 말씀하고 있다는 것이다.30) 하나님은 도덕이라는 평면 위에 계시지 아니하다. 하나님에 관해서는 도덕이라는 개념 자체가 의미가 없다. "욥기에서 사람에게 말씀하고 있는 이는 의로운 신(a just god), 불의한 신(an unjust god)도 아닌 그냥 하나님(God)일 뿐이다."31)

　체밧의 결론은 좀 무리한 데가 있어 보인다. 보응의 원리 문제가 풀기 어려운

29) M. Tsevat, "The Meaning of the Book of Job," *HUCA* 37 (1966): 73-106; H. H. Rowley, "The Book of Job and its Meaning," *From Moses to Qumran* (London: Lutterworth Press, 1963), pp. 139-183 (= originally *BJRL* 41 [1958], pp. 167-207).

30) Amoral이란 단어는 immoral과는 의미가 다르다. immoral이 '비도덕적인/부도덕한,' 즉 '도덕적으로 나쁜'이라는 뜻인데 반해(immoral은 moral의 반대라 할 수 있음), amoral은 '도덕에 관계없는,' 즉 '도덕이 논의되는 영역(sphere) 밖의'라는 뜻이다. 한마디로 amoral은 "도덕적이지도 부도덕하지도 않은"을 의미한다 할 수 있다.

31) Tsevat, p. 105.

이슈라 하더라도 그의 해결책은 너무 과격한 것 같다. 하나님의 말씀에서 하나님은 세계에 내재하고 있을 어떤 도덕 질서 자체를 부인하시는 것 같지는 않다. 그리고 하나님이 욥을 꾸짖으시는 것도 보응의 원리에 대한 욥의 입장 때문이 아니라 하나님이 세계를 다스리시는 방식에 관한 욥의 입장 때문인 것이다. 욥은 하나님이 그분 자신의 무소불위의 힘을 자기처럼 무고한 사람에게 임의로(arbitrarily) 그리고 악하게(viciously) 집행하신다고 하나님을 비난했던 것이다. 그러면서 욥은 자기 나름대로 세계 질서는 이래야 되느니 저래야 되느니 하면서 말을 많이 했던 것이다. 하나님은 이것을 싫어하신 것 같다. 하나님이 피조계의 도덕 질서 자체를 부인한 것 같아 보이지는 않는다. 따라서 체밧이 하나님의 도덕적 속성을 규정한 말인 '도덕이 없는/도덕과 무관한' 또는 '도덕을 초월한'(amoral)이라는 말은 하나님의 말씀이 보여주는 하나님을 정확하게 묘사하는 개념이 못 된다. 보응의 원리의 지지자들이 거부당하는 것도 반드시 '도덕적인' 세계가 부정되었다는 것을 의미하지는 않는다. 하나님의 말씀이나 하나님이 욥과 친구들을 다루시는 방식이 하나님과 세계의 도덕성에 관해 무엇을 말하고 있는 것으로 보이지는 않는다. 오히려 이것들이 말하려는 것 한가지는 보응의 원리를 너무 엄격하게 적용하는 것은 옳지 않다는 것이다. 의인은 형통하게 되어 있고 악인은 불행하게 되어 있다는 원리를 모든 경우에 대해 한치 오차도 없는 철칙으로 적용하려는 것에 대한 부당성이 적어도 결언(42:7-17)에서 지적되고 있는 것이 아닌가 한다. 원리의 적용 방식이 비판된 것이지, 세계의 도덕성에 손상이 간 것은 아니다. 의인 욥은 결국 회복되지 않는가. 클라인스(Clines)의 말처럼 이는 (궁극적으로) 보응의 원리가 시행되고 있음을 보여주는 것이다.[32] 도덕 질서는 여전히 건재하다. 세계에 내재하는

---

32) D. J. A. Clines, *Job 1-20*, WBC (Dallas, TX: Word Books, 1989), xlvii.

도덕성의 부인이 책이 의도하는 바는 아닌 것 같다.

로울리의 하나님의 말씀 이해는 꽤 적절해 보인다. 체밧의 이해와 상통하는 점이 있지만 로울리는 하나님의 도덕성에 대해서는 직접적인 언급을 피함으로써 체밧이 받았던 것과 같은 비판은 면할 수 있었다. 보응의 원리에 관해서는 로울리도 그것이 하나님의 말씀에서 부인되었다고 생각한다. 의인이 고난을 받는 이유에 대해서는 그는 하나님의 말씀이 이에 대해 직접적인 언급을 피하고 있다고 생각한다. 욥은 열거되는 세계의 압도적인 신비들(overwhelming mysteries) 앞에 주눅 들 뿐이다. 하나님의 음성은 욥에게 오직 창조의 불가해한 신비들(unfathomable wonders)을 상기시킬 뿐이다. 그래서 욥으로 하여금 하나님의 섭리에는 인간의 제한된 인지로서는 침투할 수 없는 신비가 있다는 것을 깨닫게 한다. 욥은 마침내 고난을 주시는 하나님의 이유는 탐지될 수 없는(inscrutable) 것임을 인정하게 된다. 하나님의 말씀은 체밧이 붙인 이름이지만 '압도의 교육'(education of overwhelming)이라고[33] 부르면 적절할 그런 것이다.

로울리는 하나님께서 인간이 이해할 수 없는 신비들로 욥을 압도하신 효과만을 강조하고 있는데, 말씀에 진술된 보다 구체적인 내용을 간과하고 있는 점이 있어 보인다. 수없이 열거되는 피조된 무생물, 생물들은 욥을 압도하기 위한 (교육) 수단만은 아닌 것이다. 그것들이 욥에게 깊은 인상을 주었으며, 욥은 인간의 인지 능력으로는 침투할 수 없는 영역이 있다는 것을 깨달은 것이 사실이다. 그러나 하나님의 말씀에는 욥이 물은 질문들에 대해 하나님이 하나씩 대답해 주시는 내용이 있다는 사실이 지나쳐져서는 안 된다.

이제 하나님의 말씀에 제시된 대답들이 어떤 것인지 살펴 보자. 하나님의

---

33) Tsevat, p. 93.

말씀에 하나님의 대답이 적어도 두 가지는 나타난다고 볼 수 있다. 하나는 세계의 질서성(orderliness)에 관한 것이고 다른 하나는 하나님의 다스림(*mišpāṭ*)에 관한 것인데, 전자는 하나님의 말씀 I(38:1~39:30)에, 후자는 하나님의 말씀 II(40:6~41:26)에 주어지고 있다.

욥이 제기한 질문들을 먼저 상기해 보자. 욥은 하나님의 세계 운영에 대해 두 가지의 질문을 제기했다. 하나는 세계의 무질서(disorderliness)에 관한 것이고, 다른 하나는 하나님 자신의 비도덕성(viciousness)에 관한 것이었다(이는 욥의 응수 중 요소 (3)과 (4)의 집중적 관심이라 할 수 있다). 첫 질문, 즉 하나님이 창조하신 세계의 무질서(disorderliness)에 관한 질문은 12장, 21장 등에 잘 나타난다. 12장(I-3)에 나오는 욥의 풍자적 송영(satirical doxology)의 주제는 하나님이 지으신 세계가 의미가 없다는 것이다. 욥은 "강도의 장막은 평안 가운데 있고, 하나님을 격노케 하는 자가 안전하도다!" 하고[34] 통렬히 말한다. 21장(II-3)에서는 세상은 뒤틀린 질서를 가지고 있다거나 전도된 보응의 법칙이 작용하는 곳이라고 고발하는 내용의 불평을 길게 늘어놓고 있다.

> 왜 악인이 살아서
>   만년을 누리고 힘은 강대해지는가?
> 그들의 후손은 그들 앞에서 어엿이 기초를 내리고
>   그들의 자녀들은 그들의 눈앞에서 (그러하는가?)
> 그들의 집은 두려움이 없이 안전하기만 하고
>   하나님의 매란 그들 위에 찾아볼 수 없도다.
> 그들의 황소는 어김없이 새끼를 치고
>   그들의 암소는 새끼를 낳되 그 송아지를 잃는 수가 없도다.
> 그들은 그들의 어린 것들을 양무리처럼 내어 보내며
>   그들의 아이들은 춤을 추도다.

---

34) 12:6.

그들은 탬버린과 수금에 맞춰 노래하고
　　피리 소리에 맞춰 기뻐하도다.
그들은 그들의 날을 형통 가운데 지내고
　　평안하게 음부로 내려가도다.
그들이 하나님께 말하도다, "우리를 떠나소서!
　　우리는 당신의 길에 대해 알고 싶지 않습니다,
전능자가 누구길래 우리가 그를 섬겨야 합니까?
　　우리가 그에게 기도한다고 무슨 이득을 얻겠습니까?"
보라, 그들의 형통이 그들의 수중에 있지 아니한가?
　　악인의 도모는 나에게서 멀도다.[35]

　둘째 질문은 하나님 자신의 비도덕성(viciousness)에 관한 것인데 9장(I-2)에
잘 나타난다. 여기서 하나님은 ― 만일 그가 최고로 지혜롭고 전능하신 분이라면
― 범죄자이다. 욥은 불평한다.

그(하나님)가 광풍으로 나를 분쇄하시고
　　이유 없이 나의 상처를 증가시키시도다;
그는 나에게 숨돌릴 틈도 주지 아니 하시고
　　오직 쓰라림으로만 나를 채우시는구나.
　　　　　…………
나는 아무 흠이 없건만, 그는 나를 삐뚤어졌다고만 하시네.
　　　　　…………
모든 것이 그저 한 가지이다; 따라서 나는 말하네,
　　그(하나님)는 흠 없는 자건 악인이건 모두 파멸시키신다.
　　　　　…………
땅은 악인의 손에 넘어가고
　　그(하나님)는 땅의 재판관들의 얼굴을 가리우신다 ―
　　그렇게 하시는 게 그(하나님)가 아니라면, 대체 누구겠는가?[36]

―――――――――――
35) 21:7-16
36) 9:17-24.

17절에서 욥은 자기가 이유없이(חנם)[37] 상처를 받았다고 주장한다. 그리고 하나님은 의인/온전한 자와(תם)[38] 악인 사이에 차별을 두지 않으신다고 불평한다. 급기야 욥은 24절에서 모든 책임을 하나님께 돌리며 말하기를 "이 모든 왜곡된(perverted) 일들은 누구의 책임인가? 하나님이 아니신가?"고 한다. 하나님에게 정의(justice)가 없는 것이다!

욥이 그의 연설에서 한 질문들을 살펴보았다. 하나님은 두 번에 걸쳐 말씀하셨는데 각 말씀이 욥의 두 질문에 대해 각각 대답하고 있는 것으로 보인다. 하나님의 첫째 말씀(38:1~40:2)은 첫 질문, 즉 세계의 무질서(disorderliness)에 관한 질문에 대한 답이다. 하나님은 첫째 말씀에서 자신의 에차(עצה; "상담," "설계," "계획")를 방어하신다.[39] 무생물이건 생물이건 피조된 것들은 그의 에차(עצה)에 따라 지어졌다![40] 자연의 신비한 현상은 — 비록 인간의 인지 능력에 의해서는 포착되지 않을지 몰라도 — 모두 질서가 있는 것이고(orderly) 하나님께는 의미 있는(meaningful to God) 것들이다. 인간의 눈에는 쓸모없어

---

37) 이 단어는 2:3에서 하나님이 사탄을 나무라실 때 쓰인 적이 있다: "너는 나로 하여금 그를(욥) 까닭없이(חנם) 파멸시키므로 그에게 해가 되는 쪽으로(against him) 서게 만들었다."

38) 이 단어는 욥의 별명이기도 하다. 욥기의 화자(narrator)와 하나님이 이 단어를 1:1, 8; 2:3에서 사용했다.

39) Mettinger가 이 점을 잘 지적했다. Mettinger는 욥기를 다룬 학자들 가운데서 하나님의 말씀 부분을 심도 있게 분석한 학자들 중 한 사람이다. T. N. D. Mettinger, "The God of Job: Avenger, Tyrant, or Victor?", The Voice from the Whirlwind, ed. L. G. Perdue and W. Gilpin (Nashville: Abingdon Press, 1992), p. 45.

40) 첫 말씀이 시작하는 바로 초두에 이 말씀의 핵심어 에차(עצה)가 등장한다. 즉 38:2 = מי זה מחשיך עצה במלין בלי-דעת("지식이 없는 말로 '계획'을 어둡게 하는 이 자는 누구냐?"). 이 단어는 하나님의 두 번에 걸친 말씀이 끝난 다음 욥이 최종적으로 답변하는 42:3에도 나타난다. 하나님과 욥의 대화의 마지막 부분인 42:3은 에차뿐 아니라 38:2의 단어들을 거의 반복함으로 대화의 시작인 38:2를 반향하고(echo), 따라서 이 두 절은 대화 전체의 바깥 틀(frame, inclusio)을 형성한다. 42:3 = מי זה מעלים עצה בלי דעת("지식이 없이 '계획'을 가리는/흐리는 이 자는 누구냐?").

보이는 것들이라 할지라도 모두 가치 있고 모두 의미로 가득한 것들이다. 하나님의 에차는 모든 것을 포괄한다. 아무것도 버릴 것이 없다. 이 진리는 도덕적인 세계에도 적용된다(지금까지는 자연 세계에 대해서 말해 왔지만). 인간의 삶의 영역에 분명한 모순과 모호함이 존재한다 할지라도 그것도 모두 하나님의 에차 아래서 일어나는 것들이다. 일어나는 일들이 도착되고 완전히 질서의 궤를 이탈한 것처럼 보여도 하나님의 에차가 여전히 그 밑에 깔려있는 것이다. 어떤 경우는 보응의 원리가 작용하는 것 같은데 어떤 경우는 전혀 작용하지 않는 것 같다. 그러나 그래도 모든 것이 하나님의 에차 아래서 일어나고 있다. 하나님의 에차는 어떤 단순한 공식 한두 가지로 간단히 표현될 수 있는 성질의 것이 아닌, 신비한 그 무엇이다. 진리를 말한다면, 하나님의 에차가 하나의 헤아릴 수 없는(unfathomable) '우산'으로서 세계를 감싸고 있는 것이고, 그 세계는 완전한 질서(order)의 세계다. 신적인 에차의 신비는 오직 인간의 눈에 불가해한(incomprehensible) 것일 뿐이다.

하나님의 둘째 말씀(40:6~41:34[MT 41:26])은 욥의 둘째 질문, 즉 하나님의 비도덕성(viciousness)에 관한 질문에 답하는 것이다. 하나님은 여기서 자신의 미쉬파트(משפט; "정의")를 방어하신다.[41] 40:8에서 하나님은 "너는 정녕 나의 미쉬파트("정의")를 무효화하느냐? 너는 너 자신을 정당화하기 위해 나를 악하다고 하느냐?"고 물으신다(하나님의 물음의 요점을 강조하기 위해 '정의'와 '악하다'에 밑줄을 그어 표시함). 하나님은 여기서 "나는 범죄자(criminal)가 아니야!"라고 말씀하고 계신 것이다(개역한글판 "나를 불의하다 하느냐?"는 히브리어를 직역하면 "나를 악인/범죄자[רשע] 취급하느냐?"임[42]). 메팅어(Mettinger)가 옳게 관찰한

---

41) 첫 말씀의 초두에는 에차(עצה)가 등장했었다. 둘째 말씀의 초두에는(40:8) 이 말씀의 핵심어 미쉬파트(משפט)가 등장하고 있다: האף תפר משפטי תרשיעני למען תצדק ("너는 심지어 나의 '다스림/정의'를 무효화하고자 하느냐? 너를 정당화하기 위해 나를 정죄하느냐?").

것처럼, 이어지는 9~14절이 두 번째 말씀의 주제가 하나님의 **미쉬파트**인 점을 지지해 준다. 자신이 악하지 않다는 것을 주장하신 다음 하나님은 욥에게 자신이 한 것처럼 악한 것들을 다스려 보라고 명하신다. 비꼬는 투로(with a mocking tone) 말씀하시기를, "교만한 자들을 낮추어 봐라 (만일 네가 할 수 있거든) (11절); 악한 자들을 짓밟아 봐라 (만일 네가 할 수 있거든) (12절); 그들을 흙(또는 먼지) 속에 한꺼번에 묻어 봐라 (만일 네가 할 수 있거든) (13절)!"고 하신다("어디 한번 해봐라, 못하지?" 하는 뜻임). "만일 네가 그렇게 할 수 있다면, 내가 너를 찬양하지!"(14절) 하시는 것은 앞에 한 말들이 극도의 조롱이었음을 보여 준다 (사람이 하나님을 찬양하는 것이지, 하나님이 사람을 찬양한다는 것은 언어도단이기 때문이다).43) 욥이 전혀 할 수 없는 것을 하나님은 하실 수 있다는 뜻이다. 또한 교만한 자와 악한 자를 제압한다는 말씀 안에는 하나님은 옳은 (righteous) 일을 하시는 분이라는 뜻이 들어 있다. 도입부인 8절~14절에서 하나님은 자신의 **미쉬파트**를 방어하고 계심이 분명하다. 하나님은 강하실 (mighty = 다스릴 능력이 있으심) 뿐만 아니라 옳으시다(righteous)!44)

이어지는 브헤못(בהמות)과45) 리브야탄(לויתן)의46) 문단도(40:15~24과 41:1~

---

42) 히브리어 40:8b = חַתַּרְשִׁיעֵנִי לְמַעַן תִּצְדָּק "너는 네가 의로워지려고 나를 악인/범죄자(רשע) 취급하느냐?" תַּרְשִׁיעֵנִי(타르쉬에니)는 Hiphil의 선언적(declarative) 용법으로서 "네가 나를 רשע로 선언한다"라는 뜻임. Mettinger, "The God of Job: Avenger, Tyrant, or Victor?," p. 45 참조.

43) 14절의 하나님의 말씀은 절대불가능한 일에 대해 천명하는 우리말 표현과 비슷하다. "만일 …… 하면, 내 손에 장을 지지지!" 하는 표현이 있는데 이는 어떤 일이 절대로 일어날 수 없음을 맹세하는 공식이다. 14절 말씀을 이러한 우리말 표현으로 고친다면 "만일 네가 그렇게 할 수 있다면, 내 손에 장을 지지지!"가 될 것이다.

44) 욥은 친구들과의 대화에서 "하나님이 강하시다/하실 수 있으시다" (mighty)는 것은 인정했었다(12:13-35 [I-3]; 26:1-14 [III-2] 등). 그러나 하나님이 옳으시다(righteous)는 것은 한 번도 인정한 적이 없다.

45) 개역한글판에 "하마"로 번역됨.

46) 개역한글판에 "악어"로 번역됨.

34[MT 40:25~41:26])⁴⁷⁾ 하나님이 자신의 **미쉬파트**를 변호하시는 말씀이다. 하나님은 두 괴물을 굴복시키신 것을 대단히 자랑스러워하신다. 하나님이 괴물들을 굴복시키신 것은 하나님이 범죄자가 아니며 악한 일들을 집행하는 이도 아니라는 사실을 증명해 준다. 즉 이 일은 하나님의 능하심(might)과 그의 정의(justice)를 동시에 보여주는 보기인 것이다. 브헤못과 리브야탄은 혼돈을 일으키는 세력(a chaos power)을 상징한다. 창조주 하나님에 대한 원수요 악이다. 이 두 괴물에 대해 하나님이 하신 일을 말하는 목적은 하나님은 악한 혼돈의 세력을 그의 크신 능력으로 거부하고 굴복시키는 이시라는 것을 말하고자 하는 것이다. 즉 하나님은 악을 시행하시는 분이 아니라 악을 물리치시고 제거하시는 분이시라는 것이다. 하나님은 (악이 아닌) 미쉬파트(정의)를 행하시는 분이시며, 또한 그렇게 할 수 있는 능력을 가지신 분이시다.

앞에서 체밧과 로울리의 견해를 살폈지만, 그들은 하나님의 말씀이 하나님의 에차(עצה)와 미쉬파트(משפט)에 대해서 말씀하고 있는 것을 보지 못했다. 체밧은 하나님의 말씀이 하나님은 '도덕과 무관한'(amoral) 분이라고 말한다고 이해하고 있다. 그러나 하나님의 말씀은 하나님은 '도덕과 유관한' 정의로운 분이라고 (미쉬파트; משפט) 말하고 있고, 또 세계에는 여전히 하나님이 주신 (도덕적) 질서가 존재한다고(에차; עצה) 말하고 있다. 로울리는 하나님의 말씀이 창조의 세계(또는 도덕의 세계)란 인간이 침투할 수 없는 불가해한(unfathomable) 신비임을 가르쳐 주고 있을 따름이라고 한다.⁴⁸⁾ 이는 (의식적이건 무의식적이건) 에차는

---

47) BHS에 40:25로 되어 있는 부분이 영역본들과 개역한글판에는 41:1로 되어 있어 절의 번호에 차이가 남.

48) Rowley는 욥기가 불행이 죄의 결과가 아니라는 점과 의인의 고난은 존재한다는 것만 말하고, 욥이 궁금해하는 질문에 대해서는 그 이상 구체적으로 대답하지 않는다고 생각한다. 욥기는 오직 영적으로(혹은 신앙적으로) 욥을 지켜주고자 할 뿐이다. 욥기는 지성인 욥에게 창조의 세계란 이해할 수 없는(unfathomable) 경이요 인간의 파악을 넘어선 신비라는 사실 하나를 가르쳐 주고자 할 뿐이다. H. H. Rowley, "The Book of Job and its Meaning," pp.

인정한 것이 된다. 그러나 하나님의 말씀은 하나님의 정의(미쉬파트)에 대해서도 말씀하고 계시다. 로울리는 이것은 놓쳤다. 하나님은 그의 에차(계획, 질서)를 시행하고 계시다. 이를 그의 미쉬파트(정의, 또는 정의로운 다스림)에 의해서 시행하고 계시다.

보응의 원리는 일단은 인간의 눈에 드러나는 도덕적 질서일 것이다. 그 배면에는 하나님의 세계에 대한 설계인 에차가 있는 것이다. 이 신적 도덕성 에차는 보응의 원리를 포함하지만 그것이 전부는 아니다. 보응의 원리는 중요하다. 그러나 그것을 모든 경우 모든 사람에게 일괄적이고 무차별적으로 적용하는 것은 위험한 일이다. 매사에는 하나님의 에차가 있고, 인간의 삶을 주장하는 그 하나님의 에차는 인간의 이해를 넘어선다. 인간의 인지력으로 다 파악할 수 없는 것이다. 그러나 하나님의 에차는 신뢰되어야 한다. 의인이 고난받을 수 있다. 한편 하나님의 미쉬파트도 신뢰되어야 한다. 의인이 고난받을 때에도 하나님이 다스리고 계시며 정의는 시행되고 있다. 여기서 에차와 미쉬파트는 분리될 수 없는 내적 연결을 가지고 있다고 볼 수 있다. 의인이 고난받지만 그것은 하나님의 도덕적 설계의 범위 안에 있는 것이고 또한 하나님의 의로우신 다스리심에 의해 진행되고 있는 것이다. 이 모든 것이 인간의 눈에는 불가해하나 하나님이 계획하시고 다스리시는 것을 인간은 신뢰해야 한다.

4. 욥기의 주제

위의 논의들을 토대로 욥기가 말하고자 하는 바가 무엇인지 정리해야 할

139~183.

차례이다. 하나님의 말씀 I(38:1~40:2)에서 하나님은 욥에게 세계의 기원 (38:4~15)과 그 통제됨(38:16~38)에 대해서, 동물들의 신비한 생태(38:39~ 39:30)에 대해서 물으신다. 이 모든 것의 깊이를 아느냐, 이 모든 장대한 일을 네가 할 수 있느냐는 것이다. 욥이 만일 이에 대한 정확한 대답을 준비한다면 큰 소리로 "아니오!" 하는 것 밖에는 없을 것이다. 하나님의 물음에 대한 성경에 나온 욥의 답변(40:3~5)은 "나는 작습니다"[49]이었다. 하나님이 제시하시는 창조의 전 질서 앞에서 욥은 자신이 작음을 말하는 것 이외에 아무것도 할 수 없었다. 따라서 하나님의 말씀 I과 욥의 답변 I은, 하나님이 지으신 창조의 질서는(자연계이건 인간의 삶이건) 인간이 다루거나 변개할 수 없는, 또한 다 인지할 수도 없는 신비한 영역의 것, 즉 인간 능력의 너머에 있는 것이라는 사실을 말씀한다고 할 수 있다. 논리나 합리, 또는 어떤 법칙의 자(尺)로 평가하기 이전에 오직 하나님의 웅대한 지혜와 힘이 인정되어야 한다.

하나님의 말씀 II(40:6~41:34[MT 41:26])에서 하나님은 악한 두 괴물을 제시 하시고 이 괴물들에 대한 자신의 통제력을 시위하심으로 자신이 악을 시행하는 존재가 아닐 뿐 아니라 악을 제어하고 오히려 이 세상에 의(義)와 선(善)을 보장하는 존재라는 것을 말씀하신다. 하나님은 여기서도 브헤못과 리브야탄의 생생한 묘사를 통하여 일차적으로는 자신의 창조 솜씨를 과시하신다. 괴물들의 오묘한 생김새와 구조, 그리고 그것들의 강함 따위는 하나님의 능력이 아니고는 생산해 낼 수 없다. 그러나 무엇보다도 중요한 것은, 인간은 그것들을 잡을 수도 다룰 수도 없고 그 앞에 두려워 떨 수밖에 없는데 이 혼돈과 악의 존재들을 절대적으로 다스릴 수 있는 분은 하나님뿐이다. 이 세상의 어떤 악의 세력이라도

49) קלתי(칼로티). "나는 미천하오니"(개역한글판); "I am of small account"(NRSV); "I am unworthy"(NIV).

하나님의 통제 밖에 있는 것은 없다. 궁극적으로 하나님은 의(義)의 집행자요 세계 도덕 질서의 주권자이심을 말씀 II가 말씀하고 있다. 욥의 답변 II(42:1~6)는 두 차례의 하나님의 말씀 전체에 대한 욥의 반응일 것이다. 욥은 자신을 부인하면서[50] 먼지와 재 가운데서 회개하는데(6절) 이는 자신이 아는 줄 알고 많은 말을 했던 하나님의 '질서'와 '정의'라는 것이 사실은 "자신이 이해하기에는 너무나 경이로운 것"("things too wonderful for me" in NIV, NRSV)[51]임을(3절) 마침내 깨닫게 되었기 때문이다. 하나님은 초월적인 지혜와 공의를 가지고 계신 데 반해 욥은 극히 제한된 피조물에 불과한 것이다.

두 번에 걸쳐 주어진 하나님의 말씀과 욥의 답변을 분석함으로 우리는 욥기의 메시지를 다음 세 가지 정도로 요약할 수 있다. 첫째, 하나님이 (도덕) 세계를 운영하시는 방식은 불가해하며(unfathomable) 인간의 인지로는 탐지할 수 없는(inscrutable) 것이다. 보응의 원리 또는 반(反) 보응의 원리 따위의 단순한 규칙으로 법칙화할 수 없는 하나님의 자유와 주권이 있다. 둘째, 그러나 하나님의 운영이 불가해하다고 해서 세계의 질서가 혼돈하다거나 악하다거나 하는 것을 의미하지는 않는다. 인간의 인지로 설명될 수 없음에도 불구하고 세계는 여전히 하나님의 정의가 시행되는 장소이다. 셋째, 이유는 모르는 채 극한적인 고난을 받고 이제는 하나님의 다스림이나 선하심마저 믿을 수 없는 절망적인 처지의 욥이지만, 그러나 여전히 하나님은 그와 함께 계시다는 것이다.[52]

---

50) 여기 "부인한다"고 필자가 번역한 히브리어는 אמאס(엠아스; מאס의 미완료 1인칭 공성 단수)이다. 영역본들이 "despise myself"(NIV, NRSV)로 옮기고 있는데 단어의 기본적인 의미에 따라 "거부하다" 또는 "부인하다"로 옮기는 것이 더 적합할 듯하다(개역성경의 "한하고"는 뜻이 모호함).

51) נפלאות ממני(닢라옽 밈멘니).

52) 이 점은 하나님의 섭리의 불가해함과 더불어 Rowley가 잘 지적해 준 바다. H. H. Rowley, "The Book of Job and its Meaning," pp. 139-183 참조.

함께 해주시지 않는 줄 알았는데, 함께 해주심을 믿을 수 없는 지경을 지났는데,
하나님은 그래도 욥과 함께 계시다는 것이다. 욥은 하나님의 지탱해 주시는
임재(the sustaining presence of God)를 꾸준히 소유하고 있었다! (이 점은 마침내
하나님이 욥 앞에 나타나신 사실에서,53) 그리고 하나님이 [결언에서] 욥을 완전히
회복시켜 주시는 사실에서 알 수 있다).

지금까지 우리는 욥기의 주제를 찾기 위하여 하나님의 말씀 부분(여호와의
담화)을 주로 다뤘다. 그러나 책은 하나님의 현현과 말씀으로 끝나는 것이
아니라 대단원을 하나 더 남겨 놓고 있다. 이 대단원, 즉 결언(42:7~17)도
살펴보아야 한다. 그러면 결언의 의미는 무엇일까?

결언은 욥의 회복에 대해서 자세히 언급한다. 내용은 이러하다. 하나님은
세 위로자들에게 진노를 표하시면서 욥이 옳았고 그들은 하나님에 대해 잘못
말했다고 꾸중하신다. 하나님의 말씀에서는 욥이 그의 제한된 지식 때문에
지적을 받았지만, 결언에서는 욥이 하나님을 바로 이해한 것으로 말해지고
있다. 그리고 나서 하나님은 욥이 종래에 소유했던 것들을 모두 두 배로 회복해
주심으로 욥의 결백을 입증해(vindicate) 주신다. 아들도 아니고 그의 딸들이(딸
들마저) 전설적인 이름을 얻을 정도로 욥의 영광은 극상이었다. 여러 가지를
종합할 때, 욥의 일생은 그 부요함에 있어서 족장들의 기준으로 봐도 최상의
것이었다고 말할 수 있다. 이 모든 것 위에 욥은 오래 살아 "수한이 차서"
죽는다. 욥의 결백이 완벽하게 증명된(vindicated) 것이다.54)

---

53) 하나님의 현현 앞에 욥은 "내가 이제는 (마침내) 주를 내 눈으로 보나이다"(42:5)라고
외치게 된다.
54) 약 5:11의 "보라 인내하는 자를 우리가 복되다 하나니 너희가 욥의 인내를 들었고 주께서
주신 결말을 보았거니와"(개역한글판) 하는 말씀은 결언의 관점에서 볼 때 전적으로 옳다.
그러나 설교자가 욥기의 기나긴 중간 과정은 무시한 채 "꾸준히 인내하여 하나님께 인정받은"
욥만을 설교하고 욥기를 덕성 함양의 교재로 해석하는 데 그쳐 버린다면, 이는 욥기가
대부분의 지면을 할애하는 치열한 고민과 갈등의 의미를 최소화 해버리는 그릇된 해석이

로울리는, 결언은 친구들의 교리인 "의인의 공로가 번영을 가져온다"(merit leads to prosperity)는 전통적 보응의 원리로 다시 돌아간 것이기 때문에 그것을 이미 넘어선 하나님의 말씀 부분(여호와의 담화)과 상충한다고 본다.[55] 하나님의 말씀에서는 욥이 꾸중(condemnation)의 대상인데 결언에서는 칭찬(commendation)의 대상인 것도 충돌하는 부분이다. 로울리는, 결언이 처음부터 메시지 전달과는 상관없이 단순히 책을 마감(round off)하는 형식적 장치로만 덧붙여진 것이기 때문에 그런 결과가 생긴 것이라고 설명한다. 모든 토론이 끝났고 재판도 끝났기 때문에 결언은 홀가분하게 욥을 칭찬하면서 끝을 맺을 따름이라는 것이다.[56] 그러므로 욥기의 메시지를 정할 때 결언은 고려할 필요가 없다는 것이다. 로울리가 생각하는 '충돌'이나 또 그 충돌을 해결하는 방식(결언이 꼭 필요한 부분이 아닌 것으로 보는 해결)은 모두 욥기를 서로 상관없는 부분들을 모아 만든 명문집(anthology) 정도로 보는 데서 온 착오의 결과라고 생각된다. 최종 텍스트의 짜임새나 정경 형태의 의미를 신중히 생각할 때 결국은 충돌도 존재하지 않고 그에 대한 편집사적 해결도 필요치 않다. 로울리와 같은 고민을

되고 말 것이다.

55) 사실은 어려운 점이 결언 자체 내에서도 발견된다. 하나님의 말씀에서 꾸중을 들은 욥이 42:7-9에서는 옳다고 인정되고, 그런가 하면 42:10-17에서는 보응의 원리가 시행되는 듯하여 욥이 다시 부정된다. 따라서 결언 전체가 전적으로 위로자들의 교리를 지지한다고 말하기도 어렵다. 그러므로 사실은, 로울리가 생각하듯이, 결언과 하나님의 말씀은 정확한 의미에서 상충하고 있지도 않다. 따라서 로울리의 '상충'의 제기는 다소 피상적이라 할 수밖에 없다. 문제는 욥기의 분명한 일부인 이 결언을 책 전체의 문맥 속에서 어떻게 바르게 해석해내느냐 하는 것일 것이다. 그러나 사실, 인간의 논리만 가지고 이해하려 한다면 욥기는 결언 자체만으로도 충분히 난해한 책이다. 현재 우리가 구비하고 있는 분석적 지식만으로는 결언의 의미와 욥기의 의미 그 어느 것도 만족스럽게 찾아낼 수 없을는지 모른다. 우리 자신이 좀더 성숙해지고 하나님께서 필요한 지식을 조금 더 공급해 주실 그 어느 시점이 되면 좀더 정확한 결론에 다다를 수 있을지도 모르겠다. 그러한 때를 기다리고 기대하면서 지금은 지금 우리의 최선을 다하는 수밖에 없다.

56) Rowley, "The Book of Job and its Meaning," *From Moses to Qumran* (London and New York, 1963), pp. 139-183.

할 때 오히려 텍스트의 완전성(integrity)이 가져다 주는 깊은 메시지를 놓칠 소지가 많은 것이다. 이에 대해서 클라인스의 해석이 적절한 도움이 된다. 클라인스는 결언에서 화자(the narrator)가 보응의 교리를 긍정(회복)하고 있는 것이 사실이라고 말한다. 그러나 이 긍정은 하나님의 말씀과 상충되는 것이 아니라 그것을 보완하는 것이다! 즉, 화자는 도덕 세계의 신비가 불가해하다는 (inexplicable) 것을 책의 중심 주제로 인정은 하면서도, 그러나 보응의 원리는 여전히 유효하고 타당한 인간의 삶의 원리라는 점을 강조하려 하고 있다.[57] 역사의 과정이 인간의 인지가 침투할 수 없는 수수께끼인 것은 사실이지만, 그러나 궁극적으로 하나님의 보응의 원리는 존재한다. 보응의 원리를 기계적인 방법으로 적용해서는 안 될 것이다. 인간의 삶의 과정은 하나님의 설계 안에 있는 신비이기 때문이다. 그러나 궁극에 가서는 하나님은 보응의 원리라는 대원칙을 시행하신다. 하나님의 말씀 II에 나타난 **미쉬파트**(정의)의 주장도 이와 상통한다 할 수 있다. 인간의 눈에 당장은 의가 시행되는 것 같지 않지만 하나님의 **미쉬파트**는 여전히 세계의 뒤에 깔려 있고, 또한 그것은 결국 궁극에 가서 보응의 원리로 나타나는 것이 아니겠는가.

5. 맺는 말

욥기는 신정론(神正論)의 이슈를 깊이 다루는 책이다. 신정론(theodicy)은 하나님(theos)과 정의(dikē)가 합쳐진 말로 인간의 고난의 관점에서 하나님의 의(義)의 문제를 논의하는 것을 말한다. 신정론이 이스라엘에게 하나의 큰

57) D. J. A. Clines, *Job 1-20*, xlvii.

신학적 이슈가 되고 성경의 한 책이 이 문제에 전적으로 몰두되어 있다는 것은 흥미있는 일이다. 브루지만(Brueggemann)은 욥기를 '사회적 악,' 또는 '사회적 과정'이라는 초점을 가지고 해석하면서, 욥기를 하나님의 인격과 성품 (person and character of God)을 묻는 신정론에 국한하여 이해하는 것은 너무 사치스러운 사변의 놀이에 불과하다고 비판한 적이 있다.[58] 필자는 브루지만의 생각에 쉽게 동의할 수 없다. 이스라엘의 정신 세계를 이해한다면 그러한 비판은 나올 수 없을 것이기 때문이다.

필자가 보기에 이스라엘은 비이스라엘인이 보면 과도하다 할 정도로 '의(義)' 의 문제에 몰두해 있던 사람들이다. 하나님이 신앙의 조상 아브라함의 믿음을 의로 여겨주신(창 15:6) 것을 필두로 구약성경의 신앙은 한마디로 하나님과 이스라엘 사이의 "의"의 관계를 중심으로 표현되어 있다 해도 과언이 아니다. 레위기를 한 예로 들 수 있는데, 레위기는 책 전체가 의에 대한 관심을 표출하고 있다. 제사를 통해 의를 확보하여 하나님과 교제하고자 하고(1~10장), 성결을 통해 의를 확보하여 하나님과 교제하고자 한다(11~27장). 이스라엘의 정신이 의에 사로잡혀 있는 것은 그들의 기도책인 시편을 볼 때 가장 분명히 나타난다. 시인들이 자신의 의를 내세움으로 하나님께 결백 증명을 구하고 안전한 교제의 터를 확보하고자 안간힘을 쓰는 것을 볼 수 있다. 다른 예도 수없이 많지만, 한두 가지 예로 충분하다. 시 34:15 "여호와의 눈은 의인을 향하시고 그 귀는 저희 부르짖음에 기울이시는도다"; 142:7 "주께서 나를 후대하시리니 의인이 나를 두르리이다."[59] 이러한 이스라엘의 의에 대한 대단한 관심은 잘못된

---

58) Brueggemann은 하나님이 의로우신가 아닌가 하는 (하나님의 인격과 성품에 대한) 논의는 하루하루 생활이 생존 싸움인 주변부(marginal) 사람들에게는 지나치게 사치스러우며 사변적인 것이라고 말한다. W. Brueggemann, "Theodicy in a Social Dimension," *JSOT* 33 (1985), pp. 4-5.

59) 이외에도 의인 또는 의에 대해 언급하는 곳이 시편에 수없이 많다: 1:5, 6; 5:12; 7:9, 11;

것이 아니다. 이 소중한 관심은 마침내 예수께서 십자가를 지심으로 인류의 죄를 사하시고 의를 확보해 주시는[60] 데에 이르기까지 긴 구원 역사의 끈질기고 강력한 추진력(drive)이 되어 주는 것이다. 따라서 이스라엘의 의에 대한 관심은 성경의 구속 역사를 위해서 절대적으로 필요하고 또한 바른 것이었다.[61]

우리는 욥기에서 이러한 이스라엘의 뿌리칠 수 없는 관심의 일단을 본다. 이스라엘의 의에 대한 대단한 관심은 어찌 보면 욥기에서 과격한 양상을 띠고 나타난다고 볼 수 있다. 어떤 특수한 상황(의인의 고난)을 만나서 그들의 의에 대한 관심은 "과연 하나님은 의로우신가" 하는 질문으로까지 번지고 있기 때문이다. 여기서 우리는 그 질문을 한가하다거나 사치스러운 것이라고 간단히 치부할 수 없다고 본다. 왜냐하면 그 질문 속에는 하나님과의 관계 속에 오랜 기간 형성되어온 이스라엘의 진지한 관심이 치열하게 표출되어 있기 때문이다. 이런 배경을 가지고 있는 것이 신정론이라 생각된다. 철저한 신앙의 사람들의 철저한 신앙의 관심에 대해 하나님은 뿌리치지 않으시고 (비록 이해하기 어려운 바가 없는 것이 아니나) 진지하게 답해 주셨다. 비록 그 질문이 감히 자신(하나님)의 의까지 묻는 도발적인 것이라 해도 그것에 대해 진지하게 답해 주셨다. 그것이 욥기이다.

신정론의 질문에 대한 욥기의 답을 4항의 논의를 토대로 결론적으로 정리해

11:5, 7; 14:5; 31:18; 32:11; 33:1; 34:19, 21; 37:16 등등. '의인'이나 '의'는 성경에 가장 많이 나오는 단어 중 하나인데 그 중 상당수는 시편에서 찾을 수 있다(W. S. Lasor 외 2인, 『구약개관』, 박철현 옮김[서울: 크리스챤 다이제스트, 1997], pp. 578-579 참조).

60) 롬 4:25 "예수는 우리 범죄함을 위하여 내어 줌이 되고 또한 우리를 의롭다 하심을 위하여 살아나셨느니라"; 롬 5:16 "심판은 한 사람을 인하여 정죄에 이르렀으나 은사는 많은 범죄를 인하여 의롭다 하심에 이름이니라."

61) 이스라엘의 의에 대한 관심은 또한 모범과 교훈의 기능도 있다. 이것은 앞으로 하나님께 나아올 이방들에게 인간의 일차적으로 가져야 할 바른 관심은 기복이나 안정, 번영 따위가 아니고 하나님과의 관계(의)이어야 함을 교훈하는 것이다.

보자. 물론 욥기는 아직도 학자들 사이에 의견이 일치하지 않는 부분이 많은 난해한 책이다. 그런 만큼 욥기는 열려있는 책이라는 점을 인정하는 겸손도 동시에 필요할 것이다. 그러므로 다음에 정리하는 것들은 절대 확정적인 것들이라기보다는 '긍정적으로 수납할 수 있는' 몇 개의 메시지들이라 부르는 것이 좋겠다. 다음 네 가지 정도가 이 시점에서 본서가 정리할 수 있는 욥기의 주제이다.

(1) 인간의 고난, 또는 하나님이 운영하시는 도덕 질서(또는 그분의 주권–섭리)란 인간의 눈에는 불가해한(unfathomable, inscrutable) 것이다. 고난은 보응의 원리, 또는 반(反)보응의 원리가 답을 할 수 없는 수수께끼(mystery)이다.

(2) 인간의 눈에는 불가해하지만 하나님은 여전히 의로운 통치자이시다. 악과 혼돈을 용납치 않으시고 제거하시며 궁극적으로 정의를 구현시키신다.

(3) 인간에게 불가해한 고난이 오고 하나님은 침묵하시는 것 같고 인간은 그분의 '안 계신 것 같음'(absence) 혹은 '숨겨져 있음'(hiddenness)을 경험하게 될 때에도, 그러나 그분은 거기에 여전히 계시다(He is still there)! 기도에 참으로 오랜 인내가 요구될 때 인간은 하나님이 자기 백성과 함께 계시겠다는 약속이[62] 여전히 유효한지 의심할 수도 있다. 그러나 그분은 당혹과 의혹을 넘어 자기 백성과 여전히 함께 계시다! 하나님의 백성은 하나님의 지탱하시는 임재(the sustaining presence of God)를 꾸준히 소유한다. 신실하신 하나님은 함께 계시어서 자기 백성을 여전히 보호하시고 인도하신다. 불가해한 고난의 시간, 그 시간은 참되이 하나님의 주권과 사랑을 경험하는 시간일 따름이다.[63]

---

62) 하나님이 자기 백성과 함께 하신다는 약속은 구약성경에만 114회 반복된다. 일일이 열거할 필요가 없을 것이다. 수 1:9, 사 41:10, 시 23:4 등 유명한 구절을 대표적으로 들 수 있다.

63) 고경은 계속되나 하나님의 응답은 없는 것 같은, 인간으로서는 어찌 할 수 없는 어려운 상황이 어느 정도 지속되는 수가 있다. 이런 것을 소위 숨겨져 있음(hiddenness)의 경험이라 부르기도 하는데, 그런 속에서도 하나님은 여전히 '거기에'(자기 백성과 함께) 계시다는

(4) 하나님의 운영은 불가해하지만 하나님은 여전히 의로운 운영을 하고 계시다. 이 의로우심은 어떤 궁극적인 시점에 가서 보응의 원리가 여전히 살아 있다는 사실로 나타난다. 하나님은 자기 백성의 의를 소중하게 간직하시고 결국 이를 갚아 주신다. 아무리 이해되지 않는 갈등과 고통의 과정이 있다 하더라도 의인의 고난은 여전히 의미와 가치를 지니는 것이다. 하나님의 눈은 의인을 향하여 있으며, 고난자의 의(義)는 최상의 가치를 가지는 것이고 하나님 이 무엇보다 소중히 여기신다.

의인의 고난에 대해 고민하는 욥을 만나주시고 대답해 주신 하나님은 또한 욥의 고난도 말끔히 해결해 주셨다(42:7~17). 욥의 고통 자체가 해소되므로 욥이 그의 응수에서 제기한 요소들, 즉 (1) '하나님을 향한 불평'과 (2) '친구들에 대한 질책'에64) 대해서도 하나님이 응답하신 것으로 볼 수 있다. 하나님은 적절한 시간에 고난 자체도 제거해 주시는 분이심을 말해 준다. 그 제거 역시 어떤 알 수 있는 과정을 통해서 된 것은 아니다. 언제 온 것인지 어떻게 온 것인지 알 수 없는 가운데 그저 회복이 다가왔다(42:10). 힘들게 했던 과거의 그 심각한 고민과 혼돈의 뿌리가 일순 사라져 버리고, 풍부한 복락의 날이 드디어 찾아온 것이다(42:12~17). 이것은 또 하나의 신비인데, 하나님은 큰

것이 욥기의 메시지이다. 하나님은 여전히 거기에(고난의 자리에) 계셔서 자신의 백성을 지키시고 보호하시고 인도하고 계시다. 따라서 성도는 인내로써 기도하며 꾸준히 그리고 여전히 하나님을 의지해야 한다. 이것은 지극히 평범한 진술이지만 이 진술은 욥기를 통과하며 새로운 깊이를 얻게 된다. 믿을 수 없는 자리, 곧 그 자리가 바로 (새로운) 믿음의 자리인 것이다. 오랜 인내가 요구된 시간은 낙심이나 좌절의 시간이 아니라 인간의 이해나 인지, 믿음마저 넘어서는 하나님의 사랑과 지혜를 체험하는 시간이다. 참으로 하나님의 주권과 그분의 사랑만을 의지하게 되는 차원 높은 믿음으로의 도약의 기회이다. 욥기가 명하는(또는 격려하는) 믿음을 한 마디로 표현한다면 그것은, 믿을 수 없음을 한번 거친, 믿을 수 없음을 넘어선 믿음이라 할 수 있을 것이다.

64) 3. 욥기의 주요 대화 부분에 대한 분석의 '3) 욥의 응수'와 '4) 하나님의 말씀이 주는 답' 참조.

자비와 긍휼로써, 갈등하며 인내하는 자에게 "주께서 주신 결말"(약 5:11)을
보게 하시는 분이신 것이다.

제4장
전도서 _ 하나님의 절대주권을 받아들임

　구약의 책들 중에 욥기가 어렵다 하지만 욥기보다 더 어려운 책이 있다면 그것은 전도서라 할 것이다. 우선 욥기는 어휘와 문법, 구문이 모두 어렵고 거기다가 책의 구성도 손쉽게 이해가 되지 않는 책이다. 그러나 욥기를 어려운 책으로 만드는 가장 결정적인 이유는 책을 구성하는 부분들이 무엇을 말하고자 하는 것인지에 대한 명확한 파악이 어렵다는 점인데, 그 중에도 특히 하나님의 말씀 부분이 전달하고자 하는 바가 무엇인지 분명치 않다. 만일 욥기에서 하나님의 말씀 부분이 의미하는 바가 무엇인지 정확히 파악할 수만 있다면 사실 욥기는 그리 어려운 책은 아닐 것이다. 그리고 사실 욥기에 대한 연구는 이제 많이 이루어져 욥기의 의미에 대해서는 학자들 사이에 어느 정도 의견 접근이 이루어진 상태이다. 그러나 전도서는 사정이 다르다. 전도서는 어휘나 문법, 구문 등은 욥기만큼 어렵지 않은 편이고 책의 구성이 특별히 해석에 어려움을 주는 것도 아니다. 다만 책 안에 존재하는 진술들 사이의 많은 모순들 때문에 이 책은 그 말하고자 하는 바가 정확히 무엇인지 참으로 파악하기 어렵다. 전도서와 욥기는 비슷한 길이의 해석의 역사를 거쳐 왔다고 할 수 있는데 그래도 욥기는 책의 주제에 대해서 주석가와 학자들 사이에 어느 정도 동의가 이루어지는 면이 있다. 그러나 전도서는 전혀 그렇지 못하고 학자(주석가)의 수만큼, 또한 역사에 존재하는 (해석의) 시대 수만큼 많은 수의 다른 해석이 존재하는 그러한 양상을 보인다. 전도서는 실로 성경 내에서 해석학적으로 어려운 숙제들을 가장 많이 안고 있는 책이라 불리는 것이 마땅할 것 같다.

해석사적으로 볼 때 (기독교 해석사와 유대교 해석사를 망라하여) 각 시대의 대표적인 주석들은 전도서에서 각각 당시대의 관심사와 신학을 읽어내는 데 급급했던 것으로 보인다. 책이 지닌 고유의 난해성 때문에 어쩌면 전도서는 항상 그 시대의 필요와 편견, 그리고 그에서 비롯되는 오류에 의해 해석적으로 심하게 혹사되어온 책이다. 머피가 옳게 지적한 것처럼 전도서 해석사는 모두 다른 목소리를 내는 시대들로 이루어져 있는데 그 시대들의 하나의 공통점이 있다면 그것은 모든 시대의 해석이 "선택적 강조"(selective emphasis)에 의해 좌우되었다는 점이라 할 것이다.[1] 요하네스 페더슨도 이 견해를 지지한다.

> 매우 다른 유형(types)의 해석들이 전도서에 가해졌다. 그리고 놀랍게도 이들 중 어느 것도 나름의 근거를 갖추지 않은 해석은 없었다. 전도서는 (의미의) 여러 국면(aspects)이 있는 책이다. 각 해석자들은 자신과 자신의 시대에 가장 필요하고 적절한 내용에 초점을 맞췄고 그것을 자신들의 방식으로 읽어 냈다. 하지만 그들은 언제나 자신들의 입장과 조화되지 않는 또 다른 (의미) 국면(aspect)이 전도서에 존재한다는 어려움에 직면해야 했다.[2]

책 자체가 갖는 난해함(혹은 모호함) 때문에 해석은 항상 당시의 '시대정

---

1) 참고: Roland Murphy, *Ecclesiastes*, WBC (Dallas, TX: Word Books, 1992), p. lv.

2) Johannes Pedersen, *Scepticisme Israélite*, Cahiers de RHPR (Paris: Alcan, 1931), p. 20, quoted in Murphy, *Ecclesiastes*, p. lv.

신'('Zeitgeist')에 의해 지배를 받았고 각 시대의 주석가들은 응당 자신들의 최고 관심사만 전도서에서 읽어내곤 했다. 그래서 한 시대에는 이 해석이 풍미하는가 하면 다음 시대에는 저 해석이 주를 이루었다. 그러나 각 시대의 해석들은 자신들이 치우친 편향 때문에 책이 말하고자 하는 '전체'를 포괄하지 못할 뿐더러 자신들의 입장과 배치되는 언명/주장들에 대해서는 의도적으로 무시할 수밖에 없었던 것으로 보인다. 전도서처럼 시대와 시대 사이에, 그리고 학자(주석가)와 학자(주석가) 사이에 의견의 일치를 보기 어려운 책도 없을 것이고, 전도서처럼 책 전체를 아우르는 결론을 내기 어려운 책도 성경에 다시없으리라는 것이 책의 해석사가 가르쳐 주는 교훈이다. 이처럼 해석이 난해하기 때문에 관심을 가지고 달려드는 연구자들이 대대로 끊이지 않는 것이 전도서이기도 하다.

그러면 이러한 전도서가 한국교회에서는 어떻게 이해되고 설교되고 있는가. 역사가 가르쳐주는바 해석에 편견과 오류가 개입될 가능성은 오늘날 우리에게도 마찬가지라는 것이 필자의 견해이다. 오늘날 한국교회는 설교자, 회중 할 것 없이 다른 지혜서들(잠언, 욥기)에 대해서와 마찬가지로 전도서에도 많은 관심을 나타낸다. 그러나 전도서는 관심만큼 속 시원히 가르쳐지거나 배움을 받고 있지 않은 것 같다. 관심 있는 설교자들이 가끔씩 설교를 하지만 설교를 하면서도 어쩐지 불충분한 것 같고 과연 제대로 설교하고 있는가 미심쩍어 하는 마음을 떨치지 못하는 책이 전도서가 아닌가 한다. 책 자체가 주석적으로 난해한 점을 많이 지니고 있는데다가 가용한 주석이나 안내서들 역시 시대적인 또는 개인적인 결함이 많아서 설교자들에게 흔쾌한 도움을 주지 못하는 것 같다. 본서는 이러한 상황들을 감안하고 해석사가 주는 역사적 교훈에 유의하면서 주경적으로 건전한 전도서 해석이 어떤 것인지 기술해

보려고 하는 것이다. 본서의 의견 개진도 역사에 수없이 등장한 많은 형태(types)
의 해석 중의 하나에 불과한 것일 수 있겠지만 그러나 이런 토론이 성경
해석에 무리하게 개입해 들어올 수 있는 우리 자신의 선입견이나 편견들에
대해 다시 점검하고 경각심을 일으키는 충분한 기회가 될 수 있으리라고
보는 것이다. 거기다가 너무 부분적이고 즉흥적인 성경 이해의 경향, 즉 피상적으
로 성경을 읽고 손쉽게 자신의 입장에 맞는 결론을 (자신 있게) 도출해 내는
안이한 관행이 있다면 이런 경향/관행에 대해서도 반성하는 기회가 넉넉히
되지 않을까 한다.3) 그리고 물론, 논의 과정 속에 제시된 내용들 중에 실제
설교에 도움이 될 수 있는 것들이 조금이라도 함께 묻어 나온다면 그것보다
더 큰 보람은 없을 것이다. 이 글에서는 논의를 간명화하기 위해 전도서와
관련된 모든 학술 분야들을 (예컨대 본문 비평, 해석사, 비평사 따위) 다루는
일은 지양하고, 다만 책의 메시지를 파악하는 일에만 집중하여 전도서의 저작권
문제, 구조, 메시지 순서로 논의를 전개해 나갈 것이다.

1. 저작권 문제

저작권의 문제도 전도서만큼 치열하게 논의된 책이 없을 것이다. 흥미 있는
것은 보수진영 내에서도 의견이 갈린다는 점이다. 예상외로 영(E. J. Young)과

---

3) 사실 발표되는 전도서에 관한 글들의 면면을 살펴보면 이러한 우려를 가능케 하는 것들이
꽤 있어 보인다. 도하 신학과 목회에 관한 잡지의 글들에서도 전도서를 쉽게 '도덕
화'(moralization) 하여 단순한 교훈서로 만들거나, 세상의 것에 집착하지 말고 하늘의 것을
추구하라는, 소위 중세적 '세속의 멸시'(contemptus mundi)의 메시지를 전하는 책으로 환원시
키거나, 한두 가지 선택적 주제에만(예를 들면 '기쁨,' '중용' 따위) 경도되어 그와 같은
단순한 주제를 설교하는 책으로 축소해 버리거나 하는 식으로, 좀더 진지한 탐구가 생략된
다소 안이한(casual) 접근들을 쉬이 접할 수 있다.

델리취(F. Delitzsch)가 전도서를 솔로몬의 저작으로 보지 않고 있다. 여러
면에서 영보다 훨씬 보수적인 경향을 띠는 글리슨 아처(Gleason Archer)가
솔로몬의 저작권을 두고 홀로 분투하는 양상이다.4) 먼저 아처 교수의 견해부터
살핀 다음 다른 보수 진영의 학자들을 살피기로 한다. 자유주의 학자들에게는
솔로몬의 저작권 따위는 애당초 흥미의 대상이 되지 못할 뿐만 아니라 솔로몬의
저작권을 부인하는 것을 무슨 학문성의 표지나 되는 것처럼 생각하기 때문에
이 문제에 관한 한 비평학자들의 입장을 따로 다룰 필요는 없을 것 같다.
참고로 자유주의 학자들은 전도서를 대강 B.C. 300~200년의 작품으로 보며5)
심한 경우는 기원전 2세기까지 내려 잡는 수도 왕왕 있다.6) 물론 솔로몬 왕이
전도서의 저자라는 것은 비평시대 이전에 회당과 교회 내에서나 통했던, 학문성
이 배제된 신앙고백 정도로 치부하고 만다.

---

4) Archer 교수는 보수진영의 학자들조차 전도서를 기원전 10세기의 솔로몬의 저작으로 받아들이
  지 않는다고 다음과 같이 불평한다. "그러나, 최근에 와서는 대부분의 보수주의적인 비평가들
  이 자유주의 학자들과 함께 이 책(전도서, 필자 주)을 포로 후기의 것으로 여긴다. 그들은
  솔로몬이란 인물이 단순히 예술적인 기교로서 후대에 무명의 저자의 메시지를 더 효과적으로
  전달하기 위해 고안되었다고 한다." G. Archer, 『구약총론』, 김정우 옮김 (서울: 기독교문서선
  교회, 1985), 548쪽.

5) 이것이 '자유진영'의 일반적인 경향이라고 Childs는 밝히고 있다. B. S. Childs, *Introduction
  to the Old Testament as Scripture* (Philadelphia: Fortress, 1979), p. 582. 이와 같은 경향을
  보이는 학자를 예로 들면 Crenshaw, Lauha 등인데 이들은 전도서의 저작시기를 포로후
  시대 후기(late postexilic)로 잡고 있는데 막카비 시대까지는 내려가지 않는 것으로 본다.
  J. L. Crenshaw, *Ecclesiastes*, OTL (Westminster, 1987), p. 50; A. Lauha, *Kohelet*, BKAT 19
  (Neukirchener Verlag, 1978), p. 3. Crenshaw의 경우는 좀더 정확히 말한다: "전도서의 저작
  시기를 225년과 250년 사이로 잡는 것이 가장 적합할 듯하다(A Date for Qohelet between
  225 and 250 remains most likely)."

6) Murphy, *Ecclesiastes*, pp. xxii, xliv, xlvi, and passim; G. Archer, 『구약총론』, 549-50쪽. E.
  J. Young, 『구약총론』, 홍반식·오병세 옮김 (서울: 한국개혁주의신행협회, 1972), 376쪽도
  참고.

1) 아처의 견해

사실 전도서의 저자가 정확히 다윗의 아들 솔로몬이냐 하는 것은 전도서에 명확히 지칭하는 곳이 없기 때문에 이론의 여지가 있는 문제이다. 전도서는 "다윗의 아들 예루살렘 왕 전도자의 말씀"이라고만(1:1) 할 뿐 솔로몬의 이름을 직접 거론하지는 않는다. 그러나 아처(G. Archer) 교수는 비교할 수 없는 그의 지혜(1:16), 그와 겨룰 수 없는 재물(2:8), 엄청난 그의 심복들(2:7), 감각적인 여러 쾌락의 기회들(2:3), 방대한 건축 공사(2:4~6) 등의 언급은 솔로몬이 아니고는 해당되는 사람이 있을 수 없기 때문에 이는 책의 저자(1인칭 "나"로 표현됨)는 솔로몬이라는 명료한 내적 증거가 된다고 주장한다.[7] 그리고 이러한 근거에 의거해 전통적으로 유대인과 그리스도인 학자들은 다 함께 다윗의 아들 솔로몬이 전도서 전체를 썼다고 믿어 왔다. 탈무드 바바 바트라(Baba Bathra) 15a의 유대 전통에 따르면 "히스기야와 그의 신하들이 전도서를 썼다"고 되어 있으나 이것은 히스기야와 그 신하들이 전도서 본문을 편집하고 출판한 것을 이르는 것으로 이해해야 한다는 것이 아처의 입장이다. 왜냐하면 또 다른 유대 전통인 메길라(Megilla) 7a와 샤바트(Shabbath) 30은 솔로몬이 전도서의 저자라고 명백히 말하고 있기 때문이다.[8]

전도서가 10세기가 아닌 후대에 쓰여졌다는 것을 뒷받침하는 가장 강력한 증거는 뭐니뭐니 해도 본문 자체에 있는 언어적인 자료이다. 이 언어적 자료에 근거한 후대 저작설을 먼저 살피고 아처의 반론을 소개하기로 한다. 후대 저작설을 지지하는 학자들은 무엇보다도 전도서에 아람어 혹은 아람어 풍의

---

7) Archer, 『구약총론』, 547-48쪽.
8) 위의 책, 548쪽.

단어들, 그리고 후기 히브리어에서 발견되는 단어들이 많이 나타난다는 점을
지적한다. 그러면서 이것은 전도서가 포로기 이전 작품이 아니고 바벨론 포로에
서 아람어의 영향을 받은 작가가 쓴 즉 포로기 이후 작품이라는 분명한 증거라고
주장한다. 헹스텐버그와 쾩클러 같은 학자들이 아람어와 후기 히브리어에
해당하는 단어들을 많이 찾아냈는데 그것들은 "정원"(*pardēs*, 느헤미야와 아가에
도 나옴), "다스리다"(*šalaṭ*, 포로기 이후의 책에만 나옴), "끌다"(*tāqan*, 다니엘서와
탈무드에만 나타남), "고정된 시간"(*zᵉmān*, 느헤미야와 에스더서에만 나옴), "공식적
인 결정"(*pitgām*, 에스더서와 다니엘서의 아람어 부분에만 나타남), "지역"(*mᵉdînâ*,
열왕기상, 에스더, 에스라, 느헤미야, 에스겔, 애가에서만 사용), "옳다"(*kašēr*, 에스더
서에만 발견됨) 등이다.[9] 이 자료들에 의하면 전도서는 유대인이 아람어를
많이 사용하던 때, 즉 바벨론 포로에서 돌아온 후에 쓰인 것이라는 추정을
가능케 한다. 이 학자들은 또 단어들 외에 문법적인 구조가 후대의 것임을
가리키는 것들이 있다고 주장한다. 예를 들면 독립 대명사들(특히 *hû'*, *hî'*, *hēm*)이
포로기 이전의 책에서와는 달리 연결사(copula)로 사용되고 있다. 또한 전도서에
서는 미완료 시제가 제대로 나타나지 않고 대신 와우 접속사가 완료 시제와
함께 쓰이는 경우가 많다는 것이다. 이러한 문법적 구조의 특징은 탈무드에
지배적으로 나타나는 것으로서 전도서가 후대의 것임을 보여주는 좋은 증거라
는 것이다.

후대 저작설을 주장하는 학자들의 논거를 다 열거하자면 끝이 없을 것이다.
이 정도로 그 주장을 살피는 일을 마치고 이제 아처의 반론을 보기로 한다.
아처는 위의 언어적 자료들이 반드시 후대 저작을 지지하는 것이 아니라는
입장이다. 먼저 아처는 다후드가 제기한 전도서의 페니키아어와의 연관성을

---

9) 위의 책, 549쪽.

받아들인다. 다후드(Dahood)는 1952년에 전도서의 언어 문제에 관해 새로운 연구의 길을 열었는데 그는 전도서가 원래 페니키아 문자로 기록되었고 형태론 (morphology), 구문(syntax), 어휘(vocabulary) 등에 있어 가나안-페니키아의 영향을 강하게 받았다고 주장하였다. 그리고 문학적으로도 가나안-페니키아의 영향을 강하게 받았다고 보았다.[10] 아처는 전도서가 다후드가 말한 페니키아 배경을 포함하여 아람의 배경을 가지고 있다는 점이 솔로몬의 저작권을 결코 배제하지 않을 뿐만 아니라 오히려 그것을 더 뒷받침하는 것이라고 보는 것이다.[11] 왜냐하면 솔로몬 통치시대야말로 활발하게 페니키아나[12] 아람어를 쓰던 수리아 지역과 교류한 시대였고 따라서 이스라엘이 이 두 지방으로부터 정치, 경제, 그리고 문화적인 영향을 (깊이) 받았을 것이기 때문이다. 이러한 영향은 곧 언어와 문학의 분야로도 파급되었을 것이고 따라서 전도서는 페니키

---

10) M. J. Dahood, "Canaanite-Phoenician Influence in Qoheleth," *Bib* 33 (1952): 30-52, 191-221. 이 논문 후에도 Dahood는 전도서가 페니키아어와 관련된다고 생각되는 언어적 문학적 자료들을 계속해서 찾아내었고 그 결과를 여러 차례에 걸쳐 발표했다. 하지만 Dahood의 여느 연구가 그렇듯이 그가 제시한 자료들은 대체로 학계에서 인정받지 못하고 있다. 이어서 발표된 Dahood의 글들은 다음과 같다: "Qoheleth and Recent Discoveries," *Bib* 39 (1958): 302-18; "Qoheleth and Northwest Semitic Philology," *Bib* 43 (1962): 349-65; "Phoenician Background of Qoheleth," *Bib* 47 (1966): 264-82; "Hebrew-Ugaritic Lexicography," *Bib* 49 (1968) 335-65; "Three Parallel Pairs in Ecclesiastes 10, 18," *JQR* 62 (1971/72): 84-87; "Ugaritic-Hebrew Parallel Pairs," in *Ras Shamra Parallels: The Texts from Ugarit and the Hebrew Bible 1*, ed. L. Fisher, AnOr 49 (Rome: Pontifical Biblical Institute, 1972), pp. 71-382 (문헌 정보는 Murphy, *Ecclesiastes*, p. xxvii 참조).

11) 다후드는 페니키아의 영향을 말하면서 전도서의 저자를 기원전 6세기의 사람으로 보고 있는 반면 아처는 다후드가 말한 페니키아의 영향은 인정하되 저자는 6세기 사람일 수 없다고 보고 10세기 다윗의 아들 솔로몬을 고집하는 것이다. 다후드는 전도서의 저자를 6세기 예루살렘 재앙 이후 페니키아의 한 유대인 난민촌에 정착한 무명의 유대인으로 추정한다. 그러나 아처는 느부갓네살이 587년에 예루살렘을 멸망시킨 후 페니키아도 완전히 관장했는데 유대인을 이집트까지 쫓아가 학살하려 했던 그가 유대인 난민촌을 페니키아에 허락했을 것 같지 않다는 것이다. 따라서 6세기 페니키아의 유대인이 저자라는 것은 있을 법하지 않다고 본다. Archer, 『구약총론』, 550쪽 주 2.

12) 특히 이 당시 두로와 예루살렘은 그 어느 시대보다 밀접하게 경제 문화적인 교류를 나누었다.

아어와 아람어의 흔적을 많이 지닌 책으로 탄생할 수 있었을 것이라는 것이다.[13] 따라서 전도서는 기원전 10세기에 지어졌고 저자는 다윗의 아들 솔로몬(973~ 933 통치)이라는 것이 확고한 아처의 입장이다.

구체적인 언어적 자료를 검토할 때도 전도서는 솔로몬 시대에 기록된 것으로 보는 것이 오히려 타당해 보인다고 한다. 전도서의 어휘, 형태론, 구문, 문체 등 총체적인 언어 자료들은 전도서가 매우 독특한 책임을 보여주고 있는데 이 책의 히브리어는 히브리어 역사의 어느 시기와도 일치하지 않는다. 합리주의 고등비평가들이 일치시키려 애쓴 소위 헬라시대의 정경적 작품들(다니엘서, 제2 스가랴서, 제2 이사야서의 부분들 따위)과도 다르고, 쿰란 사본의 문학 작품들 또는 탈무드나 미드라쉬 등과도 의미있는 일치점이 존재하지 않는다. 또한 델리취와 영이 430년경으로 저작 연대를 잡으면서 전도서를 말라기, 느헤미야, 에스더 등 포로기 이후 초반의 책들과 연관시켰는데 이들과도 절대적인 상관성을 찾을 수 없다. 유사점보다 차이점이 더 많을 뿐 아니라 포로기 이전의 책들이 이 책들과 다른 것보다도 전도서는 이것들과 더 다르다.[14] 참으로 전도서의 언어는 독특할 뿐 아니라 도무지 어느 시대와의 연결도 허용하지 않는다. 이처럼 어느 시대와도 연결이 되지 않는 언어의 근거를 가지고 연대를 추정한다는 것은 바른 결론을 내는 방법이 아니다. 아처에 의하면 전도서의 히브리어는 오히려 5세기나 2세기보다는 10세기의 히브리어에 가까워 보인다

---

13) 아처는 한 예로 전도서에 나오는 <철학적인 설교> 장르의 경우를 드는데, 이 장르는 페니키아 에서 초기에 발전된 것이고 나중에 솔로몬이 그 자신의 문학적이고 신학적인 목적을 위해 채용한 것이기 때문에 페니키아 문학의 영향을 잘 보여주는 경우라고 설명한다. Archer, 『구약총론』, 550쪽 주 2. Archer는 이 설명을 포함하여 솔로몬의 저작권에 대한 전반적인 자신의 입장을 다음 논문에 발표하였다: "The Linguistic Evidence for the Date of Ecclesiastes," *JETS* 12 (1969): 167-81. 그는 이 논문에서 전도서의 저자를 "a gifted tenth century Hebrew author"라고 지칭한다(p. 181).

14) Archer, 『구약총론』, 551쪽.

는 것이다. 한 예로 아처는 델리취와 영을 논박하면서 관계대명사 쉐(še)의 문제를 거론한다(쉐는 더 일반적인 어형 아쉐르[ʾšer]의 줄임꼴임). 쉐(še)가 전도서에 많이 쓰이는 것을 두고(전도서에는 쉐가 68회, 아쉐르가 89회 쓰임) 델리취와 영은 이 어형이 후기 히브리어라는 것을 전제로 전도서의 저작 연대를 5세기로 보려 하는데 이것은 넌센스라는 것이다. 쉐(še)는 여호수아, 사사기, 애가, 에스겔, 욥기 등에도 나타나기 때문에 반드시 후기의 어형이라 볼 수 없다. 그리고 델리취와 영은 쉐(še)가 역시 높은 빈도로 쓰이는 아가서(쉐가 32회, 아쉐르가 1회)의 저작 연대를 10세기로 보면서 전도서의 경우는 5세기로 보고 있는데 이것은 자기 모순이라는 것이다. 아가서와 전도서 사이에 긴밀한 문체의 유사성이 존재한다고 하면 비록 동일 저자는 아니라 해도 적어도 동시대의 작품으로 보는 것이 합리적인 결론이 될 수 있다는 것이다.[15] 아가가 10세기의 것이고 솔로몬의 것이라면 역시 전도서도 같은 시대, 같은 기원을 가지고 있다는 결론을 부인하기는 힘들다는 것이다. 그밖에 여러 가지 더 많은 고려를 통해서 아처는 전도서가 솔로몬이 쓴 그의 고유한 작품이라는 회당과 교회의 전통적인 견해를 유지하는 것이 가장 바람직한 해답이 될 것이라고 결론 내린다.[16]

2) 영의 견해

영(E. J. Young)은 전도서의 저자를 솔로몬이 아닌, 포로기 이후에 산 어떤 사람으로 본다. 영은 무엇보다도 책의 언어와 어법이 솔로몬의 시대와 맞지 않다고 생각한다. 전도서의 언어는 아람어풍을 많이 띄는데 이를 기초로 대략

---

15) 위의 책, 551-52쪽.
16) 위의 책, 558쪽.

말라기 시대로(즉, 5세기) 추정해야 하지 않겠느냐는 것이다(영 자신도 언어적 자료가 정확한 연대를 지시하지는 못한다고 인정한다). 말라기 시대로 추정할 때 정치적 배경도 만족스럽고 언어 현상도 만족시킨다는 것이다. 그는 익명의 저자가 자신의 메시지를 전달하는 데 있어 문체적 모범을 위해 솔로몬의 입을 빌린 것으로 보고 있다.[17]

영은 아처나 델리취처럼 자신의 입장을 견고히 하기 위해 길게 논증을 하거나 여러 가지 언어적 자료를 제시하거나 하지 않는다. 아마 선배인 루터와 델리취 등이 솔로몬 저작을 부인하기 때문에 여기에 힘입은 데다 자신의 직관에 의존하는 것이 아닌가 한다. 영은 다만 전도서의 저자를 솔로몬으로 볼 수 없는 이유로 몇 가지 정황적 증거를 제시한다. 첫째, 1:1에서 저자는 자신을 "예루살렘의 왕 다윗의 아들"이라 말하고 있다. 저자가 자신이 솔로몬인 게 분명하다면 왜 "예루살렘의 왕 다윗의 아들 솔로몬"이라고 명확히 말하지 않고 이처럼 낯설게 들리는 표제를 썼을까(그리고 책 어디에도 솔로몬이라는 이름을 쓰고 있지 않다). 이처럼 모호한 제목을 단 데는 그만한 이유가 있는 것이 아닐까. 즉, 저자가 솔로몬 자신은 아닌데 그러나 다만 솔로몬을 암시하는 효과는 노리고 싶었던 게 아닌가 추정해 볼 수 있다.[18] 둘째, 1:16에서 저자는 자신이 "나보다 먼저 예루살렘에 있던 모든 자보다 지혜를 많이 얻었다"고 말한다. 이것은 전대 왕들이 많았다는 전제인데 이는 솔로몬 왕에게는 적용시키

---

17) Young, 『구약총론』, 375쪽. 보수주의자인 영이 솔로몬의 저작을 인정하지 않는 것은 다소 의외로서 흥미를 끄는 일이다. 따라서 본서는 그가 한 말을 될 수 있는 한 정확히 옮겨보았다.

18) 사실 영 자신이 이렇게까지 명확히 말하지는 않았다. 그는 다만 "다윗의 아들"이라는 말이 의심할 나위 없이 솔로몬을 가리키지만 그렇다고 저자가 자신을 솔로몬과 동일시하려 하지는 않은 것까지만 말하고 있다. 여기 주어진 기술은 필자가 그의 말을 근거로 또는 그와 같은 생각을 하는 학자들의 입장이 좀더 명료히 드러나도록 재구성한 것이다. 참조: Young, 『구약총론』, 374쪽. 영 자신도 다른 곳에서 저자가 솔로몬의 입을 빌리려 하고 있다는 점은 인정했다(375쪽).

기 어려운 배경이다.19) 셋째, 1:12에서 저자는 "나 코헬렛은 예루살렘에서 이스라엘을 다스리는 왕이었다"고 한다. 여기에 쓰인 과거 시제는 현재는 그가 왕이 아님을 의미하는 듯하다. 동사 하이티(*hāyîtî*)는 "내가 과거에 …였었고 지금도 …이다"라고 번역될 수 있는 것은 사실이나 그것은 아주 부자연스럽다. 솔로몬은 자기 생애 최후까지 왕으로 있었다. 따라서 이 표현은 솔로몬이 저자가 될 수 없음을 말한다.20) 넷째, 솔로몬이 전도서의 저자가 아님을 의미하는 암시가 또 있는데, 예를 들면 저자가 자신을 폭군의 표본인 듯 말한 점(4:13) (8:2, 9:14~16, 10:16, 10:20 등도 참고), 책이 기록된 때가 번영 일로에 있던 솔로몬의 시대와는 분위기가 맞지 않는 압제(4:1~3), 왜곡된 공의(5:8), 가난 (7:10, 8:9, 10:6~7) 등의 시기로 나타나는 점 따위이다.21)

3) 델리취의 견해

델리취(F. Delitzsch)의 견해는 영과 유사하다(영이 델리취의 영향을 받은 것이겠지만). 그는 전도서의 저작 시기를 다음과 같이 4~5세기경으로 추정한다.

만일 전도서가 말라기보다 오래되지 않은 책이라면 이 책은 바사 왕국의 마지막 세기 언제쯤인가에 기록되었을 것이다. 즉, 아르타세르세스

---

19) 위의 책, 374-75쪽. 이에 대한 아처의 비판은 Archer, 『구약총론』, 555-56쪽을 볼 것.
20) 위의 책, 375쪽. 이 점에 대해서도 역시 아처가 효과적으로 비판하고 있는 것으로 보인다. Archer, 『구약총론』, 556쪽.
21) Young, 『구약총론』, 375쪽. 이 점에 대해 역시 아처는 전도서에서 "역사가" 코헬렛을 읽어서는 안되고 "철학자" 코헬렛을 읽어야 된다는 논리로(아처 자신은 이 용어들을 쓰고 있지는 않음) 영을 효과적으로 공략한다. Archer, 『구약총론』, 556-57쪽을 볼 것. 영과 아처는 모두 어느 한 쪽만 읽으면 그 논리에 설득되지 않는 것이 이상하다 할 정도로 증거 제시가 치밀하고 논리가 탄탄한 학자들이다. 둘을 균형있게 읽는 것이 필요하다 하겠다.

롱기마누스(Artaxerxes I., Longimanus, 464~424 B.C.) 치리기와 다리우스
코도마누스(Darius Codomannus, 335~332) 치리기 사이 언제 쯤일 것이다. 처음
다섯 아캐메니드(Achaemenides)가 다스린 바사 최고의 시기, 즉 유대인들에게
좋았던 시절은 이미 지나간 때였다(참고: 전 7:10).[22]

델리취는 전도서의 언어를 자세히 관찰할 때 이 책을 포로기 이후의 책으로
간주할 수밖에 없다고 역설하면서 다음과 같은 유명한 말을 했다: "만일 전도서가
옛 솔로몬이 쓴 책이라면 히브리어의 역사라는 것은 존재하지 않을 것이다."[23]
델리취는 전도서의 언어적인 측면에 대해 처음으로 주의를 집중시킨 사람이며
이에 대한 집착은 남달리 강했던 것 같다. 그는 전도서에 에스겔, 에스라,
에스더, 느헤미야, 역대기, 말라기 등 포로기, 포로기 이후의 책들과 탈굼
혹은 미쉬나 등에서만 찾아볼 수 있는 단어들이 많이 나오는 것을 보였는데
그 예를 96개나 제시하고 있다.[24] 이들 중 특히 명사들의 경우 아람어의 영향을
받은 꼴이 많다고 지적한다. 여기다 라멧.알렙 동사가 라멧.헤 동사처럼 취급된
점, 옛 히브리어에 많던 동사의 여러 법들이(moods) 사라진 점, 이미 동사에
포함된 주어를 굳이 인칭 대명사를 써서 더 나타내려 한 점, 지시대명사 쩨(zeh)를
많이 사용한 점 등도 지적하고 있는데 이는 미쉬나의 언어와 어법을 빼닮은
것으로서 이로써 전도서의 저작 시기는 포로기 이후로 볼 수밖에 없으며
아무리 이르게 잡는다 해도 에스라-느헤미야 시대 이전은 될 수 없다고 못박는
다.[25]

언어적 관찰에 이어 델리취도 영처럼 여러 가지 정황적 증거를 들면서

---

22) F. Delitzsch, *Commentary on the Song of Songs and Ecclesiastes*, trans. M. G. Easton (1891;
   reprint, Grand Rapids: Eerdmans, 1982), p. 214.

23) 위의 책, p. 190.

24) 위의 책, pp. 190-96.

25) 위의 책, pp. 197-98.

솔로몬의 저작권을 부정하고 있다(이 점도 영이 델리취의 영향을 받은 것임).
예컨대 저자가 어디서도 솔로몬이나 여디디야(삼하 12:25)로는 불리지 않고
포로기 이전에는 존재했을 것으로 보이지도 않고 에스라느헤미야 때나 이르러
야 생겨난 것으로 보이는 낯선 이름 코헬렛(qöhelet)으로 불리는 점,[26] 1:12에서
"나 전도자는 예루살렘에서 이스라엘의 왕이었다"(I, Qohelet, have been king
over Israel in Jerusalem)고 한 데서 저자가 현재는 왕이 아니라 과거에 왕이었다고
내비치므로 이 고백은 솔로몬에게 해당될 수 없는 점(솔로몬은 죽을 때가지
왕이었으므로 생전에 왕이 아닌 시기가 없었음),[27] 1:1에서 "예루살렘 왕 다윗의
아들"이라고만 한 것은 저자 자신은 솔로몬이 아니면서 다만 자신의 경험
진술을 솔로몬의 고백인 양 포장하려 한 것으로 보이는 점[28] 등이다. 전도서에
나타나는 정치 사회적 환경은 바사 제국의 지방장관들이 통치하던 어지럽고
암울한 상황과 맞아떨어진다고 본다. 불의한 재판(3:16), 포악한 억압(4:1, 8:9,
5:7), 방탕한 궁정 생활(10:16~19), 천박한 사람이 높은 지위에 올라가는 일
(10:5~7), 무자비할 정도로 엄격한 전쟁부역(8:8) 등이 바사 시대를 반영한다는
것이다.[29] 끝으로 델리취는 전도서 저자의 정체에 대해 추론하는데 그 저자는
익명의 유대인 사상가였으며[30] 팔레스타인 사람이었다.[31]

---

26) 위의 책, pp. 202-203.
27) 위의 책, p. 205. 델리취는 저자가 "현재 내가 왕이다"라는 의미로 말하려 했다면 비동사
    문장 'a^nî melek ("I am a king")을 썼을 것으로 본다.
28) 위의 책, pp. 201-202.
29) 위의 책, pp. 214-16.
30) 위의 책, p. 201.
31) 위의 책, p. 216. 델리취가 저자를 팔레스타인에 살았던 사람으로 추정하는 근거는 다음과
    같다: 4:17, 성전이 있는 곳에 삶; 8:10, 거룩한 성읍에 삶; 10:15, 거룩한 성읍 안은 아니라
    하더라도 적어도 그 가까운 근처에서 삶; 11:1의 비유는 곡식 무역을 하는 항구 도시에
    살았던 사람의 솜씨로 보임.

4) 저작권 문제에 대한 결론

전도서의 저자 문제는 두 가지 점에서 흥미롭다. 한 가지는 대표적인 보수 학자들 중 매우 보수적일 것으로 기대된 학자 상당수가 솔로몬의 저작권을 부인하고 있다는 사실이며(예: 헹스텐버그, 델리취, 비쳐[W. J. Beecher], 랑게 주석의 쬑클러, 영, 루폴드[H. C. Leupold]), 다른 한 가지는 솔로몬 저작권에 대한 도전이 언어 자료를 토대로 이루어졌기 때문에 솔로몬 저작권을 옹호하는 전통적인 입장은 이 '과학적' 근거 앞에 완전히 패배한 것처럼 보였는데 사실은 이 싸움은 아직 끝나지 않은 싸움이다.

비교적 최근의 저술인 딜라드와 롱맨이 쓴 책이 저작권과 관련한 최근의 보수 진영의 분위기를 어느 정도 비쳐준다. 딜라드와 롱맨은 솔로몬 저작권을 부정하는 것이 보수주의 내에서도 자연스런 대세라고 말한다. 그들은 복음주의 진영 내부에서 전도서의 저자를 솔로몬으로 보느냐 보지 않느냐가 보수성(또는 정통성)을 시험하는 리트머스 시험지처럼 되어 왔다고 말하면서(어느 정도 유감의 뜻으로 말한 것 같음) 스튜어트, 헹스텐버그, 델리취, 영, 키드너 같은 대표적인 복음주의 학자들이 코헬렛을 솔로몬과 동일시하는 것에 이의를 제기했다고 밝히고 있다.[32] 그리고는 코헬렛을 솔로몬과 동일시하고 저작 시기를 기원전 10세기로 보는 것은 "전통적 견해"(traditional view)일 뿐, 그것이 보수적인 견해(conservative view)는 아니라고 분명한 선을 긋는다.[33] 이들의 글은 보수주의가 솔로몬 저작권이라는 시대에 뒤진 생각에 더 이상 매달릴 필요가 없다고 권면하기까지 하는 느낌을 주는데 딜라드와 롱맨이 보수주의 전체를 대표하는

---

32) R. B. Dillard and T. Longman III, *An Introduction to the Old Testament* (Grand Rapids: Zondervan, 1994), p. 249.

33) 위의 책, p. 248.

것은 아니라 할지라도 최소한 보수진영 내부의 현금의 분위기를 어느 정도 짐작케 하는 것은 사실이다. 두 사람은 저자(또는 저자들)가 누구인지 저작 시기가 언제인지 등 핵심 질문에 대해서는 분명한 언급을 피하고 다만 전도서 안에 두 개의 목소리("two voices"), 즉 두 사람의 저자가 존재한다는 것만은 인식해야 한다고 강조하고 있다.[34]

언어는 전도서의 저자와 저작시기를 토론하는 데 처음부터 중요한 근거였다. 그리고 델리취 이래 언어는 전통적인 솔로몬 저작설 지지자들에게 결정적으로 불리한 증거가 되어 왔다. 전도서의 어휘, 문법, 문체가 포로기 이후의 문헌들(포로기 이후의 성경과 미쉬나, 탈굼 따위)의 그것과 일치한다는 언어학적 논증은 솔로몬 저작권을 옹호하는 사람들의 입을 다물게 하기에 충분한 것이었다. 그러나 과연 전도서의 언어 현상이 포로기 이후 문헌과 일치한다는 것이 이론의 여지가 전혀 있을 수 없는 절대불변의 진리일까. 언어라는 '과학적' 증거 앞에 전도서의 저자(와 시기)에 관한 모든 토론은 종결되는 듯 보였지만 사실은 최근에 이 과학적이라는 증거가 다분히 편견에 기초한 해석일 수 있다는 점이 드러나고 있어 주목된다. 전도서의 언어가 포로기 이후라는 것이 절대적으로 확증되지는 않는다는 것이다. 즉, 포로기의 것이거나 또는 포로기 이전의 것일 가능성도 전혀 배제할 수는 없다는 말이다. 80년대 후반의 한 연구 결과로 기존의 통념에 대한 이러한 반전이 가능케 되었다. 1988년 프레데릭스(D. C. Fredericks)는 그의 전도서 연구 논문에서 그 동안 전도서를 후대로 끌어내리는 데 동원된 모든 언어 자료들을 세밀히 검토한 결과, 전도서의 저술 시기를 포로기 이후로 내려잡을 수는 없다("should not be dated any later than the exilic period")고 결론지었다. 뿐만 아니라 전도서를 포로기 이전의

---

34) 위의 책, p. 250.

것(a pre-exilic date)으로 본다 해도 이를 반박할 일정한 증거가 없다고 주장하였다.35) 물론 프레데릭스의 통계와 결론이 학계에 전반적으로 받아들여지는 상황은 아니다.36) 그러나 적어도 그의 연구는 언어는 조사하기만 하면 후대저작설(포로기 이후 저작설)의 증거가 된다는 일반적인 선입견에 대해 그것은 잘못된 편견일 수도 있다는 점을 깨우쳐 주기 때문에 의의가 크다. 어휘나 문체가 미쉬나의 그것과 일치해 보이는 것이 좀 있다 해서 간단히 후대로 내려 잡기엔 언어 문제가 그렇게 간단한 것이 아니다. 오히려 전도서는 히브리어 역사에서 알려진 어느 시대와도 일치하지 않을 만큼 독특하다는 아처의 설명이 더 설득력이 있다. 그가 말한 것처럼 포로기 이전의 책들이 포로기 이후의 책들과 다른 정도보다 전도서가 포로기 이후의 책들과 다른 정도는 훨씬 더 크다. '독특성 = 후대성'이란 공식은 너무 단순한 판단이요 이것은 일정한 시대적 편견의 결과일 수도 있다. 여기에다 만일 프레데릭스의 주장 중에 일부만이라도 진실이라면 전도서가 포로기 이전의 책일 가능성은 남아 있는 것이고 그 가능성은 어떤 이유에서든지 원초적으로 배제될 수는 없다. 언어 증거에 관한 한 전도서의 솔로몬 저작권은 아직 미제로 남아 있는 셈이다.

좀 오래 되긴 했지만 다후드의 주장도 흥밋거리이다. 이미 앞에서 언급한 바와 같이 다후드는 1952년 이래 발표한 글들에서 전도서의 히브리어가 가나안 페니키아 방언의 영향을 강하게 받았다고 주장했다. 이 주장은 학자들 사이에 널리 인정받지 못했지만 최근에 다빌라(J. R. Davila)에 의해서 부분적인 지지를 얻게 되었다. 다빌라는 전도서의 히브리어는 팔레스틴 북쪽 지방의 히브리

---

35) D. C. Fredericks, *Qohelet's Language: Reevaluating Its Nature and Date*, Ancient Near Eastern Texts and Studies 3 (Lewiston, NY: Mellen Press, 1988).

36) Murphy는 Fredericks의 주장이 학계에 충분한 확신을 주지 못하고 있음을 인정한다. Murphy, *Ecclesiastes*, p. xxviii.

방언의 영향을 받은 것이라고 밝히고 있다.[37] 다후드와 다빌라가 옳다면 전도서는 어쨌든 팔레스틴 북부의 방언과 어떤 관계가 있다. 글리슨 아처는 앞에 이미 밝힌 대로 다후드의 가설을 받아들이면서 전도서는 포로기 이후 작품인 까닭에 특이한 어휘와 어형이 존재하는 것이 아니라 페니키아와 수리아 지방의 영향을 받았기 때문에 특이한 언어 현상을 띠는 것이라고 역설하였다.[38]

아직 언어 연구로 솔로몬의 저작권을 입증하기에는 역부족인 것이 사실이다. 그러나 솔로몬이 저자가 아니고 저술시기도 4~5세기 이후라는 주장이 정설로 자리 잡아야 할 이유 또한 없는 게 분명하다. 솔로몬의 저작을 부정하는 경향은 다분히 근대주의 학문 분위기의 영향일 가능성이 크기 때문에 이 입장이 절대 진리처럼 자리 잡는 일은 학문의 발전을 위해서도 바람직하지 않다. 그러나 사실 솔로몬의 저작권을 끝까지 고집해야 할 이유도 없다. 전도서 자체가 명백히 솔로몬이라는 이름을 언급하고 있으면 양보할 수 없겠지만 그렇지는 않기 때문이다. 어쨌든 가능성이 아직 열려 있는 상태이기 때문에 시대의 편향에 따른 결론은 일단 유보하는 것이 바람직할 것이고 회당과 교회가 오래 견지해 온 전통을 존중하는 것은 또 하나의 지혜가 될 수 있을 것이다. 박윤선 박사는 아처 교수와 비슷한 논지로 솔로몬 저작권이 지켜져야 할 것을 역설하고 있다.[39]

---

37) J. R. Davila, "Qoheleth and Northern Hebrew," *Maarav* 5-6 (1990): 69-87.

38) G. L. Archer, "The Linguistic Evidence for the Date of Ecclesiastes," *JETS* 12 (1969): 167-81.

39) 박윤선, 『성경 주석: 욥기 전도서 아가서』(서울: 영음사, 2000), 397-99쪽.

2. 전도서의 구조

전도서의 구조는 어느 두 학자도 서로 동의하는 예가 없는, 의견의 일치가
아주 어려운 분야이다.[40] 학자가 열이면 열 제 각기 다른 제안을 할 뿐더러
서로의 견해가 너무 다른 경우가 많아서 개론적으로 소개하기에도 마땅치
않다. 그만큼 전도서는 전체의 구상을 알기 어려운 책이라는 의미도 될 것이다.
일단 대강의 구도는 다음과 같이 정리할 수 있을 것으로 본다.

1:1	제목
1:2~11	서론부: 주제의 일부 제시
1:12~12:8	본체부: 자전적 묵상, 관찰, 훈계[41]
12:9~14	매듭부: 본체부를 의미 있게 하는 결론[42]

---

40) 사실 책의 통일성(integrity)은 훨씬 더 복잡한 문제이다. 12:9-14가 원 저자의 글이냐 하는
   것으로부터 시작해서 1:1 또는 1:1-1:11도 원저자의 글인지, 1:12-12:8 사이에는 후대의
   첨가나 주석은 없는지(특히 서로 모순되는 언급이 나오는 곳들에서) 하는 것들이 학자들
   사이에는 아직도 치열한 논쟁의 대상이고 책을 해석하는 입장에 따라서 의견은 천양지차다.
   12:9-14를 후대 편집자의 매듭(epilogue)으로 보는 것은 비평학자들에게는 이제 상식이
   된 느낌이다. 이를 '정경적 접근법'으로 해석해 나가는 Childs의 해석을 보면 이 점을 오히려
   절실히 느낄 수 있다. B. S. Childs, *Introduction*, pp. 584-86, 588-89 참조. 그러나 필자는
   이러한 비평적 입장을 '경솔한' 해석들이라 보고 있다. 소위 에필로그(epilogue)부분은 본체부
   (1:12-12:8)와 모순되는 것이 아니라 그것을 연장한 내용으로서 본체부의 화두를 완성한다.
   본체부에 제기된 문제점들이 에필로그에서는 더 고양된 단계로 해결되고 '답'이 주어지고
   있는 것이다(이와 관련해서는 메시지 부분에서 다음에 상세하게 논함). 비평학자들은 이러한
   '깊이'는 무시한 채 일관성(consistency)의 원리만을 중심으로 분석하기 때문에 "후대의
   손"(later hands)이라는 해석적 장치를 도입하지 않을 수 없었던 것이다. 이와 같은 점들을
   고려하여 본서는 전도서 전체가 한 사람 저자의 작품인 것을 전제하면서 구조 분석을
   하고 있다.
41) 정확한 개념 이해를 위해 용이하게 영어 표현을 쓰면, autobiographical (wisdom) reflections,
   observations, admonitions 등이다.
42) Dillard와 Longman은 책이 서언(prologue, 1:1-11), 독백(monologue, 1:12-12:8), 결언(epilogue,
   12:9-14) 세 부분으로 나뉘는 것으로 본다. 서언과 결언은 전도자(코헬렛)를 3인칭으로
   지칭한다는 점에서 본체인 독백과 구별되는 것으로 보고 있다. Dillard and Longman,

대강의 구조는 이렇다 하더라도 중요한 본체부에 대한 이해는 통일된 견해가 없다. 역사적으로 제시된 구조들 중 중요한 것 몇 가지를 소개하고자 한다. 먼저 로핑크(N. Lohfink: 1980)가 제시한 구조를 보자. 그는 전도서의 저자가 소위 '회문'(回文, palindrome)이라고 알려진 헬라 문학의 수사 기법(히브리어 교차대칭구조[chiastic structure]에 해당)을 채용한 것으로 이해한다('영' 표시는 영역본[또는 개역한글판]이 맛소라 본문과 성경 절수가 다른 것을 말함).

1:1~2	틀 (Frame)
1:4~11	우주론 (Cosmology)
1:12~3:15	인간론 (Anthropology)
3:16~4:16	사회비평 (Social Critisism) I
4:17~5:6 (5:1~7 영)	종교비평(시) (Criticism of Religion [poetic])
5:7~6:10 (5:8~6:10 영)	사회비평 (Social Criticism) II
6:11~9:6	이데올로기 비판(논박) (Ideology Critique [Refutatio])
9:7~12:7	윤리(끝부분은 시) (Ethics [poetic at the end])
12:8	틀 (Frame)[43]

크랜쇼는 각 부분에 붙여진 제목들이 모호한 점을 비롯해서 로핑크의 구조는 불완전한 요소가 많다고 비판한다. 특히 9:7~12:7에만 "윤리"(Ethics)라는 제목이 붙여졌는데 사실은 책의 뒤쪽 절반 전체가 윤리적인 관심에 의해 지배를 받고 있기 때문에 이는 적절치 않은 구조라고 본다[44]. 본서도 로핑크의 구조에 큰 문제점을 지적하지 않을 수 없다. 로핑크는 12:9~14를 후대의 편집으로

Introduction, pp. 250-51.

43) N. Lohfink, *Kohelet*, Die Neue Echter Bibel (Würzburg: Echter, 1980), pp. 10-11, quoted in J. L. Crenshaw, *Ecclesiastes*, p. 39 and R. Murphy, *Ecclesiastes*, p. xxxv.

44) Crenshaw, *Ecclesiastes*, p. 39.

보고 이 부분을 아예 원저자의 구도 속에 포함시키지 않고 있는데 이는 전도서의 메시지를 심각하게 왜곡시킬 위험이 있다.

다음으로 주목할 만한 것은 스쿠어스(A. Schoors: 1982)의 구조이다. 스쿠어스의 구조는 크렌쇼가 자신의 구조를 제시할 때 의존한 구조이기도 하다.[45] 스쿠어스는 내용의 논리적 흐름과, 표현과 공식 등 문학 기법의 반복에 주의하면서 구조 해석을 하였다.

1:1	제목
1:2	책 전체의 주제
1:3~2:26	솔로몬의 고백
3:1~22	시간의 법칙 아래 있는 인간
4:1~16	사회에서의 생활
4:17~5:8	생각없이 하는 말에 대한 침묵의 우월성
5:9~6:9	부에 대하여
6:10~12	전환부
7:1~9:10	삶과 죽음의 경험
9:11~10:20	지혜와 우매
11:1~6	위험을 감수할 필요성
11:7~12:7	생을 즐길 필요성
12:8	수미쌍괄: 책 전체의 주제
12:9~14	결언[46]

스쿠어스의 구조는 주제의 흐름을 따라 전도서 전체를 개관하게 해주는 장점이 있다. 그러나 머피는 스쿠어스가 문학적 특성에만 의존하지 아니하고 내용에도 의존한 결과 일관성을 잃게 되었다고 비판하고 있다.[47]

---

45) 위의 책, pp. 47-49.

46) A. Schoors, "La structure littéraire de Qoheleth," *Orientalia lovaniensia periodica* 13 (1982): 91-116, quoted in Crenshaw, *Ecclesiastes*, pp. 47-48 n 22.

라이트(A. G. Wright: 1968; 1980; 1983)는 핵심 구절(key phrases)의 반복이라
는 객관적 근거에 의존하여 구조를 제시했는데 여러 학자의 지지를 받는
편이다. 스쿠어스는 라이트의 구조를 그동안 제시된 것 중 "가장 나은" 구조라고
평가했고,48) 물더(J. S. M. Mulder)는 약간의 수정을 가해 라이트의 구조를
채택했다.49) 렌토르프(R. Rendtorff)는 "빛을 비춰주는 제안"(the illuminating
suggestion)이라고 환영하면서 라이트의 구조를 따랐고,50) 머피(R. Murphy)도
라이트의 구조를 그대로 채택하여 자신의 주석을 구성했다.51) 라이트는 논리적
연결이라는 다소 주관적인 기준을 피하고 핵심 구절(key phrases)의 반복이라는
객관적인 기준에만 근거하여 구조를 파악한다. 라이트가 본 구조의 핵심 내용은
다음과 같다.

1. 여느 학자들처럼 표제와 서언(1:1~11), 그리고 결언(12:9~14)을 인지함.
2. 핵심 구절(key phrases)에 기초해서 책을 두 개의 주요부(two main parts)로
    나눔
    a. 1:12~6:9. 이는 6개의 단락(sections)으로 이루어짐(2:1~11; 2:12~17;
        2:18~26; 3:1~4:6; 4:7~16; 4:17[5:1 영]~6:9): 각 부분은 "헛되다"
        그리고/또는 "바람을 잡는다"로 끝남; 이 6개의 단락은 두 개의
        서론(introductions; 1:12~15, 16~18) 다음에 주어짐.
    b. 6:10-11:6. 다시 두 부분(parts)으로 나누어짐.
        1) 6:10~8:17. 서론(introduction)(6:10~12)과 "파악할 수 없다/누가
            파악할 수 있으랴?"라는52) 구로 구분되는 4개의 단락(sections)

---

47) Murphy, *Ecclesiastes*, p. xxxvi.
48) 위의 책, p. xxxvi를 볼 것. 그러나 물론 스쿠어스는 라이트의 구조에는 내용의 논리적
    흐름과 문학 장치 및 공식들의 반복이 잘 반영되지 않았다고 비판하면서 자신의 독자적인
    구조를 내놓았다.
49) 위의 책, p. xxxix.
50) 위의 책, p. xxxix.
51) 위의 책, p. xxxix-xli를 볼 것.

(7:1~14; 7:15~24; 7:25~29; 8:1~17)으로 이루어짐. 마지막 단락인
8:17에는 "파악할 수 없다"가 세 번 반복됨.
2) 9:1~11:6. "알지 못한다"라는[53] 구로 구분되는 4개의 단락으로
이루어짐(9:1~12; 9:13~10:15; 10:16~11:2; 11:3~6). 마지막 단락인
11:5~6에는 "알지 못한다"가 세 번 반복됨.
3. 최종적으로 젊음과 노년에 대한 시(11:7~12:8)가 나온 다음,
결언(epilogue)(12:9~14)이 이어짐.[54]

라이트의 장점은 반복되는 핵심 구절의 '지시'만을 따라 구조를 분석하고
있는 점이다. 하위 단락들도 충실히 핵심 구절의 반복에 의해 구분된다. 라이트는
개념이나 논리의 흐름에 의존하지 않았으나 그의 구조는 개념적으로나 논리적
으로도 대체로 만족스러운 것으로 나타난다.[55]

더욱 흥미로운 것은 라이트는 자신의 구조가 수비학적으로도(數秘學的,
numerological) 지지됨을 보인다는 점이다.[56] 수비학이란 성경 저자가 성경
본문을 보다 탄탄하고 짜임새 있는 것이 되도록 하기 위해 본문의 단어나
절들을 어떤 수(數), 또는 숫적인 원리에 맞도록 선택하고 배치한 것(또는 이에
대한 탐구)을 말한다. 라이트가 발견한 전도서 내의 수비학적 구조 중 중요한
것 몇 가지를 소개하면 다음과 같다.

1. 책 전체가 222절로 되어 있고 책의 중간점은 6:9/6:10이다. 이는

---

52) 히브리어 동사 마차(מצא)가 쓰임. 개역한글판은 이 동사를 "깨닫다," "헤아려 알다," "통달하다"
  등으로 번역하고 있음. 영역들(KJV, NRSV, Murphy)은 "find out"으로 번역함.
53) 야다(ידע)가 쓰임.
54) A. G. Wright, "The Riddle of the Sphinx: The Structure of the Book of Qoheleth," *CBQ* 30(1968):
  313-34, quoted in Murphy, *Ecclesiastes*, p. xxxviii.
55) Murphy, *Ecclesiastes*, p. xxxviii.
56) A. G. Wright, "Additional Numerical Patterns in Qoheleth," *CBQ* 45(1983): 32-43. 여기 들고
  있는 Wright의 수비학적 구조는 Murphy, *Ecclesiastes*, pp. xxxviii-xxxix에서 인용한 것이다.

책의 두 번째 주요부가 6:10에서 시작한다는 라이트의 해석을 지지해
준다.57)

2. 책의 모두(冒頭)이며 책 전체의 주제를 언급한 절인 1:2에 "헛되다"
(הבל; 헤벨)가 세 번 나온다. 헤벨(הבל)의 숫자 값이 37이므로58) 전체
숫자 값은 37×3 = 111이 된다. 그런데 이 숫자는 책의 중간 지점이요
첫 번째 주요부가 끝나는 6:9까지의 절수(111절)와 같아서 이 숫자가
책의 전반과 후반을 나누고 책 전체의 절수를 결정하는 제약 조건으로
작용했을 가능성이 높다.

3. 책의 모토인 하벨 하발림 학콜 하벨(הבל הבלים הכל הבל; "헛되고 헛되도다
모든 것이 헛되도다")의 숫자 값은 216이다. 이 구절이 나와 있는 1:2와
12:8 사이의 절수가 216이다.

4. 결언(12:9~14)은 6절로서 이것이 12:8까지의 216절에 합해져 책
전체의 절수를 222절이 되게 한다. 결언의 첫 단어 워요텔(ויתר)(12:9)이59)
이를 말하고 있는지 모른다. 와우(ו) = 6이고 요텔(יתר)이 "나머지"라는
뜻이므로 워요텔(ויתר)은 "6개의 나머지 절"이라는 뜻이 될 수 있기
때문이다.60)

수비학적 관찰은 그 자체로 주관성과 임의성의 위험이 있기 때문에 보통은

---

57) 맛소라 텍스트는 6:10에 책의 중간 지점을 알리는 표시(חצי הספר בפסוקים)를 하고 있지만
   전도서의 저자는 이러한 것을 몰랐지 않았느냐는 반문이 있을 수 있다. 전도서의 저자가
   이렇게 엄밀하게 구분한 것이 아닐 수도 있다. 그러나 분량상 책의 중간 지점에서 두
   번째 주요부를 시작하고자 했을 가능성은 얼마든지 상정해 볼 수 있다.

58) 히브리인들은 숫자를 표현하는데 자신들의 알파벳을 사용했다. 예컨대 א = 1, ב = 2, ג
   = 3, … י = 10, כ = 20, … ת = 400 식이다. 이 체계에 따르면 ה = 5, ב = 2, ל = 30이므로
   הבל = 37이 된다.

59) 12:12에도 나옴.

60) 라이트의 관찰 중 본서의 논지에 도움이 되는 일부만 인용하고 있음.

책의 구조를 분석하는 객관적 기준으로 채택되지는 않는다. 하지만 라이트의 그것은 핵심 구절 또는 절의 배치와도 조화되고 책의 전체적인 논리 전개와도 맞아떨어지는 면이 있어 그의 구조를 지지하는 상당한 근거로 인정되고 있다.

머피를 포함한 상당수의 학자가 따를 만큼 라이트의 구조는 여느 구조보다 학자들에게 설득력 있는 것 같다. 두 쌍의 구절, 즉 "헛되다"와 "바람을 잡는다," 그리고 "파악할 수 없다"와 "알지 못한다"의 배치가 체계적이며 책 전체를 지배할 만큼 조직적인 것을 부인할 수 없다. 게다가 이와 같이 반복되는 구절에 근거한 형태적 분석(formal analysis)은 논리나 주제 등 다소 주관적인 근거에 의한 분석보다 훨씬 객관적이며 신빙성이 있다. 이러한 근거들에 의거하여 필자도 라이트의 구조가 그동안 발표된 여러 것들에 비해 가장 낫다고 생각한다. 라이트의 구조는 전도서를 체계적으로 이해하는 데 상당한 도움을 주는 것이 사실이다. 그러나 그의 구조도 완벽하다거나 절대적이라고는 할 수 없는 것은 몇 가지 점에서 뚜렷한 약점을 보이기 때문이다. 라이트의 구조에 드러난 난점 몇 가지를 지적하고 넘어가는 것이 좋을 것 같다.

(1) 일정한 구절의 반복이라는 "형태" 중심의 구조 분석은 화려하고 매력적인 면은 있지만 엄밀한 논리의 관점에서 볼 때는 인위적 분석이라는 인상을 지울 수 없는 곳이 몇 군데 있다. 즉 하나의 단위로 나뉜 단락(section) 안에 여러 다른 주제(topics)가 들어 있는 경우가 있어서 내용적으로 단일 단락이라고 보기 어려운 경우들이다. 예컨대 5:1(MT 4:17)~6:9의 경우, 말에 대한 교훈, 정부(政府)에 대한 교훈, 재물에 대한 교훈 등 세 가지 이상의 주제가 특별한 연관이 없이 섞여 나타난다.[61]

---

[61] 머피는 이 경우 "varia"(잡문집)라는 이름으로 단락을 다루고 있는데 이 말 자체가 머피 자신이 채택한 라이트의 구조에 대해 어려움을 느끼고 있음을 보여 준다. 참고: Murphy, *Ecclesiastes*, pp. 44-56.

(2) (1)의 연장이라 볼 수 있으나 나누어진 단락 안에서 필연적으로 연결되지 않는 이질적인 내용이 이어져 나타나 단락의 의도를 파악할 수 없는 경우이다. 7:15~24가 한 예인데 7:15~18은 정의(正義)의 부재에 대한 냉소와 이와 관련한 순응(resignation)을 말하고 있는데 반해 이어지는 7:19~22는 두 가지 이상의 실제적인 권면을 제시한다. 이 둘이 논리적으로도 반드시 이어질 수 있는지 의문스럽다. 형태상으로도 7:15~18은 산문으로 보이고 7:19~22는 시로 생각된다.

(3) 역시 (1)의 연장이겠으나 라이트의 구조는 저자가 원래 의도한 논리적 연결을 오히려 파괴할 수도 있는 것 같다. 7:13~14와 7:15~18은 그의 구조에서처럼 분리시키지 말고 이어진 하나의 문단으로 볼 때 메시지가 — 하나님이 하시는 일에 순응하라는(이는 전도서 전체의 메시지이기도 함) — 효과적으로 전달될 것 같은데 그의 구조 분석은 오히려 이 점을 방해하는 것 같다.

3. 전도서의 메시지

먼저 헤벨(הבל)의 의미를 생각함으로 메시지에 관한 논의를 시작하자. 통상 "헛되다"(영어로는 "vanity")로 번역되는 헤벨(הבל)은 구약 전체에 59회 나오고[62] 전도서에는 전체 수의 절반을 훨씬 웃도는 38회가 나온다.[63] 이처럼 집중적으로

---

62) 참고. S. Mandellkern, *Veteris Testamenti Concordantiae Hebraicae atque Chaldaicae* (Tel Aviv: Sumptibus Schocken Hierosolymis, 1971), p. 307.

63) 헤벨(הבל)이 전도서 안에서 빈도가 가장 높은 단어는 아니다. 헤벨보다 많이 나오는 단어들은 아사(עשה; "하다," "만들다," 62회), 하캄(חכם; "지혜로운," 51회), 톱(טוב; "좋은," 51회), 라아(ראה; "보다," 46회) 들이며 헤벨은 다섯 번째 빈도의 단어이다. 그러나 헤벨이 성경 전체로는 그리 빈도가 높지 않으면서 유독 전도서에는 많이 쓰이고 있는 점은 주목할 필요가 있다.

나오기 때문에 헤벨(הבל)은 전도서의 핵심어(key word)로 보아 무방할 듯하다.

특히 책의 봉투 구조를 이루는 1:1과 12:8에서는 "헛되고 헛되다"("vanity of

vanities," 하벨 하발림[הבל הבלים])라는 구를 이루어 책의 모토가 되고 있기도

하다.[64]

　그러면 이 핵심 단어 헤벨의 참 의미는 무엇인가. 헤벨의 원래의 뜻은

"숨"(breath), "수증기"(vapor)이다.[65] "안개"(mist), "연기"(smoke) 따위를 의미

하기도 한다.[66] 이에서부터 "헛된"(vain), "덧없는"(fleeting) 따위의 의미가

나왔고 이에 근거해 영역들은 "vanity"라는 번역을 취해 왔다(개역한글판은

"헛되다"). 실제로 이 단어는 전도서에서 "무익한"(futile), "무의미한"(mean-

　　헤벨은 전도서에 38회 쓰인 외에는 다른 책에는 그리 많이 쓰이지 않는다. 전도서 외에서는
시편에 9회, 예레미야에 7회, 욥기에 5회, 이사야에 3회 등의 순으로 쓰이고 있다. 단어들의
빈도에 관한 자료는 다음을 참고: Murphy, *Ecclesiastes*, p. xxix; S. Mandellkern, *Veteris
Testamenti Concordantiae Hebraicae atque Chaldaicae* (Tel Aviv: Sumptibus Schocken
Hierosolymis, 1971), p. 307. 헤벨은 전도서의 다음 곳들에 채용되고 있다: 1:2, 2, 2, 2, 2,
14; 2:1, 11, 15, 17, 19, 21, 23, 26; 3:19; 4:4, 7, 8, 16; 5:7(MT 5:6), 10(MT 5:9); 6:2, 4,
9, 11, 12; 7:6, 15; 8:10, 14, 14; 9:9, 9; 11:8, 10; 12:8, 8, 8. 이 자료는 Even-Shoshan에 근거함:
Abraham Even-Shoshan ed., *A New Concordance of the Bible* (Jerusalem: "Kiryat Sefer" Publishing
House, 1993), p. 279.

64) 1:2 하벨 하발림 아말 코헬렛 하벨 하발림 학콜 헤벨(הבל הבלים אמר קהלת הבל הבלים הכל הבל);
"헛되고 헛되도다, 전도자가 말하노라, 헛되고 헛되도다 모든 것이 헛되도다"); 12:8 하벨
하발림 아말 학코헬렛 학콜 헤벨(הבל הבלים אמר הקהלת הכל הבל; "헛되고 헛되도다, 전도자가
말하노라, 모든 것이 헛되도다"). M. Fox는 이 두 절의 중요성에 대해 다음과 같이 말한다:
"Qohelet begins and ends his teaching with the declaration that all is *hebel*; this seems to
constitute his primary insight into life." Michael V. Fox, *Qohelet and His Contradictions*, JSOTS
71 (Sheffield: Almond Press, 1989), p. 29. Gordis 역시 두 절이 책 전체에 대해 갖는 의의에
대해 다음과 같이 말한다: "This verse (and verse 12:8) sounds the dominant note of the
book"(여기서 "this verse"는 1:2를 말하며, 괄호는 필자가 문맥으로부터 보충해 넣은 것임).
Robert Gordis, *Koheleth—The Man and His World: A Study of Ecclesiastes*, 3rd augmented
ed. (New York: Schocken Books, 1968), p. 204.

65) Gordis, *Koheleth*, p. 204; Fox, *Qohelet*, p. 29; Murphy, *Ecclesiastes*, p. lviii 등을 참조.

66) Jacques Ellul, *Reason for Being: A Meditation on Ecclesiastes*, trans. J. M. Hanks (Grand
Rapids: Eerdmans, 1990), pp. 53, 55 etc. 참조.

ingless), "목적이 없는"(purposeless), "가치가 없는"(worthless) 등의 의미로
사용되는 것으로 보인다. 이 단어는 인간의 노력(수고)과 그 결실(예를 들면
2:11; 6:2), 쾌락(2:11; 6:9), 지혜(2:15), 말(6:11), 인간의 실존(2:12), 죽음("어둠의
날," 11:8), 보응의 시행에 있어 정의가 없음(injustice)(8:14) 등을 평가하는
데에 사용되고 있다.67) 물론 부정적인 평가를 하는 데 사용된다.

그런데 최근에 헤벨의 의미에 대해 색다른 제안이 등장하여 흥미를 끈다.
즉 팍스(M. Fox)와 미첼(D. Michel) 등이 헤벨은 "vanity"로 번역할 것이 아니라
"absurdity"(부조리, 불합리)로 번역하는 것이 전도서의 용례에 맞다고 주장하고
나온 것이다.68) 특히 팍스는 그동안 여러 영역본이 헤벨을 "vanity"로 번역해온
것은 단어의 실제 뉘앙스를 크게 왜곡시킨 일이라고 비판하면서 전도서에서
헤벨은 "현저히 불합리한, 또는 의미 없는 것"(the manifestly irrational or mean-
ingless)을 의미하는 말이라고 주장한다.69) 이 점은 크렌쇼(J. Crenshaw)에 의해
지지되었다.70) 크렌쇼는 헤벨에 "absurdity"의 뉘앙스가 있음을 충분히 인정하
면서 (전통적인) "vanity"와 (새로운) "absurdity" 개념 둘을 다 사용하여 헤벨을
정의하는 것으로 보인다. 그는 헤벨을 "무익하며 전적으로 부조리한"(profitless;
totally absurd) 어떤 것이란 의미로 이해한다.71)

---

67) Fox, *Qohelet*, pp. 38-44.

68) 위의 책, pp. 29-48; Michael V. Fox, "The Meaning of *Hebel* for Qohelet," *JBL* 105 (1986):
409-27; D. Michel, *Untersuchungen zur Eigenart des Buches Qohelet* (mit einem Anhang von
R. G. Lehmann, Bibliographie zu Qohelet), BZAW 183 (Berlin: de Gruyter, 1989), pp. 40-51.

69) Fox, *Qohelet*, p. 34.

70) James L. Crenshaw, *Ecclesiastes*, OTL (Philadelphia: Westminster Press, 1987), pp. 23-24.

71) Crenshaw의 헤벨 이해는 단순히 책에 나오는 한 단어(핵심어)의 이해에 머무르지 않는다.
그에게 있어 이 단어의 이해는 곧 전도서의 이해도 되고 있다. 즉 그는 자신의 헤벨 이해에
기초하여 전도서의 의미 자체를 다음과 같이 요약하고 있다: "생은 무익하며 전적으로
부조리하다"(life is profitless; totally absurd). 위의 책, p. 23. 그의 헤벨이란 단어 자체의
이해는 나름의 타당성을 인정할 수 있을 것 같다. 그러나 그의 이와 같은 전도서 이해는

필자도 전도서의 헤벨에 "absurdity"(부조리)의 뉘앙스가 있다는 사실에 동의한다. 그러나 팍스처럼 모든 헤벨을 "absurdity"로 해석하는 데는 동의하지 않는다.[72] 필자가 보기에는 어떤 경우는 여전히 "vanity"라는 의미가 적합한 것 같기 때문이다. 다만 책의 후반부로 가면서 헤벨은 "absurdity"의 뉘앙스가 좀더 강해지는 것으로 생각된다. 따라서 가장 좋은 방법은 일률적으로 한 단어로 번역하기보다는 "vanity"와 "absurdity"를 섞어서 사용하되 그때그때 문맥에 맞도록 적절히 선택하여 번역하는 것이라 할 것이다. 그러나 이렇게 하는 데도 적지 않은 어려움이 있다. 우선 헤벨은 전도서의 핵심어인 관계로 표적언어(target language: 번역되는 언어를 가리키는 번역학 용어임)로 옮길 때에 하나의 단어로 일관되게 번역하는 것이 좋다. 한 권의 작은 책에서 그것도 그 책의 대표어를 둘 이상의 단어로 옮기는 것은 독자를 혼란에 빠뜨릴 위험이 있기 때문이다. 뿐만 아니라 헤벨이 어느 경우에 "vanity"라는 뜻이고 어느

심각한 문제를 지닌다. 이와 같은 해석은 그의 성경관에서 비롯되고 있다. 그는 본래의 전도서를 12:8까지로만 보고 있다. 12:9-14는 후대에 첨가된 것으로서 원래의 전도서가 아니다. 그러므로 그는 1:1에서 12:8까지만을 전도서로 생각하고 그것의 의미를 위와 같이 파악하고 있는 것이다. 12:9-14는 '경건'을 권하는 — 예컨대 12:13 "일의 결국을 다 들었으니 하나님을 경외하고 그 명령을 지킬찌어다" — 긍정적인 메시지이지만 전도서의 일부가 아니므로 (원래의) 전도서의 메시지와는 상관이 없는 것이다. 결국 그는 전도서를 헤벨이란 단어로 대표되는 매우 회의적이고 불평섞인 세계 해석만을 제시하는 책으로 이해하고 있는 것이다. 그의 이러한 해석은 잘못된 성경관에서 출발하는 관계로 수납할 수 없다. 역사비평이 늘 그러하듯이 성경 본문을 자의적으로 분해해 읽는 것은 주관성과 임의성 때문에 그 오류가 항상 심각하다. 주어진(받아진) 성경을 전체로 읽는 태도가 언제나 중요하다. 전도서는 인간에게 헤벨이라는 고민이 있다는 것을 숨기지는 않는다. 그러나 전도서는 그 고민에만 머물지 않는다. 전도서는 고민을 딛고 일어서서 하나님에게서 그리고 그를 향한 신앙으로부터 답을 찾아 나아간다. 12:9-14가 그 답을 제시하고 있을 뿐만 아니라 더 중요한 것은 1:1-12:8 안에도 이미 관련된 답들이 무수히 제시되고 있는 점이다. 전도서는 인간의 고민을 솔직하게 드러내 보이는 책이지만, 동시에 그 고민을 하나님의 주권에 대한 믿음이라는 높은 차원에서 해결을 보아나가는 책이다. 이 점은 본 장이 상세히 논구하게 될 것이다.

72) Fox는 그의 주석(*Qohelet and His Contradictions*)에서 헤벨(הבל)을 모두 "absurdity"로 번역하고 있음.

경우에 "absurdity"라는 뜻인가 하는 것은 사실상 결정하기 대단히 어려운 문제이다. 문맥에 처한 단어의 정확한 뜻을 정한다는 것은 번역을 넘어서서 주해라는 좀더 정교하고 복잡한 과정을 거쳐야 되는 일이다. 여기다가 하나의 헤벨이 "vanity"와 "absurdity"라는 두 의미를 다 지닌 것으로 보이는 곳도 있어 문제는 더욱 어렵다. 아마 번역의 수준에서는 원어의 의미를 완벽하게 결정하지 않은 채 어느 정도 모호한 상태로 놔두는 것이 최선의 길일지도 모르겠다. 즉 번역은 원어에 가장 가깝다고 여기는 하나의 번역어로 일관되게 하고 그 단어가 문맥에서 가지는 구체적인 의미는 주해를 통해 자세히 해명하는 것이 헤벨과 같이 포괄적이며 다중적인 의미의 단어를 처리하는 최선의 방법이 아닐까 한다. 헤벨의 번역어로는 여전히 전통적인 "vanity"가 그래도 가장 낫지 않을까 한다.73) "vanity"(헛되다)가 오해의 소지가 있다면(특히 한국인에게) "futility"(무익함)도 가능한 선택이라고 본다.74) 팍스가 취하는 "absurdity"(부조리)는 책 전반부의 헤벨을 왜곡시킬 위험이 있어서 일률적인 번역어로는 적합치 않아 보인다. 어쨌든, 번역어가 "vanity"가 되든 "futility"가 되든 성경 해석자는 이 단어가 경우에 따라 "absurdity"의 의미를 함의할 수 있다는 점을 항상 유념하면서 전도서를 읽으면 될 것이다.

필자의 관찰에 의하면 헤벨이 "vanity"라는 의미로 쓰인 경우와 "absurdity"라는 의미로 쓰인 경우는 대체로 아래와 같이 나뉜다. 다음의 분류에서 괄호

---

73) 헤벨을 "vanity"(헛되다)로 번역한 예들은 다음과 같다: KJV, ASV, NASB, RSV/NRSV, 개역한글판, Murphy, Ellul (참고: Delitzsch). Murphy, *Ecclesiastes*, pp. lviii-lix; Ellul, *Reason for Being*, pp. 49-60(특히 p. 53 참조); Delitzsch, *Commentary*, pp. 218-19.

74) "Futility"로 번역하는 경우는 REB, NJB, Crenshaw 등이다. Crenshaw, *Ecclesiastes*, p. 57. 물론 "vanity"나 "futility"가 아닌 다른 선택을 한 경우도 있다: NIV(meaningless), TEV(useless), NEB(emptiness). R. B. Y. Scott의 경우는 아예 추상어를 피하고 단어의 원의미 그대로 "breath" 또는 "vapor"로 번역한다(*Proverbs · Ecclesiastes*, AB 18 [New York: Doubleday, 1965], pp. 209, 214 and passim).

안에 표시된 기호는 헤벨이 다른 쪽의 뜻도 되는 경우 그 뜻에 해당하는 기호이다.
즉 "vanity"라는 의미로 분류된 것에 (A)를 붙인 것은 "absurdity"라는 의미도
있다는 뜻이고, "absurdity"로 분류된 것에 (V)를 붙인 것은 "vanity"라는 의미도
있다는 뜻이다. 분류가 매우 어려운 경우는 좀더 가능성이 있는 쪽에 수록하고
(?) 표시를 했다. 책의 봉투구조를 이루는 1:2와 12:8은 모토를 전하는 절로서
주위 문맥과 분리되어 있는 관계로 헤벨의 의미를 문맥상 결정하기 어렵기
때문에 분류 대상에서 제외했다.

　(1) 헤벨이 "vanity"라는 의미로 쓰인 경우: 1:14; 2:1, 11, 19(A); 4:16(A);
　　5:7, 10; 6:4, 11, 12; 7:6, 15(A?); 9:9, 9.
　(2) 헤벨이 "absurdity"라는 의미로 쓰인 경우: 2:15, 17, 19(V), 21,[75), 23,
　　26; 3:19, 4:4, 7, 8, 16(V); 6:2,[76) 9(?); 8:10, 14, 14; 11:8, 10.[77)

이러한 분류는 주관성의 개입에서 완전히 자유로울 수 없는 것이 사실이다.
하지만 "vanity"와 "absurdity"의 의미가 명백히 갈려서 착오가 있을 수 없는
곳도 적지 않다. 예컨대 "헛된 생"과 같이 시간의 덧없음을 말하는 구절에
쓰인 헤벨은 "vanity"라는 뜻이 분명하고(9:9), 공의가 없음이나 의인과 악인이
같은 취급을 받는 따위에 대한 불만을 표시한 곳에 쓰인 헤벨은 "absurdity"라는
뜻이 분명해 보인다(2:15, 17; 3:19; 8:10, 14). '정확도'를 장담할 수 없는 면은

---

75) 2:21의 경우는 헤벨이 따라 오는 라아 랍바(רבה רעה; "큰 악")에 의해 부연 설명되고 있어서
　　불평인 점이 확연히 드러난다.
76) 이 경우 헤벨과 평행인 홀리 라(חלי רע; "악한 병")가 저자의 불편한 심기를 잘 나타내준다.
77) 이 분류는 어디까지나 잠정적인 것임을 밝혀두는 것이 좋겠다. 이 분류는 2005년 11월
　　「신학정론」(23권 2호)의 논문에 게재한 그대로인데 그 후의 전도서 읽기를 통하여 필자
　　자신의 판단이 다소 달라진 곳도 있음을 인정한다.

있지만 이러한 분류가 그동안 그저 막연히 이해되었던 헤벨을 한층 심도있게
그리고 분석적으로 이해하는 계기를 제공해 주는 것만은 사실이다.

　이와 같이 헤벨의 의미에 대해 고찰해 보았다. 헤벨은 이상에서 살핀 바와
같이 두 가지 의미를 번갈아 또는 동시에 띠며 쓰이는 것을 알 수 있다. 책의
핵심어인 헤벨이 이처럼 두 가지 의미로 쓰인다는 것은 저자 자신의 인생(또는
세계) 해석이 그렇다는 말도 된다. 즉 전도자는 인생(세계)을 "헛되며"(vain)
"부조리한"(absurd) 것으로 보고 있는 것이다. 흥미로운 것은 전도자가 헤벨이라
는 단어를 쓰지 않는 상황에서도 같은 식의 평가를 내리고 있다는 점이다.
즉 헤벨을 쓰는 상황에서 뿐 아니라 쓰지 않는 상황에서도 인생(세계)에 대해
"헛되고 부조리하다"는 평가를 내리는 것을 볼 수 있다. 그런 의미에서 헤벨은
과연 전도서 전체가 내리고자 하는 인생(세계) 해석이라고 말해서 지나치지
않을 것 같다. 헤벨은 이미 전도자 자신의 의식이 일부가 되어서 그것이 말로
명시적으로 표현될 때든 아니든 전도자의 세계 해석의 내용이 되고 있는
것이다. 헤벨의 이와 같은 의의를 생각하며 다음 도표처럼 (잠정적으로) 전도서의
메시지를 정리해보자.

전도서의 메시지(잠정)

성격과 목표	핵심 개념	메시지
1. 회의주의(skepticism)	헛됨(vanity)	"헛되다"
2. 불평(complaint)	부조리함(absurdity)	"부조리(불합리)하다"

　그러나 이것은 어디까지나 잠정적인 파악이고 전도서가 진정으로 말하고자

하는 바는 여기에 머무르지 않는다는 점을 파악하는 것이 중요하다. 전도서가 헤벨이라는 핵심단어로 세계를 해석하고 있는 것은 사실이다. 그러나 전도서는 이런 부정적인 '해석'만을 제시하려고 쓰인 책이 아니다. 전도서는 헤벨이라는 나름의 독특한 평가를 내림과 동시에, 이 평가가 함의하듯 쉬이 '납득할 수 없는' 세계, 또는 한 걸음 더 나아가 쉬이 납득할 수 없는 하나님 자신을 '받아들일' 것을 권하는 책이다! 다시 말하면 '평가'를 넘어서 '상담'(counsel)이라는 또 하나의 중요한 차원을 전도서가 지니고 있다는 말이다. 도표를 보면서 계속하기로 하자.

전도서의 메시지

성격과 목표	핵심 개념	메시지
1. 회의주의(skepticism)	헛됨(vanity)	"헛되다"
2. 불평(complaint)	부조리함(absurdity)	"부조리(불합리)하다"
3. 상담(counsel)	순응(resignation)	"받아들이라"

전도자는 생에 대한 회의와 불만을 가감없이 표출한다. 그것은 헤벨이라는 키워드에 분명히 나타난다. 위에서 말했듯이 헤벨을 명시적으로 쓸 때든 그렇지 않을 때든 마찬가지이다. 그런데 여기서 중요한 것은 전도자는 그러한 평가를 내림과 동시에 아주 중요한 상담을 하고 있다는 사실이다. 즉 전도자는 인생(세계)이 헛되고 부조리하다는 것과 또한 그러한 것들이 해소될 수 있는 것이 아님을 말하면서도 동시에 하나님께서 정하여 주신 생과 환경을 '받아들이는' 지혜가 있어야 한다고 말하는 것이다. 인간에게 다가오는 환경은 인간이 고치거나 변화시킬 수 있는 성질의 것이 아니다. 초월자이고 주권자이신 하나님이

그렇게 되도록 이미 정해 놓으신 것이어서 연약한 인간이 그것에 저항한다는 것은 있을 수 없는 일이다. 저항하거나 변화시킨다는 것은 있을 수 없으며 심지어 이해할 수조차 없다. 그렇다면 인간은 그것을 그것이 아닌 다른 어떤 것이 되길 기대하거나 변개(變改)시키려고 할 것이 아니라 받아들여야 한다. 그것밖에 길이 없기도 하려니와, 그것만이 치명적인 상처로부터 영혼을 보호하며 평온을 확보하는 길이다.[78] '싸움을 포기하라, 물러서라, 그리고 받아들이라!' 이것이 전도서가 가르치고자 하는 인생의 지혜이다. 전도서는 생에 대해 부정적인 평가를 내린다. 부정적인 평가를 내렸다는 것은 인간이 사는 세계가 수긍하기 어려운 것이 많은 세계라는 것을 의미한다. 그러나 전도서는 이 수긍할 수 없는 것이 많은 세계를 수긍해야 한다고 권면한다. '수긍할 수 없음을 넘어선 수긍'이라는 어려우나 깊은 지혜를 전도서는 가르치고 있다.

전도서가 이 받아들이라는 메시지를 전달하는 방식은 세 가지로 나누어 살펴볼 수 있다. 첫째는 전도서의 여러 구절이 직접적으로 이 메시지를 전하고 있다. 먼저 7:13을 보자.

> 하나님이 하시는 일을 보라 하나님이 굽게 하신 것을 누가 능히 곧게 하겠느냐.[79]

---

78) 루터가 이 점을 정확히 보았다. 그는 전도서의 목적에 대해 다음과 같이 말한다: "The summary and aim of this book(=Ecclesiastes), then, is as follows: Solomon wants to put us at peace and to give us a quiet mind in the every day affairs and business of this life, so that we may live contentedly in the present without care and yearning about the future"(밑줄은 루터의 요점을 한 눈에 알 수 있게 필자가 그은 것임). M. Luther, "Notes on Ecclesiastes," in Luther's Works, ed. J. Pelikan (St. Louis: Concordia, 1972) 15:7-8, quoted in Murphy, Ecclesiastes, p. lii.

79) 별도의 명시가 없는 경우 인용된 성경은 개역한글판임. 7:13의 개역한글판은 부정확함. 원문에는 두 번째 "하나님"이 없고 그냥 "그"가 굽게 했다고 되어 있음.

"굽었다"는 것은 고통이나 역경, 또는 인간이 동의하기 힘든 환경이나 현상을 말한다. 이러한 것들을 하나님이 "지으셨다."[80] 그것을 자기 마음에 맞게 고칠 사람은 없다고 말씀한다. 따라서 이 말씀은 되어지는 것들에 순응할 것을 권하고 있다고 보아야 한다. 이어지는 14절에서는 인생에는 "형통한 날"과 "곤고한 날" 두 가지가 있는데 이 둘이 다 하나님이 만드신 것이라고 말하고 있다. 개역한글판에 "하나님이 … 병행하게 하사"라고 번역된 구절은 원문으로는 "하나님이 하셨다!"(עשה האלהים; 아사 하엘로힘)이다. 이 말씀은 하나님이 <u>하신</u> 것이니 어떻게 바꿔보거나 반대해 볼 생각 따위는 아예 말라는 엄숙한 경고처럼 들린다.

7:13과 비슷한 말씀으로 1:15이 있다. 1:15은 "하나님"만 빠졌지 생각이 7:13과 거의 유사하다.

구부러진 것을 곧게 할 수 없고 이지러진 것을 셀 수 없도다.

3:14의 말씀 역시 7:13과 일맥상통하는 내용이다.

하나님의 행하시는 것은 영원히 있을 것이라 더 할 수도 없고 덜 할 수도 없나니 하나님이 이같이 행하심은 사람으로 그 앞에서 경외하게 하려 하심인 줄을 내가 알았도다.

하나님이 행하시는 일에 인간이 더하거나 감하거나 하는 일을 할 수 없다. 되어진 것 이상도 이하도 불가능하다. 미세한 수정도 허용되지 않으니 그런 일은 아예 꿈도 꾸지 말라는 것이다. 하나님이 하시는 일을 묵묵히 받아들이는

---

80) 원문에 "하나님의 일"(מעשה האלהים; 마아세 하엘로힘)이라고 함.

것 외에는 달리 방도가 없다(여기 "[하나님을] 경외한다"는 말씀은 그 안에 '받아들인다'는 의미를 내포하는 것으로 보인다). 여기서도 "하나님이 이같이 행하심은"이란 말은 원문으로 하엘로힘 아사(האלהים עשה; "하나님이 하셨다")인데 역시 하나님이 하셨다는 것이 강조된다. 7:14에서와 마찬가지로 동사 아사(עשה)가 완료 시제여서 하나님이 하신 행위의 단호함, 따라서 인간은 그것을 변화시킬 수 없다는 의미가 잘 드러나 있다.

이번에는 6:10을 보도록 하자.

> 이미 있는 무엇이든지 오래 전부터 그 이름이 칭한 바 되었으며 사람이 무엇인지도 이미 안 바 되었나니 자기보다 강한 자와 능히 다툴 수 없느니라.

현재 존재하는 것들은 하나님에 의해 이미 오래 전에 작정된 것들이다. 즉 인간이 변개(變改)를 꿈꿀 수 있는 한계 밖에 있는 것이다. 그와 같이 자신의 한계를 넘어선 것을 두고 인간은 자기보다 강한 자, 즉 하나님과 다툴 수 없다.[81] 승산이 전혀 없다. 오직 순순히 받아들여야 할 뿐이다. 역시 하나님의 주권을 극명하게 강조한 말씀이다. 끝으로 7:24은 어떠한가.

> 무릇 된 것이 멀고 깊고 깊도다 누가 능히 통달하랴.

하나님은 멀리 계시며 되어지는 일들은 깊어 헤아릴 수 없다. 하나님의 초월과 그의 주권 앞에 인간의 한계를 통감하는 탄식이다. 고센(Gorssen)의 표현처럼 전도서의 하나님은 "극단적으로 주권적인 하나님"[82]이시다. 전도서는 우리의

---

81) 여기서 "자기보다 강한 것"은 예정이나 숙명을 가리키는 것으로 볼 수도 있다.

82) "Un Dieu souverain à l'extrême." L. Gorssen, "La cohérence de la conception de Dieu dans l'Ecclésiaste," *ETL* 46(1970): 313, quoted in Murphy, *Ecclesiastes*, lxviii.

인지와 능력을 넘어서는 것들에 대해 받아들일 것을 시종일관 권한다.

전도서가 받아들이라는 메시지를 전하는 두 번째 방식은 소위 '즐거움 단락'(enjoyment passages)을 통해서이다. 전도자는 생의 납득할 수 없는 일들에 대해 해소되지 않는 고민으로 괴로워하다가 불현듯 태도를 바꿔 "사람이 먹고 마시며 수고하는 가운데서 즐거움을 누리는 것보다 나은 것이 없다"라는 내용의 색다른 권면으로 돌아서곤 한다. 이것을 필자는 '즐거움 단락'이라 부르고 있는데 이것은 2:24, 3:12~13, 3:22, 5:18~20, 8:15, 9:7~10 등에 나온다. 한 곳에 모아 일별할 필요가 있다.

> 2:24
> 사람이 먹고 마시며 수고하는 가운데서 심령으로 낙을 누리게 하는 것보다 나은 것이 없나니 내가 이것도 본즉 하나님의 손에서 나는 것이로다.

> 3:12~13
> 사람이 사는 동안에 기뻐하며 선을 행하는 것보다 나은 것이 없는 줄을 내가 알았고
> 사람마다 먹고 마시는 것과 수고함으로 낙을 누리는 것이 하나님의 선물인 줄을 또한 알았도다.

> 3:22
> 그러므로 내 소견에는 사람이 자기 일에 즐거워하는 것보다 나은 것이 없나니 이는 그의 분복이라 그 신후사를 보게 하려고 저를 도로 데리고 올 자가 누구이랴.

> 5:18~20
> 사람이 하나님의 주신 바 그 일평생에 먹고 마시며 해 아래서 수고하는 모든 수고 중에서 낙을 누리는 것이 선하고 아름다움을 내가 보았나니 이것이 그의 분복이로다

어떤 사람에게든지 하나님이 재물과 부요를 주사 능히 누리게 하시며 분복을
받아 수고함으로 즐거워하게 하신 것은 하나님의 선물이라
저는 그 생명의 날을 깊이 관념치 아니하리니 이는 하나님이 저의 마음의
기뻐하는 것으로 응하심이라.

8:15
이에 내가 희락을 칭찬하노니 이는 사람이 먹고 마시고 즐거워하는 것보다
해 아래서 나은 것이 없음이라 하나님이 사람으로 해 아래서 살게 하신 날
동안 수고하는 중에 이것이 항상 함께 있을 것이니라.

9:7~10
너는 가서 기쁨으로 네 식물을 먹고 즐거운 마음으로 네 포도주를 마실찌어다
이는 하나님이 너의 하는 일을 벌써 기쁘게 받으셨음이니라
네 의복을 항상 희게 하며 네 머리에 향 기름을 그치지 않게 할찌니라
네 헛된 평생의 모든 날 곧 하나님이 해 아래서 네게 주신 모든 헛된 날에
사랑하는 아내와 함께 즐겁게 살찌어다 이는 네가 일평생에 해 아래서 수고하고
얻은 분복이니라
무릇 네 손이 일을 당하는 대로 힘을 다하여 할찌어다 네가 장차 들어갈
음부에는 일도 없고 계획도 없고 지식도 없고 지혜도 없음이니라.

  팍스(M. Fox) 교수가 흥미로운 관찰을 하였다. 전도자는 인간의 무력함에
대해 자신의 절망이 극에 달할 때 이 즐거움 권면을 하곤 했다는 것이다.[83]
인간의 생이 무의미하고 무익하며 죽음 앞에 무력함을 발견할 때, 그리고
기대했던 합리와 정의를 이 세상에서 찾아볼 수 없을 때, 전도자는 자신의
절망을 일순 털어버리며 즐거움에로 주의를 돌린다는 것이다. 인생의 매우
깊은 문제들에 대해서는 사실상 답이 없는 것이다. 다만 하나님은 우리에게
삶을 주셨다. 그게 전부다. 우리가 할 일은 불필요한 질문을 거듭 제기하는

---

83) 팍스의 표현을 그대로 옮겨 본다: "when Qohelet's frustration at human helplessness peaks,
   he advises pleasure." Fox, *Qohelet*, p. 75.

것이 아니고 우리에게 다가오는 하루하루의 삶을 충분히 살아내는 것이다.[84) 해소되지 않는 고민으로 괴로워하는 대신 주어진 삶에 최선을 다하고 즐거움을 최대한 누리는 것 그것만이 할 수 있는 일이고 해야 할 일이다. 그렇다면 이 즐거움 단락 역시 받아들일 수 없는 일들 앞에서 그것들을 받아들이라는 권면에 다름 아닌 것이 된다.

이상을 종합해보면 전도서는 인생의 이해되지 않는 문제점들은 그것 그대로 지적하면서 동시에 그것들을 받아들이도록 권하고 있음을 알 수 있다. 의문이 해소되거나 어려운 문제가 해결된 것이 아니다. 그냥 그대로 있다. 그러나 그것(들)을 있는 그대로 긍정할 수 있어야 함을 말한다. 의문이나 문제가 해소되지 않은 채로, 일어나는 대로 받아들이는 것을 말한다. 말하자면 '해소되지 않은 채 긍정'이라 이름할 수 있을 것이다(혹은 '긍정할 수 없음을 넘어선 긍정,' '받아들일 수 없음을 넘어선 받아들임'이라 불러도 좋다). 물론 변화시켜야 될 것과 받아들여야 될 것의 차이를 아는 지혜는 언제나 필요하다. 문제는 받아들여야 될 것임에도 불구하고 받아들이지 못하고 계속 스스로 괴롭히고 있는 인간의 영혼인 것이다. 받아들여야 될 문제에 관한 한 전도서는 하나님과 하나님이 하시는 일에 대해 깊이 수긍하고 순복할 것을 충고한다.

세 번째 방식은 결언(epilogue, 12:9~14)을 통한 방식이다. 특히 12:13이 중요하다.

> 일의 결국을 다 들었으니 하나님을 경외하고 그 명령을 지킬찌어다 이것이 사람의 본분이니라.

---

84) 이 부분은 Davidson 주석의 도움을 받았다. Robert Davidson, 『전도서 · 아가』, 박양조 옮김 (서울: 기독교문사, 1987), 36쪽.

12:13을 포함하는 12:9~14(소위 에필로그)는 비평주의자들의 생각처럼 전도서를
정경에 포함시키기 위하여 후대에 삽입한 문구가 아니다. 비평주의자들은
1:2에서 12:8까지가 허무적이고 부정적인 주제로 일관하기 때문에 전도서가
정경에 포함되기 위해서는 무언가 책을 마감할 긍정적인 문구가 필요했는데
이 필요를 채우기 위해 창작되고 첨가된 것이 12:9~14이라고 생각한다.[85]
그러나 이처럼 1:2~12:8과 12:9~14을 분리하여 이해하는 접근 방식은 12:13(과
12:9~14)의 성격을 완전히 곡해하는 결과를 낳는다. 그것은 우선 1:2~12:8의
의미를 제대로 이해하지 못한 소치이고 이와 더불어 12:9~14의 기능을 심각하게
오해한 것이다. 전도서는 전권을 한 사람의 저자가 쓴 것으로 보아야 정상적으로
이해될 수 있다는 것이 필자의 생각이다. 1:2부터 12:8까지에서 저자가 자신의
고민(회의, 불평)을 늘어놓고 있는 것은 사실이다. 그러나 저자는 여기서 고민과
불평을 표출하는 데만 머물러 있지 않다는 사실을 놓쳐서는 안된다. 고민은
고민대로 정직하게 드러내지만, 다른 한편으로는 하나님이 주신 세계/환경에
대해서 그것을 있는 그대로 받아들이라고 열심히 충고하고 있다. 즉 1:2~12:8은
비평가들이 생각하는 것처럼 부정적인 내용만으로 일관하는 것이 아니라,
이미 긍정적인 메시지가 충분히 들어 있다. 아니 들어 있는 정도가 아니라
그 메시지는 1:2~12:8의 핵심이다. 이미 위에서 살핀 바와 같다. 그러면 12:9~14은
무엇인가. 1:2~12:8에서 시작된 '받아들이라'는 메시지를(물론 거기서는 이 메시
지가 회의(懷疑), 불평과 함께 주어졌다) 이제는 결론의 형식으로 한 번 더 다짐하고
마치려는 것이다. 이번에는 회의, 불만의 내용이나 냉소적인 어조가 제거된

---

85) 전도서의 최종 형태를 중시하는 Childs도 12:9-14를 해석함에 있어서는 결국 비평주의의
아들이다. Childs는 12:9-14를 전도서를 정경에 포함시키고자 한 유대인 신앙공동체가 전도서
(원래는 12:8까지만이었음)를 '긍정적인' 책으로 만들기 위해 첨부한 "official corrective"(공식
적으로 첨부한 교정부분)라고 본다. B. S. Childs, *Introduction*, pp. 581-89 (특히 584, 588).

순수한 형식, 즉 단순하고 직접적으로 경건을 권하는 형식을 취한다. 13절의
"하나님을 두려워하고 그의 계명들을 지키라"는 말씀은 또 하나의 '받아들이라'
는 메시지라 생각된다. 여러 복잡한 질문에 휘둘리지 말고, 하나님을 경외하고
순종하는 매우 당연하고 상식적인 신앙생활, 곧 평범한 신앙생활로 돌아가라는
명령이기 때문이다. 이해할 수 없는 일들에 대해 끊임없이 문제 제기나 하고
있는 것은, 그렇게 하여 자신의 영혼을 끝없이 괴롭히는 것은 지혜가 아니다.
평범한 삶으로 돌아가 그동안 배워온 전통적인 가치(하나님 경외, 순종)를 따라
주어진 삶을 충분히 살아라. "그것이 사람이 할 전부"이다.[86] 결언은 이처럼
받아들이라는 1:2~12:8의 메시지를 다시 한 번 확인하고 강조하면서 책을
마감하고 있다.[87]

이상과 같이 전도서는 '받아들이라'는 메시지를 전하고 있음을 여러 가지
방향에서 살펴보았다. 책의 본체부에서부터 시작된 이 메시지는 결언에서
새로운 방법으로 한 번 더 확인/강조된 뒤 마쳐진다. 하나님과 그분이 주신
세계를 깊이 긍정하고 순복하는 것이 인간이 마땅히 할 바이다. 또한 이를
통해서 인간의 영혼은 불확실하고 혼란스런 세상 속에서 안정과 평온을 찾을
수 있을 것이다.

---

86) 개역한글판에는 "이것이 사람의 본분이니라"고 번역되었지만 직역하면 "이것이 사람의(즉
   인간됨의) 전부이니라"임(כל־האדם; 쩨 콜하아담).
87) 사실 1:2-12:8과 12:9-14 사이에는 문체상 논조상 상당한 불연속이 존재한다. 저자는 이
   불연속으로 '긍정할 수 없음을 넘어선 긍정'이라는 메시지에 담긴 인간의 수용(인지) 능력과
   그에게 요구되는 수용의 당위 사이의 넘을 수 없는 간격(불연속)을 상징하려 했는지 모른다.
   만일 이것이 사실이라면 두 부분 사이의 이와 같은 문학적 불연속은 비평주의자들이 주장하는
   것처럼 두 명의 저작자에 대한 징후는커녕 탁월한 한 명의 저자의 빼어난 수사 솜씨라는
   증거가 아닐 수 없다.

4. 맺는 말

전도서의 메시지는 머피의 표현처럼 "하나님의 견지에서 하나님을 받아들이라"(Accept God on God's terms)는 것이다.[88] 인간은 세계와 하나님을 자신의 방식으로 이해하려는 경향이 있다. 인간은 자신이 하나님보다 우월한 것처럼 하나님이 하시는 일에 대해 자신의 세계 이해를 가지고 지시하려고 하게 된다. 어쩌면 전도서는 이와 같은 '어리석음'에서 비롯되는 영혼의 불행을 막아 주려고 이 받아들이라는 교훈을 준비하고 있는지 모른다. 하나님은 "숨겨진 하나님"(*deus absconditus*)이시다.[89] 초월자이시고 주권자이신 하나님은 처음부터 인간에게는 심원한, 감춰진(hidden) 존재이며 그가 하시는 일은 인간이 제한된 능력을 가지고 다 파악할 수 없게 되어 있다. 되어지는 일들은 하나님이 다 알아서 하시는 것이요 깊이 생각하셔서 하시는 일이다. 피조물인 인간은 자신의 방식에 근거한 고집이나 주장을 거두고 하나님이 하시는 일들을 그대로 수용해야 할 뿐이다. 깊이 수용하며 순응하는 것, 이것이 바로 전도서가 말하는 지혜요 신앙이다.

인간에게는 두 가지 종류의 씨름하며 살아가야 할 문제가 있다. 하나는 기도해서 해결할 문제요 다른 하나는 받아들여야 할 문제이다. 기도해서 해결할 문제란 어떤 곤경이 닥쳤을 때 하나님께 기도하고 응답을 받아 그 곤경에서부터

---

88) 머피는 이것을 전도서가 말하는 믿음의 질(the quality of faith)이라 말하고 있다. R. E. Murphy, *The Tree of Life: An Exploration of Biblical Wisdom Literature* (New York: Doubleday, 1990), p. 58; Murphy, *Ecclesiastes*, p. ix. 머피는 이와 같은 믿음을 다음과 같이 다른 말로 표현하기도 했다: "meet the present as it is, as it comes from the hand of God, with joy." R. E. Murphy, *Wisdom Literature: Job, Proverbs, Ruth, Canticles, Ecclesiastes, and Esther*, FOTL XIII (Grand Rapids: Eerdmans, 1981), p. 131.

89) Murphy, *The Tree of Life*, p. 59.

해방되는 그런 문제이다. 말 그대로 기도해서 문제를 해결 받는 것을 말한다. 마태복음 7:9과 21:22에서 예수님은 각각 "구하는 이마다 얻을 것이요," "너희가 기도할 때에 무엇이든지 믿고 구하는 것은 다 받으리라"고 말씀하셨다. 기도 응답에 대한 무한한 확신을 표하신 것이다. 하나님은 그분의 자녀가 처한 어려움이 어떤 것이든 기도라는 자유롭고 위대한 교제의 통로를 통하여 그 문제를 해결해주신다.

받아들여야 할 문제란 이와는 달리 하나님이 곤경을 없애 주실 능력이 있음에도 불구하고 어떤 어려움을 일정 기간 그냥 있도록 하시는 것을 말한다. 기도로 해소되는 성격의 것이 아니며 하나님의 자녀는 이것을 상당 기간 겪고 지나야 한다. 하나님의 경륜 가운데 되어지는 것으로서 이는 우리가 받아들여야 할 문제이다. 예수께서 마태복음 16:24에서 "아무든지 나를 따라 오려거든 자기를 부인하고 자기 십자가를 지고 나를 좇을 것이니라" 하신다. 하나님의 자녀들에게는 "지고" 가야 할 문제가 있다는 것이다. 기도만 하면 매사가 인간의 뜻대로 해결되는 그런 것이 우리가 살아가는 세계가 아니다. 세계에는 하나님의 뜻이라는 대원리가 작용하고 있어서 인간이 채 다 이해할 수 없는 방식으로 일들이 나타나는데 하나님의 자녀는 이러한 '받아들여야' 할 경륜들에 대해 준비가 있어야 하는 것이다.

한국교회는 첫째 문제에 대해서는 열심도 많고 경험도 풍부하지만 둘째 문제에 대해서는 이상하리만큼 생소하다. 이에 대해서는 관심조차 주어지지 않으며 적응하고자 하는 노력도 거의 없는 것 같다. 그러나 이 받아들이는 문제에 적응할 준비가 되어 있지 않으면 조금만 어려움이 와도 동요하게 되며 신앙은 깊어지지 않는다. 이 문제에 대한 충분한 인식과 적응을 위한 동기 부여가 절실히 필요한 것 같다. 전도서는 우리로 하여금 하나님을 하나님의 방식으로 받아들이는, 익숙한 용어로 표현한다면 하나님의 주권을 철저히 신뢰하는, 깊은 신앙을 독려하는 책인 것이다. 예수 그리스도의 십자가와 연합하여 살아간다는 것도 이 받아들이는 신앙에 다름 아니지 않은가.

본서는 지금까지 전도서의 받아들이라는 메시지에 대해 생각했다. 사실 전도서는 신학 논문이 아니요 인간의 삶을 실제로 도와주는 인생 매뉴얼에 해당하기 때문에 주제(메시지)가 이것이다 하고 한마디로 요약하는 것은 오히려 적절치 않은 일이라고 생각된다. 전도서에는 받아들이라는 '사색적인' 가르침 외에도 삶을 살아가는 데 필요한 '실제적인' 많은 지혜들이 있어서[90] 전도서의 메시지를 정리하라 한다면 한 항목이 아닌 여러 항목으로 말해야 할 것이기 때문이다. 본서가 시도한 것은 전도서 전체가 무엇을 말하는지를 낱낱이 밝혀내는 것이 아니었다. 다만 그간 제대로 밝혀지지 않은 책의 핵심 메시지를 규명하여 전도서가 바르게 이해될 수 있는 틀을 마련하고자 한 것이다. 그러다 보니 핵심 메시지 규명에만 주력하였고 여러 가지 다양하게 제시되어 있는 교훈들에 대해서는 상세히 검토할 시간을 갖지 않았다. 다음에 나오는 칼빈신학교 John Stek 교수의 전도서 요약이 이 점을 어느 정도 보충해 줄 것이라 여겨져 여기 소개한다.

전도서는 다음의 것들을 충고/상담한다(counsels):

---

90) 학자들은 지혜서를 크게 '실제적(실천적) 지혜'(practical wisdom)와 '사색적 지혜'(speculative wisdom)로 나눈다. 잠언이 전자에 속하고 전도서와 욥기는 후자에 속한다. 실제적 지혜란 인간이 삶을 사는데 실제적으로(직접적으로) 도움이 되는 유용한 교훈들을 말하는 것이고, 사색적 지혜란 실제적 지혜의 한계를 절감한 후 그것을 뒤집거나 넘어서는, 즉 한 단계 더 생각하여 얻어낸 교훈 또는 지혜들을 말한다. 이 분류에 대한 상세한 토론은 R. Gordis, *Koheleth*, pp. 26-28을 참조. 물론 본서가 여기서 '실제적'이다 '사색적'이다는 표현을 쓰는 것은 지혜서의 책 한권 한권에 대한 평가가 아니고 성경 개별 구절들의 성격에 대한 평가이다.

1. 하나님의 작정하심에 의해 결정된 인간의 상태를 받아들이라.[91]
2. 네가 할 수 있는 대로 충분히 인생을 즐겨라.
3. 비현실적인 목표를 가지고 너 자신을 들들 볶지마라.[92] ― 인간의 한계(분수)를 알아라.
4. 모든 일에 분변 있게(신중하게) 행동하라.
5. 하나님과 왕 앞에서 신중하게(용의주도하게) 처신하라.
6. 젊은 날부터 하나님을 기억하며, 그를 두려워하고 그의 계명들을 지키라.[93]

---

91) 원문: Accept the human state as it has been shaped by God's appointments.

92) 원문: Don't vex yourself with unrealistic goals.

93) John Stek, *Aspects of Old Testament Poetics and Introductions to Psalms Proverbs Ecclesiastes*, an Unpublished Syllabus (Grand Rapids: Calvin Theological Seminary, 1987), p. 80.

제5장

지혜와 신약

신약성경을 보면 적지 않은 책들이 구약의 지혜 사상에 깊이 영향을 받고 있는 것을 알 수 있다. 신약성경 여기저기에 보면 우선 지혜와 관련된 어휘가 많이 쓰이고 있다. 또한 지혜를 서술할 때 사용된 문체나 문학 형식도 빈번히 채용되고 있는 것을 본다. 구약 지혜서들이 진지하게 다루는 도덕질서와 그에 관련된 우주-세계론적인 질문과 같은 것도 눈에 띈다. 더 나아가 예수님의 생애와 교훈을 설명하거나, 심지어 예수님 자신을 구속주로 제시하는 일에도 지혜 어휘나 지혜의 기술(記述)에 사용된 문학 양식들이 채용되고 있다.

지금까지 우리는 구약성경 지혜서에 제시된 지혜에 대해 탐구했다. 그러나 구약의 지혜는 신약성경에 일정한 영향을 미친 것이 분명하기 때문에 이 탐구를 마치려면 신약성경의 '지혜'도 다루어져야 할 것으로 생각된다. 즉 이제 한 가지 남은 일은 구약의 지혜와 신약성경은 어떠한 관계에 있는가 하는 것을 규명하는 ― '규명하는'이라는 표현이 너무 거창하다면 '살피는' ― 일인 것이다. 구약의 지혜가 어떻게 신약에 영향을 미쳤으며 신약성경의 저자들은 지혜를 어떻게 이해하고 어떻게 해석했는가 하는 점을 파악하는 것이다. 그러나 이 일은 결코 쉬운 작업은 아니다. 이미 앞의 장들에서 살폈다시피 구약의 지혜란 개념 자체가 파악이 그리 쉬운 대상이 아니었다. 물론 지혜서를 소상히 살피면 지혜나 지혜의 배경에 대한 그림이 어느 정도 나오는 것은 사실이다. 그러나 아직 밝혀지지 않은 국면이 너무나 많은 것이 구약의 지혜의 개념이다. 구약의 지혜의 이해가 이렇게 어렵다 할진대 그것이 신약과 가지는 관계를(신약에 끼친 영향을) 파악해 내는 일은 더더욱 어려운 일이 될 수밖에 없을 것이다. 원래가 구약성경과 신약성경의 관계를 설정하는 일 자체가 매우 어렵고 그에 관해 내려진 결론이라는 것들도 논란 중인 것이 많은 형편인데 더욱이 구약의 개념 가운데서도 아직도 모호한 부분이 많은 지혜와 신약과의 관계야 더 말할 나위가 없을 것이다.

그러나 어쨌든 지혜 사상(개념)이 신약의 형성에 깊은 영향을 준 것만은 부인할 수 없는 사실이다. 지혜의 어휘, 지혜의 문학양식, 지혜 사상의 반향(echo) 등 여러 흔적이 신약성경 여기저기에 명시적 혹은 암시적으로 배어있기 때문에 이것은 분명한 사실로 생각된다. 다만 명료한 상관관계의 설정이 쉽지 않을 뿐이다.

구약의 지혜가 신약에 끼친 영향을 살피는 것은 신약과 구약의 관계를 연구하는 데 새로운 진보를 약속하는 일이기도 하다. 지금까지 신약과 구약의 관계에 대한 설명은 구속사적인 조망 아래 모형론적인 연결을 시도하거나, 신구약이 언약신학적 틀에 있어 동일한 구조를 지닌다는 점을 밝힘으로 그 둘이 하나의 계시인 점을 입증하는 방식 등이 주된 방법이었다. 그러나 이제부터는 지혜도 신약과 구약을 연결하는 주요 고리들 중의 하나가 된다. 신약 기자들은 예수 그리스도를 구약의 지혜에 숙달되고 정통한 분으로 제시하기를 주저하지 않는다. 그리고 그를 구약의 지혜가 이 지상에 구체적인 인격이 되어 오신 분, 더욱 단적으로 말하면 그 지혜 자체이신 분으로 제시한다. 구약의 지혜는,

적어도 신약 기자들에 의하면, 지상에 오신 성자 예수에 대한 하나의 예비적
계시가 되는 것이다.

지혜와 신약의 관계를 살피는 일은 구약의 지혜 자체를 이해하는 일에도
일정한 도움이 될 수 있을 것 같다. 그 관계를 살피면 신약 기자들이 지혜를
어떻게 이해하고 해석했는지가 밝혀지게 될 텐데 이는 구약만으로써는 채
파악할 수 없었던 지혜의 보다 넓고 깊은 국면을 이해하는 계기가 될 수
있기 때문이다. 지혜가 단순히 이스라엘에게만 의미 있는 말씀이 아니라 성경의
전체 계시사에서 중요한 하나의 위치를 점하고 있음이 드러나게 된다. 이것은
구약의 지혜 자체를 더 풍부하게 이해하는 계기가 될 수 있다.

그러나 유감스럽게도 지혜와 신약간의 관계는 아직 체계적으로 연구되어
있지 못하다. 이 주제와 관련하여 학자들 사이에 두루 공감하는 동의(consensus)
의 장이 존재하는 것 같지도 않다. 지혜서에 관한 입문서나 해설서들이 이따금씩
이 주제를 다루고 있으나 '표준적인' 결론이 내려지기에는 아직 먼 것 같다.
이와 같이 열악한 연구 환경을 전제로 하면서 본서는 지혜가 신약성경에
끼친 영향을 신약성경을 몇 부분으로 나누어 살피려 한다. 즉 공관복음, 요한복
음, 바울의 서신들, 야고보서, 요한계시록 등에 대하여 살필 것이다. 기본적으로
신약성경의 문맥이나 문체를 면밀히 조사할 것이며, 어휘는 히브리어 **호흐마**
(חכמה; "지혜")의 헬라어 번역어인 **소피아**(σοφία)와 **하함**(חכם; "지혜로운")의[1]
번역어인 **소포스**(σοφός)를 중심으로 살필 것이다.[2]

---

1) 호흐마(חכמה)와 하함(חכם) 두 단어의 의미에 대해서는 제1장 3의 1)을 참고할 것.

2) 소피아(σοφία)와 소포스(σοφός)를 호흐마(חכמה)와 하함(חכם)의 번역어로 단정하는 이유는 칠십인
역이 두 히브리어 단어들을 그와 같이 번역하기 때문이다. 먼저 소피아(σοφία)를 살펴 보자.
Hatch and Redpath에 의하면 칠십인역은 구약 전체적으로 비나(בינה), 터부나(תבונה), 다앝(דעת),
호흐마(חכמה), 무살(מוסר), 마하쉐벨(מחשבה), 세헬(שכל) 등을 번역하는 데 소피아를 사용하고
있다. 총 138회 쓰인다. 그런데 이 중 127회가 호흐마를 번역하는 데 쓰였다(필자의 계수).
전체 사용된 경우의 92%에 해당한다. 소피아는 히브리어 호흐마와 일대일 대응하는 헬라어로

1. 공관복음

공관복음들은 여러 모양으로 지혜를 예수님과 연결시킨다. 우선 예수님은 어린 시절부터 지혜로운 아이로 자라났다.

> 아기가 자라며 강하여지고 지혜가 충족하여 하나님의 은혜가 그 위에 있더라(눅 2:40)

> 예수는 그 지혜와 그 키가 자라가며 하나님과 사람에게 더 사랑스러워 가시더라(눅 2:52)

예수님은 이미 열두 살 때에 성전에서 "선생들"과 토론하였는데 탁월한 지혜를 지니고 계심을 드러내었다.

> 사흘 후에 성전에서 만난즉 그가 선생들 중에 앉으사 저희에게 듣기도 하시며 묻기도 하시니 듣는 자가 다 그 지혜와 대답을 기이히 여기더라(눅 2:46-47)

공관복음들은 또한 예수님을 지혜교사의 모습으로 그린다. 예수님의 가르침은 내용에 있어서나 형식에 있어서 지혜의 그것과 여러 모양으로 닮았다.

간주해서 무리가 없을 것 같다. 소포스(σοφός)도 마찬가지이다. 칠십인역은 빈(בין), 형용사 하함(חכם)(다니엘서에 쓰인 아람어 하킴[חכים]도 포함), 동사 하함(חכם), 할톰(חרטם), 나호아흐(נבון), 호싶 레카흐(לקח יוסיף) 등를 번역하는 데 소포스를 사용한다. 총 131회 쓰인다. 이 중 128회가 형용사 하함 또는 동사 하함을 번역하는 데 쓰였다(필자의 계수)(칠십인역은 동사 하함을 "be wise" 또는 "become wise"로 번역하여 거의 형용사 하함과 같은 의미로 이해하고 있어서 동사 하함도 형용사 하함의 번역에 같이 계수함). 전체 사용된 경우의 98%에 가깝다. 소포스 역시 형용사 하함에 일대일 대응하는 단어로 보아 무리가 없을 것 같다. Edwin Hatch and Henry A. Redpath, *A Concordance to the Septuagint and the other Greek Versions of the Old Testament* (reprint, Grand Rapids: Baker Book House, 1991), pp. 1278-1281.

특히 그의 많은 금언들(proverbs)과 비유들(parables)은 자연과 일상생활에서
이끌어 낸 것들로 잠언 등의 지혜와 많이 닮았다. 예수께서는 어려운 문제를
내신 다음 그것을 예기치 못한 방식으로 풀어주시기도 하는데 이도 지혜에서
발견되는 양상이다.3)

   예수님의 가르침이 지혜 교훈이었음은 우선 산상수훈에서 살필 수 있다.
산상수훈은 그 마감 부분을 보면 마태가 산상수훈 전체를 지혜의 가르침으로
결론하고 있는 것을 볼 수 있다. 마태는 산상수훈의 가르침을 다 기록한 다음
예수님의 말씀을 듣고 행하는 자는 "지혜로운" 사람이요, 듣고 행치 않는
자는 "어리석은" 사람이라고 결론한다(7:24~27). 산상수훈의 가르침은 그 목표
가 듣는 이들로 하여금 "지혜로운" 사람이 되게 하는 것이라는 말이다. 산상수훈
은 그것이 취하고 있는 교훈들(instructions), 경계와 권면들(admonitions), 역설적
인 교훈들을(paradoxical sayings) 볼 때 전체적으로 지혜의 형식과 내용으로
되어 있음을 느끼게 한다.4) 의와 악 등 두 가지 삶의 방식을 대비하여 말하는
점, 행위나 삶을 많이 강조하는 점, "상"에 대해 자주 언급하는 점(마 5:12,
46; 6:1, 2, 5, 16)5) 등은 구약의 지혜가 지니는 특징이다. 특히 "상"(reward)은
잠언의 대표적 가르침인 '보응의 원리'(virtue-reward relationship)에서 행위의
결과에 대해 말하는 개념이다. 형식에 있어서는 팔복의 항목들을 시작할 때
쓴 단어 "…하는 자는 복이 있나니"를 들 수 있다. 이 단어(μακάριοι)에 상응하는

3) 참고: William S. La Sor, David A. Hubbard, and Frederic Wm. Bush, *Old Testament Survey: The Message, Form, and Background of the Old Testament* (Grand Rapids: Eerdmans, 1982), p. 546.
4) 참고: Richard J. Clifford, *The Wisdom Literature* (Nashville: Abingdon Press, 1998), p. 167. Conzelmann은 특히 마태복음 6:19-7:23에 지혜 교훈이(wisdom teachings) 집적되어 있다고 본다. H. Conzelmann, "Wisdom in the NT," *IDBS*, p. 958.
5) "상"(reward)은 마태복음에 총 9회 나오는데 그 중 여섯 번이 산상수훈에 나오고 있다. 나머지 3회는 10:41(2회), 42에 나온다.

히브리어는 아쉬레(אשׁרי; "복이 있나니")인데 이는 지혜 문학에서 특징적으로 발견되는 단어이다.6) 이러한 여러 가지를 종합적으로 볼 때 산상수훈에서 예수님의 가르침은 지혜 교훈으로 예수님 자신은 지혜 교사의 모습으로 그려지고 있음을 알 수 있다.7)

　　예수님의 천국 비유들도 지혜 교훈의 성격이 짙다. 마태복음(13장), 마가복음(4장), 누가복음(8, 13장)에 나오는 천국 비유들은 그 소재를 모두 자연이나(씨, 땅, 흙, 길가, 돌밭, 가시떨기, 싹, 해, 새, 겨자씨, 나물 등) 일상생활에서(가루서말, 누룩, 보화, 소유, 진주, 장사, 물고기, 그물, 그릇) 얻고 있다. 비유들이 어떤 좋은 결과를 지향한다는 점도(씨뿌리는 자의 비유, 겨자씨 비유, 누룩 비유) 잠언의 지혜를 닮았다. 값진 보화에 대해 열정을 낼 것을 가르치는 교훈도(밭에 감추인 보화 비유, 좋은 진주 비유) 지혜를 값진 보화보다 귀하게 여기라는 잠언의 교훈을 닮았다(잠 2:4; 3:14, 15; 8:10, 11, 19; 16:16; 20:15; 참고: 21:20; 24:40). 이외에 "알다"(마 13:11), "깨닫다"(마 11:13)라는 말들이 쓰이고 있는데 이도 지혜 어휘와 관련된 말들이다.8) 예수님의 천국 비유를 지혜 교훈으로 추측하게 하는 증거를 하나 더 생각할 수 있다. 마태복음 13장은 예수님이 천국 비유를 베푸신 후 곧이어 고향으로 돌아가셔서 가르치셨다고 보도한다. 이 때 사람들이 예수님의 가르침을 듣고 그의 지혜에 대해 매우 놀랐다고 한다.

　　　　예수께서 이 모든 비유를 마치신 후에 거기를 떠나서 고향으로 돌아가사

---

6) 참고: La Sor, Hubbard, and Bush, *Old Testament Survey*, p. 522.

7) 예수님의 공생애 사역은 "가르치고" 복음을 전파하고 병을 고치는 것이었다(마 4:23; 9:35). Conzelmann은 예수님은 그 자신이 지혜교사(a teacher of wisdom)였다고 서슴없이 단정한다. Conzelmann, "Wisdom in the NT," p. 958.

8) "알다"와 "깨닫다"는 지혜 어휘인 다아트(דעת; "지식"), 비나(בינה; "명철," "분변")와 각각 관련되어 있다.

> 저희 회당에서 가르치시니 저희가 놀라 가로되 이 사람의 이 지혜와 이런
> 능력이 어디서 났느뇨 이는 그 목수의 아들이 아니냐 그 모친은 마리아, 그
> 형제들은 야고보, 요셉, 시몬, 유다라 하지 않느냐 그 누이들은 다 우리와
> 함께 있지 아니하냐 그런즉 이 사람의 이 모든 것이 어디서 났느뇨 하고(마
> 13:53~56)

물론 이 반응은 직접적으로 천국 비유에 대한 것은 아니다. 그러나 천국 비유에
바로 이어진 문맥에서 예수님의 가르침이 "지혜"로 언급된 것은 마태가 앞에
있는 천국 비유를 지혜 교훈으로 이해한 것이 아닌가 하는 추측을 가능케
한다는 말이다. 그리고 물론 고향에 가서 베푸신 가르침 역시 천국 비유였을
가능성도 배제할 수 없다.

 그러나 역시 공관복음에서 큰 흥미를 끄는 것은 예수님을 하나의 뛰어난
지혜자로 해석하는 점이다. 예수님은 지혜를 소유한 정도로만 그치는 분이
아니고(참고: 막 6:2) 그 분 자신이 지혜자이시며 지혜자의 대표격인 "솔로몬보다
더 큰 이"라고 말해진다.

> 심판 때에 남방 여왕이 일어나 이 세대 사람을 정죄하리니 이는 그가 솔로몬의
> 지혜로운 말을 들으려고 땅 끝에서 왔음이어니와 솔로몬보다 더 큰 이가
> 여기 있느니라(마 12:42).[9]

공관복음은 이처럼 예수님을 가장 탁월한 지혜자로 이해하고 있다. 이 대목에
이르러서는 예수님과 지혜 또는 지혜자 그룹과의 관계는 부인할 수 없는
것이 된다. 그 분은 지혜자이셨고 지혜자들의 완성이셨다. 이제 그리스도는
구약의 선지자, 제사장, 왕의 직분만 완성하신 분이 아니라 지혜자의 직분도

---

9) 눅 11:31도 참조.

완성하신 분이 되는 것이다.

마지막으로 지적하고 지나갈 것은 공관복음이 예수님을 지혜 그 자체와 동일시하기도 한다는 점이다. 마태복음 11:16~19과 누가복음 7:31~35의 에피소드를 보자. 예수님이 공생애 사역을 하실 때에 동시대 사람들은 예수님의 가치와 행동방식이 자신들의 것과 다르다고 비난했다. 세례요한은 세례 요한대로 비난하고 예수님은 예수님대로 비난했다.

> 이 세대를 무엇으로 비유할꼬 비유컨대 아이들이 장터에 앉아 제 동무를 불러 가로되 우리가 너희를 향하여 피리를 불어도 너희가 춤추지 않고 우리가 애곡하여도 너희가 가슴을 치지 아니하였다 함과 같도다 요한이 와서 먹지도 않고 마시지도 아니하매 저희가 말하기를 귀신이 들렸다 하더니 인자는 와서 먹고 마시매 말하기를 보라 먹기를 탐하고 포도주를 즐기는 사람이요 세리와 죄인의 친구로다 하니 지혜는 그 행한 일로 인하여 옳다 함을 얻느니라(마 11:16~19).

그러나 이 에피소드는 "지혜는 그 행한 일로 인하여 옳다 함을 얻느니라"(누가복음: "지혜는 자기의 모든 자녀로 인하여 옳다 함을 얻느니라"[7:35])라는 결론으로 예수님의 사역을 정당화한다. 예수님의 가치와 행동방식은 그 열매로써 정당화된다. 아무리 예수님 당시의 세대가 비난을 퍼붓고 배척하더라도 예수님이 하신 일은 당시와 오고 오는 세대를 위해 진리로 굳게 자리매김 하게 되어 있다. 흥미있는 점은 마태복음 11:19의 "지혜"는 하나의 인격으로 언급되고 있다는 점이다(이 점은 누가복음 7:35의 "지혜"도 마찬가지이다). 그것이 "일"을 했다든지, "의롭게 여겨진다"("옳다함을 얻는다")든지 하는 표현이 그것을 말한다. 게다가 마태복음 11:19의 "그녀의 행한 일"은(개역한글판과 개역개정: "그 행한 일") 11:2의 "그리스도의 행한 일"과(개역한글판: "그리스도의 하신 일";

개역개정: "그리스도께서 하신 일") 비교될 수 있다.[10] 마태는 가까운 문맥 안에서 그리스도와 지혜를 평행으로 놓고 있는데 이것은 그가 예수님을 지혜 자체와 동일시한다는 것을 보여준다.[11] 마태복음 11장에서 지혜는 인격화(위격화)되고, 예수님은 인격화된(위격화된) 지혜로 (정체) 파악되고 있다.[12]

공관복음이 예수님을 지혜와 동일시한 것은 예수님께서 바리새인을 비롯한 유대의 지도자들을 질타하신 내용에서도 살펴볼 수 있다. 누가복음은 지혜가 지도자들을 질타했다고 말한다.

> 이러므로 하나님의 <u>지혜가</u> 일렀으되 내가 선지자와 사도들을 저희에게 보내리니 그 중에 더러는 죽이며 또 핍박하리라 하였으니 창세 이후로 흘린 모든 선지자의 피를 이 세대가 담당하되 곧 아벨의 피로부터 제단과 성전 사이에서 죽임을 당한 사가랴의 피까지 하리라 내가 너희에게 이르노니 과연 이 세대가 담당하리라(밑줄은 필자가 그은 것임)(눅 11:49~51).

마태복음은 같은 질타를 예수님 자신에게 돌리고 있다.

> 그러므로 <u>내가</u> 너희에게 선지자들과 지혜있는 자들과 서기관들을 보내매 너희가 그 중에서 더러는 죽이고 십자가에 못 박고 그 중에 더러는 너희 회당에서 채찍질하고 이 동네에서 저 동네로 구박하리라 그러므로 의인 아벨의 피로부터 성전과 제단 사이에서 너희가 죽인 바라갸의 아들 사가랴의 피까지 땅 위에서 흘린 의로운 피가 다 너희에게 돌아가리라 내가 진실로 너희에게 이르노니 이것이 다 이 세대에게 돌아가리라(밑줄은 필자가 그은 것임)(마 23:34~36).

---

10) 마 11:19 τῶν ἔργων αὐτῆς; 11:2 τά ἔργα τοῦ Χριστοῦ.

11) 참고: Conzelmann, "Wisdom in the NT," p. 958.

12) 잠언 1:20-33, 8:1-36 등에서 지혜가 거의 신적인 수준(divine level)의 연사(演士, speaker)로 등장하기 때문에 이 현상을 설명하기 위해 "위격화된 지혜"(hypostatized wisdom)라는 말이 생겼는데 그 말이 여기에 적용될 수 있다.

누가복음과 마태복음을 비교하여 볼 때 결국 마태는 지혜와 예수님을 동일시하고 있는 것으로 나타난다. 선지자와 서기관, 사도들을 보낸 이는 역사를 초월해 존재하는 인격인 지혜이다(선지자와 사도를 보냈다는 데서 지혜가 인간의 역사를 넘어선 존재임을 알 수 있다). 또한 그 인격은 바로 예수 그리스도이시다. 지혜는 자신이 보낸 사자들을 죽이고 탄압한 일에 대해 그 세대를 향해 강하게 책임을 묻는다. 예수 그리스도께서 또한 그렇게 하고 계시다. 어쨌든 마태는 예수님을 역사 저 너머에서 역사를 심판하시는 인격인 지혜 자체로 정체 파악하고 있다.

마태복음은 위의 에피소드에 바로 이어 선지자들과 파송된 자들을 해하며 하나님의 보호를 거부한 예루살렘을 질타하며 탄식하는 말씀을 전하고 있다(마 23:37-39; 누가복음은 13:34-35에 수록). 이 탄식의 말씀 역시 역사 너머에 계신 존재가 하신 말씀이다. 문맥으로 볼 때 그 존재는 바로 지혜이신 예수 그리스도이다. 마태와 누가의 말씀을 종합하면 지혜는 일단 이 세대에 의해 거부되고 후일에 귀환하게 된다. 거부되어 사라진 지혜가 후일 귀환할 것이라는 모티프는 공관복음 안에서 예수님의 죽음 및 재림과 연결된다.[13]

2. 요한복음

요한복음에는 "지혜"란 말은 등장하지 않는다. 그러나 요한복음은 구약의 지혜, 그 중에도 특히 잠언에 등장하는 의인화된(인격화된) 지혜숙녀(personified Lady Wisdom)의 영향을 깊이 받은 것으로 나타난다. 요한복음은 예수님을

---

13) 이 관찰에 대해서는 Conzelmann, "Wisdom in the NT," p. 958을 참조.

이 지혜숙녀와의 깊은 연관 속에 제시하고 있다.

요한복음은 예수님을 인간에게 생명과 진리를 주시기 위해 높은 곳에서부터 내려오신 성육신한 지혜(incarnate wisdom)로 간주하고 있다.[14) 요한복음 1장을 보면 예수 그리스도는 태초에 계셨던 말씀인데(1, 17절) 그(말씀)는 하나님과 함께 계셨고(2절)[15) 모든 만물은 그(말씀)로 말미암아 창조되었다(3절). 잠언 8장은 지혜숙녀가 태초에, 아니 창조 이전에 하나님과 함께 있었고(22~26절), 하나님이 천지를 창조하실 때 그곳에 있으면서 창조에 개입했다고(27~30절) 말씀한다. 요한복음 1장의 예수 그리스도("말씀")에 대한 진술과 잠언 8장의 지혜숙녀에 대한 진술이 정확한 평행을 이루고 있다. 요한복음은 예수님을 인격화된 지혜숙녀와 동일시하므로 그의 천상적 기원을 설명하고 있는 것이다. 요한복음의 로고스(Logos, "말씀") 기독론은 잠언의 지혜숙녀 묘사에 강하게 영향받았다고 말할 수 있다.

요한복음은 이 외에도 예수님을 여러 면에서 잠언의 지혜숙녀를 닮은 모습으로 그리고 있다.[16) 요한복음에서 예수님은 긴 강화(discourses)를 주시곤 하는데 이와 같은 것은 잠언에서 지혜숙녀가 보여주는 모습이다(잠 1:22~33; 8장). 잠언에서 지혜숙녀는 사람들이 지혜와 생명을 얻도록 자신의 기름진 잔치에 그들을 초대한다.

> 지혜가 그 집을 짓고 일곱 기둥을 다듬고 짐승을 잡으며 포도주를 혼합하여 상을 갖추고 그 여종을 보내어 성중 높은 곳에서 불러 이르기를 무릇 어리석은 자는 이리로 돌이키라 또 지혜 없는 자에게 이르기를 너는 와서 내 식물을 먹으며 내 혼합한 포도주를 마시고 어리석음을 버리고 생명을 얻으라 명철의

---

14) Clifford, *The Wisdom Literature*, p. 168.

15) 요한복음 17:5도 예수께서 창세전에 하나님 아버지와 함께 있었다고 말씀한다.

16) 이하 Clifford, *The Wisdom Literature*, p. 168을 참조.

길을 행하라 하느니라(잠 9:1~6).

예수님 역시 사람들을 초대하시며 "생명의 떡"을 제공하신다.

> 예수께서 가라사대 내가 곧 생명의 떡이니 내게 오는 자는 결코 주리지 아니할 터이요 나를 믿는 자는 영원히 목마르지 아니하리라(요 6:35).

잠언에서 지혜숙녀는 자신을 좇을 추종자들을 찾는다(1:20~21; 8:1~4). 요한복음에서 예수님 역시 자신을 좇을 제자들을 찾으신다(1:36~38, 43).

요한복음과 잠언 사이에 한 가지 더 생각해 볼 수 있는 유사점이 있다. 요한복음이 예수님을 제시하는 방법과 잠언이 지혜를 제시하는 방법 사이의 유사점이 그것이다. 요한복음과 잠언이 모두 한 인격이 내놓는 메시지의 내용을 그 인격 자체와 동일시하는 방식으로 그 인격을 소개한다. 요한복음은 "말씀" (ὁ λόγος)에 대해 진술함으로 시작한다. "말씀"의 기원, 창조시의 사역, 현재의 사역 등이 차례로 진술된다. 그러다가 결국 그 "말씀"이 예수 그리스도이심을 확인해 준다(1:17). 메시지를 내신 분(예수 그리스도)이 바로 자신이 낸 메시지의 내용("말씀")과 동일시되고 있는 것이다. 잠언도 이와 유사한 방식으로 지혜를 제시하고 있다. 잠언에서 지혜는 기본적으로 잠언이 가르치는 교훈의 내용이다 (아버지나 지혜숙녀가 가르치는 것으로 되어 있음). 그런데 어느덧 잠언은 교훈(메시지)의 내용인 지혜를 그 지혜를 내는 인격으로 취급하기 시작한다. 소위 "지혜숙녀"가 바로 그 인격이다(1:20~33; 8:1~36; 9:1~12). 잠언에서도 메시지의 내용이 그 메시지를 내는 인격과 동일시되는 셈이다. 요한복음과 잠언은 메시지를 내놓는 인격을 그 메시지의 내용과 동일시하여 제시한다는 점에 있어 또 하나의 유사점을 보인다. 이 역시 요한복음이 잠언의 영향(또는 잠언의 지혜숙녀의 영향)을 받았음을 짐작케 하는 대목이다.

3. 바울의 서신들

1) 로마서

로마서에서 "지혜"(또는 "지혜로운")란 말이 구약의 지혜와의 연관 속에 쓰인 것으로 보여지는 곳은 11:33과 16:27이다. "지혜"("지혜로운")가 이외에 여섯 군데 더 쓰였지만(1:14, 1:22, 11:25, 12:3, 12:16, 16:19) 이 경우들은 모두 구약 지혜서와 관련된 전문어로서의(technical) 의미가 아니고 사람의 통상적인 판단 능력을 가리키는 일반적인 의미로[17] 쓰였다. 구약의 지혜가 로마서에 어떻게 반영되었는가하는 것은 11:33과 16:27만 살피면 될 것 같다.

먼저 11:33부터 살피기로 하자. 11:33은 11:33~36의 문맥에서 쓰이고 있다. 11:33~36은 바울이 그의 유명한 토론, 즉 구속사에 있어서의 하나님의 선택의 문제를 다룬 토론(롬 9~11장)을 마감하는 단락이다. 여기에는 구약의 지혜를 연상케 하는 많은 어휘가 나오고 있다: "지혜," "지식," "길," "모사," "측량치 못할," "찾지 못할." 구속사에 있어 "이방인의 충만한 수가 들어오기까지 이스라엘의 더러를 완악하게 하시는"(롬 11:25) 하나님의 주권적 섭리는 참으로 인간의 지혜로 이해할 수 없는 신비이다.[18] 바울은 토론에서 자신의 동족 이스라엘이

---

17) 이처럼 "지혜"가 일반적인 의미로 쓰인 것을 Wilckens는 "traditional anthropological usage"라는 말로 표현하고 있음. Ulrich Wilckens, "σοφία, σοφός, σοφίζω," *TDNT*, VII (1971), p. 517.

18) 로마서 11:25에 쓰이는 토 뮈스테리온(τὸ μυστήριον)은 "신비"로 번역하는 것이 적절할 것 같다. 개역한글판 "비밀"을 개역개정은 "신비"로 적절히 바꾸고 있다. 같은 경우가 16:25(개역한글판 16:26)에도 해당된다.

완악하여 복음으로 돌아오지 않는 것에 대해 뼈아픈 마음을 토로한다. 그리고 복음의 대원리인 믿음으로 말미암아 구원 얻는 도에 대해 한 번 더 설파한다. 그리고는 혈통으로 하나님의 백성이었던 이스라엘이 자신들의 강퍅함으로 말미암아 잠시간 소외되지만 결국은 구원의 반열에 합류될 수 있을 것이라는 강렬한 소망도 진술한다. 복음으로 구원받는 문제에 있어 애초의 선민의 버려짐과 새로운 하나님의 백성의 세워짐이라는 구속사의 너무나 큰 신비에 대해, 그리고 그 신비를 행하시는 하나님의 섭리적 지혜에 대해 바울은 큰 소리로 찬양을 올리지 않을 수 없었다.[19]

하나님의 구속사의 신비를 찬양하는 로마서 11:33-36은 분명히 구약 지혜의 영향을 받은 것으로 보이는데 그렇다면 구체적으로 지혜서의 어느 부분에 영향받은 것인가. 구약 지혜서가 제시하는 지혜 중 사색지혜의 영향을 받은 것으로 보인다. 생활의 요령을 실제적으로 교훈하고 그 열매에 대해 낙관하는 실천지혜보다 인간의 계산적 지혜가 닿을 수 없는 곳에 있는 신비한 하나님의 지혜에 대해 묵상하는 사색지혜가 특별히 영향을 끼친 것으로 생각된다.[20]

인간의 지혜에 한계가 있다는 생각은 잠언에 이미 나타난다.[21] 인간은 하나님이 주신 지력과 판단력을 가지고 자신의 생을 계획할 수 있는 존재이다. 그러나 동시에 인간은 하나님이라는 예측 불가한, 불확정적 요소와 맞닥뜨리며 살아가야 한다. 다음의 말씀들이 그것을 말한다.

사람이 마음으로 자기의 길을 계획할지라도 그 걸음을 인도하는 자는

---

19) Wilckens도 이 단락을 찬양으로("hymnal") 보고 있다. Wilckens, "σοφία, σοφός, σοφίζω," p. 518.

20) 실천지혜와 사색지혜의 구분과 그에 대한 해설은 제1장의 '4. 지혜서의 분류'를 참고할 것.

21) 이에 대해서는 제1장의 '5. 지혜의 한계'를 볼 것.

여호와시니라(16:9).

사람이 제비는 뽑으나 일을 작정하기는 여호와께 있느니라(16:33).

사람의 걸음은 여호와께로서 말미암나니 사람이 어찌 자기의 길을 알 수 있으랴(20:24).

지혜로도 명철로도 모략으로도 여호와를 당치 못하느니라 싸울 날을 위하여 마병을 예비하거니와 이김은 여호와께 있느니라(21:30~31).

결국 인간은 자신의 지혜를 과신하는 일을 버리고 하나님(또는 하나님의 지혜)을 의지하고 살아가야 하는 존재이다.

너의 행사를 여호와께 맡기라 그리하면 너의 경영하는 것이 이루리라(16:3).

너는 마음을 다하여 여호와를 의뢰하고 네 명철을 의지하지 말라 너는 범사에 그를 인정하라 그리하면 네 길을 지도하시리라 스스로 지혜롭게 여기지 말찌어다 여호와를 경외하며 악을 떠날찌어다(3:5~7).

잠언은 행위와 결과의 상호연관성(즉, 보응의 원리)에 대해 확신있게 그리고 낙관적으로 가르친다. 인간은 이러한 우주적 법칙을 잘 인지하고 자신의 삶을 이에 조율하므로 비로소 성공적인 생을 이룰 수 있다. 그러나 이와 같은 법칙이 전부는 아니다. 물론 인간은 이러한 우주적 법칙을 깊이 인식하고 성실하고 바르게 살아가야 한다. 그래야 복되고 성공적인 삶을 살 수 있다. 그러나 동시에 인간은 인간의 길과 운명이 궁극적으로 하나님 손에 있다는 사실을 잊지 말아야 한다. 인간의 미래는 단순히 어떤 법칙이 아닌 하나님이라는 신비하고 불확정적인 요인의 영향을 받게 되어 있다. 하나님은 우주의 도덕

법칙을 포함하여 모든 것을 주관하시는 분이시다. 인간은 자신의 계산과 기대에만 의존하지 말고 온 우주를 통치하시는 하나님을 의지하고 경외해야 한다. 인간이 터득했다고 생각하는 지혜는 어디까지나 한계가 있는 것이고 하나님이라는 신비의 요소에 의해 제약받고 상대화된다.

인간의 지혜의 한계에 대해서는 역시 전도서가 가장 극명하게 가르친다. 하나님이 하시는 일 앞에 인간의 지혜가 가지는 한계에 대해 전도서만큼 철저하게 그리고 처절하게 술회한 책도 없을 것으로 생각된다. 우선 인간은 아무리 지혜를 짜내어도 하나님이 하시는 일을 다 이해할 수 없다.

> 하나님의 모든 행사를 살펴보니 해 아래서 하시는 일을 사람이 능히 깨달을 수 없도다 사람이 아무리 애써 궁구할찌라도 능히 깨닫지 못하나니 비록 지혜자가 아노라 할찌라도 능히 깨닫지 못하리로다(8:17).

> 바람의 길이 어떠함과 아이 밴 자의 태에서 뼈가 어떻게 자라는 것을 네가 알지 못함 같이 만사를 성취하시는 하나님의 일을 네가 알지 못하느니라(11:5).

거기다 하나님이 하시는 일에 어떤 변경을 가하는 것은 더더욱 불가능한 일이다. 아무리 사람의 생각으로 동의하기 어려운 일이라 하더라도 인간은 그것을 고치거나 개선할 수 없다. 자신의 능력의 한계를 넘어서는 것들에 대해 인간은 순응하고 받아들여야 할 따름이다.

> 하나님의 행하시는 일을 보라 하나님이 굽게 하신 것을 누가 능히 곧게 하겠느냐(7:13)

> 구부러진 것을 곧게 할 수 없고 이지러진 것을 셀 수 없도다(1:15).

무릇 하나님의 행하시는 것은 영원히 있을 것이라 더 할 수도 덜 할 수도 없나니 하나님이 이같이 행하심은 사람으로 그 앞에서 경외하게 하려 하심인 줄을 내가 알았도다(3:14).

"하나님의 일," 하나님의 주권이란 인간의 지혜 너머에 있는 것이다. 인간은 하나님이 하시는 일을 하나님이 마련하고 지정해 주시는 대로 받아들여야 한다고 전도서는 말한다. 하나님의 주권을 기쁨으로 받아들인다면 그것은 영혼의 평정을 유지하는 길이기도 하다. 전도서는 하나님의 지혜와 능력 앞에 인간의 그것들은 철저히 무력하다는 소회를 거듭 피력한다.[22]

인간의 지혜의 한계와 하나님의 지혜의 신비에 대해 가르치는 책은 욥기이다. 욥기는 하나님의 지혜는 인간의 지혜가 측량할 수 없는 신비라고 가르친다. 무엇보다 우주의 도덕질서인 보응의 원리를 두고 대 토론을 벌임으로 이 문제가 다루어진다.

욥은 의로운 사람이었으나 극심한 고난을 받고 있다. 친구들은 처음에는 그를 위로하러 왔으나 시간이 지남에 따라 보응의 원리를 신봉하는 교조주의자들임이 드러난다. 하나님은 선인을 축복하시고 악인을 벌하시는 공의로운 하나님이시다. 욥이 그와 같은 고난을 받는 것은 필경 그가 하나님 앞에 죄를 범했기 때문일 것이다. 그러므로 욥은 하나님께 회개하고 그 분과 정상적인 관계를 맺어야 한다. 그래서 올바른 생활을 회복할 때에만 욥은 지난날의 영화와 번영을 되찾을 수 있을 것이라는 것이 친구들의 한결같은 주장이었다.

그러나 욥의 입장은 달랐다. 자신이 처한 상황에 대해서는 전혀 공감하지 못하고 강 건너 불 보듯 전통적인 지혜(보응의 원리)만을 교조적으로 몰아붙이는 친구들은 다 "번뇌케 하는 안위자들"(miserable comforters)일 뿐이다(16:2).[23]

---

22) 전도서의 메시지에 관해서는 제4장 참조.

보응의 원리는 욥도 알고 인정한다. 그러나 그것이 모든 경우에 다 맞는 원리는 아니다. 특히 그것은 자신의 경우는 맞는 교리가 아니다. 보응의 원리가 맞지 않는 많은 경우들을 목도할 수 있지 않은가.

> 강도의 장막은 형통하고 하나님을 진노케 하는 자가 평안하니 하나님이 그 손에 후히 주심이니라(12:6).
>
> 어찌하여 악인이 살고 수를 누리고 세력이 강하냐 씨가 그들의 앞에서 그들과 함께 굳게 서고 자손이 그들의 목전에서 그러하구나 그 집이 평안하여 두려움이 없고 하나님의 매가 그 위에 임하지 아니하며 그 수소는 영락없이 새끼를 배게 하고 그 암소는 새끼를 낳고 낙태하지 않는구나
> 그들은 아이들을 내어보냄이 양떼 같고 그 자녀들은 춤추는구나 그들이 소고와 수금으로 노래하고 피리 불어 즐기며 그 날을 형통하게 지내다가 경각간에 음부에 내려가느니라(21:7~13).

이와 같이 보응의 원리에 대해 의문을 제기하며 욥은 하나님을 향해 탄식(불평)하고 친구들을 비난하면서 자신의 결백(무죄, 의로움)을 고집하고 강변한다.

이 치열한 토론에 대한 최종 심판자는 하나님이셨다. 친구들과 욥 사이에 열띤 논쟁이 끝난 다음 하나님이 나타나셔서 욥에게 묻기 시작한다. 우주의 창조와 운행에 네가 조금이라도 참여하였느냐? 수많은 들짐승들의 생리를 네가 아느냐? 네가 그것들을 돌볼 수 있느냐? 하마와 악어를 제어할 수 있는 게 누구냐? 네가 그 일을 할 수 있느냐?(38:1~40:2, 40:6~41:34) 하나님의 질문들은 그야말로 체밧이 적절하게 붙인 이름처럼 '압도의 교육'(education of overwhelming)이었다.[24] 욥이 생각지도 못한, 그 자신을 넘어선 '압도'하는

---

23) 원문 머나하메 아말(מנחמי עמל)은 NIV와 NRSV의 "miserable comforters"가 가장 가까운 번역 같다.

것들에 대한 질문이었다. 욥이 굳이 말로 대답했다면 "할 수 없습니다," "모릅니다"라고 할 수밖에 없는 것들이었다. 하나님은 욥에게 세계란 신비로 가득한 곳임을 가르치고자 하셨다. 욥이 살아가고 있는 이 우주는 불가해한 신비들 (unfathomable wonders)로 가득한 곳인 것이다. 욥 스스로는 — 친구들 역시 — 무엇을 안다고 생각하였다. 그러나 우주는 인간의 제한된 인지로는 침투할 수 없는 신비의 세계인 것이다. 자연현상(무생물, 생물)을 두고 이처럼 인간의 무지 무능을 설명하신 하나님은 꼭 같은 것이 도덕질서에도 적용된다고 말씀하시려 한 것 같다. 인간은 자연현상에 대해 무지하듯 도덕질서에 대해서도 꼭 같이 무지한 것이다. 인간이 살아가면서 겪게 되는 도덕질서란 것은 보응의 원리 또는 반(反)보응의 원리 등 단순한 교리로 간단하게 설명할 수 없는, 인간의 계산적인 지혜(nachrechnende Weisheit)를 넘어선 실재인 것이다. 도덕 세계를 운영하시는 하나님의 지혜는 인간의 지혜가 측량할 수 없는(inscrutable) 신비이다.

로마서 11:33을 다루면서 인간의 지혜의 한계와 하나님의 지혜의 신비에 대해 이렇게 긴 설명을 하는 데는 이유가 있다. 필자는 로마서 11:33의 '지혜와 지식'(또는 '부요한 지혜와 지식')은 바로 이 욥기의 '측량할 수 없는 하나님의 지혜의 신비'라는 관념과 연결되어 있지 않은가 생각하기 때문이다. 로마서 11:33-36의 문맥을 보자. 로마서는 같은 33절에서 "그의 판단은 측량치 못할 것이며 그의 길은 찾지 못할 것이로다"라고 말한다. 하나님의 지혜는(지혜와 지식은) 측량할 수 없고 파악할 수 없는 것이라는 것이다. 34절 이하에서는 하나님의 마음을 아는 것이나 가르치는 것이 불가능하며 더욱이 무엇을 드린다는 것은 더더욱 불가능하다고 말한다. 하나님이 하시는(또는 하시고자 하시는)

24) M. Tsevat, "The Meaning of the Book of Job," *HUCA* 37 (1966): 93.

일은 인간이 알 수 없을 뿐더러, 하나님께 조언들 드리거나 하나님이 하시는 일에 무엇을 더하거나 빼거나 하는 일은 더더욱 불가능하다는 것이다. 이 언급들은 모두 하나님의 지혜(또는 세계 운영)는 인간의 인지 능력이 침투할 수 없는 신비라고 고백하고 있다. 따라서 11:33의 하나님의 지혜와 지식에 대한 진술은 어떤 식으로든 욥기의 '하나님의 지혜(세계 운영)의 신비'라는 관념과 연결이 있어 보인다. 즉, 로마서 11:33~36의 하나님의 지혜에 관한 언급은 욥기의 영향을 받았을 가능성이 높아 보이는 것이다(물론 사상의 맥락상 잠언의 '지혜의 한계'나 전도서의 '절대적인 하나님의 주권'과도 연결을 생각할 수 있을 것이다). 물론 로마서 11:33의 지혜를 욥기의(또는 욥기를 포함한 지혜서의) 하나님의 지혜의 신비라는 화두와 연결시켜 생각하는 학자는 아직까지 별로 없는 것 같다. 그러나 로마서 11:33이 말씀하는 "측량할 수 없고" "찾지 못할" 하나님의 지혜란 사용된 어휘나 문맥이 전하고자 하는 사상의 유사성으로 미루어 볼 때 바로 욥기의 "불가해하고" "측량할 수 없는" 하나님의 지혜라는 생각에 영향받은 것이라는 인상을 강하게 준다. 다만 욥기는(또는 지혜서들은) 도덕질서의 신비를 말하는 것인데 바울은 그 사상을 구속사의 신비에 적용하여 쓰고 있을 따름이다.

바울은 9~11장의 문맥 안에 (그리고 11:33~36에 매우 가까이에) "신비"(τὸ μυστήριον; 토 뮈스테리온)란 말 자체를 기용하고 있다(11:25). 하나님이 자기 백성을 선택하심, 이스라엘을 일정 시간 버리심, 이방인들을 구원의 반열로 부르심 등 구속사의, 인간의 지혜로는 헤아리기 어려운 일들을 종합적으로 "신비"라고 부르고 있는 것이다. 이처럼 "신비"란 말을 사용한 것 자체가 욥기의 영향을 보여주는 것이 아닌가 한다.[25] 욥기는 도덕질서와 관련한 하나님

---

25) "신비"(τὸ μυστήριον)는 바울이 즐겨 쓴 단어 중 하나이다. 그의 서신들 여기저기에 발견되는데

의 세계 운영을 신비라고 가르친다.26)

　로마서 16:27의 '지혜'는 어떠한가. 16:25~27의 문맥을 보면 "지혜로우신 하나님"(27절)은 복음, 즉 신비의 계시를 주시는 하나님(25~26절)이시다.27) 복음은 하나님께서 오래 전부터 준비하신 신비의 계시인데, 말하자면 하나님의 구속사의 신비한 정점이다. 16:25~27에 의하면 하나님의 지혜는 신비의 지혜이다. 하나님께서 자신의 계획 속에 영세 전부터 구속사를 운영해 오셨는데 이제 그 절정의 시간이 되었으므로 실체를 드러내신 것이 바로 예수 그리스도요 그를 전파하는 복음이다. 이러한 구속사의 경륜은 인간의 눈에는 가리워져 있는 것이다. 인간의 지혜를 넘어서 있는 것으로 인간의 지혜로는 예측할 수도 상상할 수도 없는 그야말로 신비의 경륜이요 지혜이다. 그렇다면 16:27의 '지혜'에도 신비의 관념이 묻어 들어가 있음을 알 수 있다. 16:27의 '지혜'도 11:33의 경우처럼 욥기 등이 말하는 하나님의 지혜는 불가해하고(unfathomable) 측량할 수 없는(inscrutable) 신비라는 관념이 영향을 끼친 것으로 보인다.

　흥미롭게도 로마서 16:27의 '지혜'는 욥기가 말하는 도덕질서의 신비라는

그리스도 또는 복음과 관련하여 사용할 때가 많다: 롬 16:25; 고전 2:7; 4:1; 13:2; 14:2; 15:51; 엡 1:9, 3:3, 4, 9; 5:32; 6:19; 골 1:26, 27; 2:2; 4:3; 살후 2:7; 딤전 3:9, 16. 이 중 특히 골 2:2의 "그리스도는 하나님의 신비"라는 말씀이 흥미롭다. 이 말씀은 고전 1:24의 "그리스도는 하나님의 지혜"라는 말씀을 연상시킨다. 이 두 말씀을 종합하면 그리스도는 하나님의 지혜이자 신비가 되는데 따라서 지혜와 신비가 동의어가 되는 셈이다. 이는 바울이 하나님의 지혜에 대해 생각할 때 그 신비성을 같이 생각했다는 것을(밀접하게 관련시켜 생각했다는 것을) 말해 준다. 바울이 욥기에 나오는 하나님의 지혜의 신비라는 관념에 영향받았을 가능성이 높다.

26) 욥기의 가르침에 대해서는 제3장 참조.

27) 16:25-26을 보면 "나의 복음과 예수 그리스도를 전파함"과 "영세 전부터 감추었다가 이제는 나타내신 바 된 신비의 계시"가 평행으로 되어 있다(이 점은 한글성경들로는 파악하기 어려운데 헬라어 원문이나 영역들을 보면 쉽게 확인된다)(개역한글판 "비밀의 계시"는 개역개정처럼 "신비의 계시"로 바꾸는 것이 적절함). 따라서 "복음"(예수 그리스도를 전파함)과 "신비의 계시"는 동일한 것으로 드러난다.

관념이 그대로 적용되었을 가능성도 있다. 즉 11:33에서는 욥기의 도덕질서의
신비에서 (도덕질서라는 생각은 상실되고) 신비라는 관념만 구속사에 적용되었었
는데(위에서 11:33을 다룬 내용을 볼 것) 16:27의 경우는 신비라는 관념이 구속사에
적용된 것은 사실이지만 도덕질서의 신비라는 생각도 전체적으로 살아 있는
것처럼 보인다는 말이다. 그 이유를 설명해 보자. 물론 로마서 16:25~26의
문맥에서 복음은 구속사의 신비이다. 그러나 복음은 또한 인간의 지혜로는
상상할 수 없었던 새로운 도덕질서의 도래를 의미한다. 이 새로운 도덕질서는
기존의 인간의 지혜로는 파악할 수 없는 것이고 하나님의 지혜만이 아시며
운영하시는 것이기 때문에 신비의 질서이다. 예수께서 이 땅에 오셔서 십자가를
지신 것은 인간의 죄를 도말하고 그들이 받을 형벌을 다 제거하신 사건이다.
이제 복음(십자가)을 통해서 죄인은 의인이 되며 의인이 받을 영생의 복을
누리게 된다. 한편 예수님(의인)은 십자가를 지심으로 죄인처럼 취급되고 죄인이
받을 고통과 형벌을 맛보셔야 했다. 인간의 계산적 지혜는 죄인은 형벌을
받고 의인은 복을 누려야 한다고 말한다. 그러나 십자가는 죄인이 축복을
받고 의인(한 사람의 의인)은 저주를 받는다고 말한다. 이것은 인간의 지혜로는
이해할 수 없는 일이다. 일어나리라고 상상도 예측도 할 수 없었던 일이다.
이제 인간의 지혜를 넘어선 완전히 새로운 도덕질서가 도래한 것이다. 그야말로
불가해하고 측량할 수 없는 하나님의 지혜만이 아시는 신비한 도덕질서의
시대가 온 것이다. 죄인에게 긍휼을 베푸는 복음은 이처럼 인간의 지혜를
넘어선, 하나님의 지혜만이 아시는 (그리고 운영하시는) 도덕질서의 신비인
것이다.28) 16:27의 '지혜'는 욥기가 말하는 도덕질서의 신비라는 관념이 전체적

---

28) 16:27에서 개역한글판과 개역개정이 "지혜로우신 하나님"이라고 번역하는 부분은 사실은
    "홀로 지혜로우신 하나님"이다. 하나님만 지혜로우시다는 점이 강조되고 있다. 한글성경들
    이 원문의 "홀로"(μόνῳ, 모노)를 생략하는 이유가 분명치 않다. 영역들은 정확히 번역한다:

으로 그대로 적용된 경우로 생각된다.

2) 고린도전서

고린도전서는 신약성경 전체적으로 "지혜"란 말이 가장 많이 나오는 책이다 (1:17, 19, 20, 21, 22, 24, 25, 26, 27, 30; 2:1, 4, 5, 6, 7, 8, 13; 3:10, 18, 19, 20; 4:10; 6:5; 10:15; 12:8; 14:20). "지혜"는 1:17~2:13에 집중적으로 몰려 있다. 이 부분은 바울이 복음을 해설하는 데 지혜를 어떻게 활용했는지를 잘 보여준다. 고린도 교회는 헬라 문화권에 위치한 교회였다. 헬라의 지혜가 인간 정신의 지고의 가치인 냥 인식되는 사상적 분위기 속에서 고린도 교회는 복음을 전파하고 또한 복음적 삶을 살아야 했다. 바울은 이러한 고린도 교회를 위해 또한 교회가 위치한 고린도 지역을 향해 복음을 변증하고 있다. 1:17~2:13은 이 변증을 잘 보여주는 곳이다. 여기서는 1:24와 1:30, 그리고 2:7 두 곳을 살피기로 한다. 이 둘을 살피면 바울이 자신의 변증 안에서 어떻게 지혜와 복음을 연결시키고 있는지 파악될 수 있을 것이다.

먼저 1:24와 1:30에 대해 살펴보자. 바울은 복음, 곧 십자가의 도를 하나님의 지혜로 제시하면서 이 세상 지혜가 스스로 교만하여 모든 것을 알고 모든 것을 할 수 있다고 자랑하지만 사실은 하나님이 복음을 통하여 이 세상의 지혜를 미련케 하신다고 말한다.

> 기록된 바 내가 지혜 있는 자들의 지혜를 멸하고 총명한 자들의 총명을 폐하리라 하였으니
> 지혜 있는 자가 어디 있느뇨 선비가 어디 있느뇨 이 세대에 변사가 어디

"the only wise God"(NASB, NIV, NRSV 등).

있느뇨 하나님께서 이 세상의 지혜를 미련케 하신 것이 아니뇨(고전 1:19~20)

참된 지혜는 헬라 철학이나 문화가 주장하는 이 세상의 지혜가 아니고 "십자가에 못 박힌 그리스도"이다. 복음은 곧 십자가에 못 박힌 그리스도를 전하는 것이다 (1:23). 그러면서 바울의 결정적인 언명이 나온다: "그리스도는 하나님의 지혜 (θεοῦ σοφία)"요(1:24), "그리스도는 하나님으로부터 나온 지혜(σοφία ἀπὸ θεοῦ)" 이다(1:30). 복음을 모르고 멸망하는 자들에게는 미련하게 보이겠지만 하나님의 백성들에게는 십자가에 못 박힌 그리스도야말로 구원의 길이요 능력인 것이다 (1:18). 이 세상의 그 어떠한 것도 구원을 가져다주지 못한다. 그래서 참된 지혜가 될 수 없다. 그러나 구원을 가져다주는 그리스도는 참된 지혜이다. 그리스도는 인간을 지극히 사랑하시는 하나님이 준비하신 지혜인 것이다. 그리고 그 구속사의 정점의 신비와 죄인을 의롭다 하시는 도덕질서의 신비가 하나님의 지혜인 것이다.

여기서 지혜는 바울의 기독론에 영향을 끼쳤다. 바울은 구약의 복된 지혜를 그리스도에게 적용시켰다. 지혜는 생명나무요 복이며, 장수와 부와 존귀를 갖다 주며, 즐거움과 평강을 인간에게 구비시켜 준다(잠 3:16~18). 한마디로 말해서 인간으로 하여금 "생명을 얻되 더 풍성히 얻게 하는"(요 10:10) 것이 지혜라 할 것이다. 지혜는 이 세상의 가치 있는 것을 다 합친다 해도 그것과 비교할 수 없는 것이다(잠 3:15). 아무리 귀한 보석이라 하더라도 지혜의 가치에 는 비교될 수 없다(잠 3:14~15; 욥 28:13, 15~19). 이처럼 귀하고 복된 것이 지혜이기에 바울은 지혜를 하나님의 한량없이 크고 가장 귀한 선물인 독생자 예수 그리스도를 묘사하기 위한 가장 적절한 상징으로 생각했을 것이다. 바울에 게 있어 구약의 지혜는 그리스도와 동일한 것으로 이해되게 되었다.29)

다음은 2:7을 살피자. 바울은 자신이 전하는 복음(십자가에 못 박히신 그리스도)
이 "신비 가운데 있는 감추어졌던 하나님의 지혜"라고 설명한다.[30] 이 지혜는
감추어져 있어서 이 세상의 지혜가 깨달을 수 없고 오직 하나님의 성령만이
이를 인간에게 드러내 보이실 수 있다(2:10).[31] 그래서 성령을 받은 사람들만이
십자가 복음의 은혜를 깨달을 수 있다(2:12).

여기서 우리는 다시 한 번 지혜의 신비성이라는 관념과 만나게 된다. 그리스도
를 십자가에 못 박으신 것은 하나님의 지혜이다. 그리고 그것은 신비이다.
오랫동안 구속사를 이끌어 오신 하나님은 "우리의 영광을 위하여" "만세 전에
미리 정하신 대로" 그 역사의 정점에서 독생자를 십자가에 다셨다(2:7). 왜
그 시점인지 왜 하필 자신의 독생자인지 하는 것은 이 세상의 지혜가 알

---

29) 바울이 그리스도를 지혜 또는 지혜의 여러 요소와 연관 지어 설명하고 제시하는 것을
가리켜 바울의 "지혜 기독론"(wisdom christology)이라 한다. 신약학 분야에서는 최근 이
지혜 기독론에 관한 관심이 점증하고 있다고 한다. 지혜 기독론에 대한 논의의 역사와
현금의 추이에 대한 요약적 설명은 Schnabel의 책에서 찾아볼 수 있다: Eckhard J. Schnabel,
Law and Wisdom from Ben Sira to Paul (Tübingen: J. C. B. Mohr, 1985), pp. 236-240. 그러나
한 가지 유감스러운 것이 있다. Schnabel의 설명에 잘 나타나듯이 근자에 되어지고 있는
지혜 기독론에 대한 연구들은 대부분 바울과 중간기의 유대 지혜사상과의 관계에만 관심을
두고 연구를 진행하는 것 같다(전적으로 유대 지혜사상에만 매달리지는 않는다 하더라도
적어도 주된 관심은 거기에 가있는 것으로 보인다). 그렇게 되면 정작 바울이 구약의 지혜서들
(잠언 욥기 전도서 등)에서 받은 영향에 대해서는 소홀히 할 수밖에 없고 실제로 드러나는
결과들을 보면 그렇게 되고 있는 것이 사실이다. 바울의 문맥과 구약의 지혜사상을 면밀히
살펴보면 바울이 구약의 지혜서들에서 받은 영향이란 부인할 수 없는 것들이다. 구약
지혜서 자체가 바울에게 끼친 영향에 대해서 우선적으로 주의 깊게 연구하는 일이 요청된다
하겠다. 중간기 유대 지혜사상이라 함은 집회서(벤 시라), 솔로몬의 지혜, 바룩서, 솔로몬의
시편, 아리스테아스의 편지, 마카비 4서, 바룩의 묵시록 등에 나타나는 지혜사상을 말한다.

30) 이 경우도 로마서 11:25과 16:25의 경우처럼 토 뮈스테리온(τὸ μυστήριον)을 "신비"로 번역하는
것이 일관성도 있고 의미도 정확할 것 같다(개역한글판: "비밀한 가운데 있는 하나님의
지혜를…곧 감추었던 것인데…"; 개역개정: 은밀한 가운데 있는 하나님의 지혜를…곧 감추어
졌던 것인데…"). NASB의 번역 "God's wisdom in a mystery, the hidden (wisdom)"이 가장
적절해 보인다. 여기 "hidden"(ἀποκεκρυμμένην)은 완료수동분사이므로 "the hidden"은
"something that has been hidden"의 의미이다.

31) 참조: Conzelmann, "Wisdom in the NT," p. 959.

수 있는 것이 아니다. 순전히 하나님의 방법(십자가)에 의해 이루어진 구속사의 완성은 하나님의 깊은 경륜이며(2:10) 신비일 따름이다(2:7). 이미 앞에서 로마서 11:33과 16:27을 다룰 때 그 부분들이 욥기의 "불가해하고" "측량할 수 없는" 하나님의 지혜라는 관념에 영향받았음을 살핀 적이 있다. 꼭 같은 일이 2:7(또는 넓게는 2:6~13의 문맥)에도 일어난다. 2:7(또는 2:6~13의 문맥)에서 바울은 구속사를 완성하신 하나님의 지혜는 인간의 눈에는 감추어진 신비라는 생각을 피력하고 있다. 그래서 그 신비/지혜는 인간의 지혜로는 도저히 알 수 없는 것이며 오직 성령의 기적의 역사로만 깨달을 수 있다고 설파한다. 바울의 이 생각 역시 하나님의 지혜는 인간의 이해 너머에 있는 신비라는 욥기 등에 나타나는 구약 지혜의 관념에 깊은 영향을 받은 것이 분명해 보인다.

3) 골로새서

골로새서와 에베소서는 야고보서와 더불어 신약의 지혜서로 간주되기도 한다. 물론 두 책을 적극적으로 지혜서로 분류하는 학자들이 있는가 하면 그에 반대하는 학자들도 있는 것이 사실이다.32) 그러나 분류야 어떻든 골로새서

---

32) Conzelmann이 골로새서와 에베소서를 지혜서로 간주하는 학자 군에 속하고 Sheppard는 이에 반대하는 편에 속한다. Conzelmann은 골로새서와 에베소서 각각의 특징을 들면서 두 책이 신약의 지혜서로 분류될 수 있다고 주장한다: "These letters (Colossians and Ephesians: 필자 주) can almost be characterized as Christian wisdom literature. Colossians develops wisdom polemically against a fraudulent 'philosophy' (Col. 2:8); Ephesians develops it thematically and meditatively." Conzelmann, "Wisdom in the NT," p. 960. Sheppard는 Conzelmann의 주장이 객관적 근거라 할 수 있는 문학 장르를 기준으로 구분하지 않고 책을 주제적 선입견을 가지고 판정한 것이기 때문에 학문적 객관성이 보장되지 않는다고 반박한다: "This judgment (Conzelmann's judgment: 필자 주) turns more on the topical preoccupation of these letters (Colossians and Ephesians: 필자 주) with wisdom themes than on evidence of distinctive wisdom genres." Gerald T. Sheppard, "Wisdom," *The International Standard Bible Encyclopedia: Fully Revised*, ed. G. W. Bromiley et al., vol. 4 (Grand Rapids: Eerdmans, 1988), p. 1081. 따라서

와 에베소서가 지혜에 큰 관심을 지니는 책이라는 것만은 분명한 사실이다. 분량이 크지 않은 책들이지만 분량에 비해 지혜에 관련된 어휘가 많이 나온다. 신약의 여느 책들과는 다르게(고린도전서만 제외하고) 복음(그리스도)을 지혜 용어로 설명하는 데에도 빼어난 열심을 보인다.

본서에서는 두 책 중 골로새서만 다룰 것이다. 왜냐하면 두 책이 복음과 그리스도를 지혜 용어로 설명함에 있어 유사해서 어느 하나를 다루면 다른 쪽의 성격(지혜를 원용하는 성격)도 함께 파악될 것이기 때문이다. 골로새서가 그리스도를 지혜 용어로 설명하는 일에 더 명료하고 명시적이기 때문에 골로새 서를 택한다. "지혜"란 단어도 골로새서가(6회) 에베소서보다(4회) 더 많이 나온다.[33]

골로새서는 장 수가 4장밖에 안되는 작은 책이지만 "지혜"가 여섯 번이나 나온다(1:9, 28; 2:3, 23; 3:16; 4:5). 책의 크기 대비 빈도수를 따지면 고린도전서 다음이 될 것이다.[34] 그러나 다른 지혜 어휘도 많이 나온다. "신비"가 네 번 나온다(1:26, 27; 2:2; 4:3).[35] 그 외에 다음과 같은 단어들이다: "총명"(1:9), "지식"(2:2, 3; 3:10),[36] "이해"(2:2), "감추어져 있다"(2:3; 3:3) 등.

Sheppard는 야고보서만을 신약의 지혜서로 생각하는 입장이다.

33) 전체가 6장인 에베소서에는 "지혜"란 말이 네 번 나온다: 1:8, 17; 3:10; 5:15. 지혜와 가까운 말인 "신비"(τὸ μυστήριον)는 여섯 번 나온다: 1:9; 3:3, 4, 9; 5:32; 6:19(한글성경들은[개역한글판, 개역개정] 이 단어를 여섯 번 모두 "비밀"로 번역하고 있다). 이 외에 "지식"이란 말과(3:18) "측량할 수 없는"이란 말도(3:8) 나온다. 에베소서에서 "지혜"와 "신비"는 복음, 구속, 예정, 경륜 등 구속사와 관련된 주요 개념을 설명하는 용어로 사용되고 있다(5:15만 예외).

34) 고린도전서는 전체 16장에 "지혜"가 26번 나와서 장당 평균 1.625회의 빈도인 셈이다(물론 "지혜"가 1, 2장에 주로 몰려 있다). 골로새서는 장당 1.5회의 빈도가 된다.

35) 역시 한글성경들은(개역한글판, 개역개정) 이 단어(τὸ μυστήριον)를 모두 "비밀"로 번역한다. 영역들은(NASB, NRSV) 일관되게 "mystery"로 번역하고 있다.

36) 한글성경들이(개역한글판, 개역개정) 2:2에서 "깨닫게"라고 동사처럼 번역하고 있는 단어는 명사 "지식"(ἐπίγνωσιν; 에피그노신)이다. 3:10의 "지식"과 같은 단어이다. 2:3의 "지식"은 그노세오스(γνώσεως)이다.

골로새서는 먼저 1:15~20을 살펴볼 필요가 있다. 골로새서는 이 곳에서 그리스도가 창조에서 담당한 역할과(15~17절) 구속에서 담당한 역할을(18~20절) 설명하고 있다. 그리고 이 두 역할을 연결시킨다.

15~17절부터 보기로 하자.

> 그는 보이지 아니하시는 하나님의 형상이요 모든 창조물보다 먼저 나신 자니 만물이 그에게 창조되되 하늘과 땅에서 보이는 것들과 보이지 않는 것들과 혹은 보좌들이나 주관들이나 정사들이나 권세들이나 만물이 다 그로 말미암고 그를 위하여 창조되었고 또한 그가 만물보다 먼저 계시고 만물이 그 안에 함께 섰느니라(골 1:15~17).

우선 15절은 그리스도는 "보이지 아니하는 하나님의 형상(εἰκών, 에이콘)"이라고 말한다. 바울은 고린도후서 4:4에서도 그리스도를 "하나님의 형상"이라고 말한 적이 있다. 형상(εἰκών)이란 "살아있는 이미지"(living image)를 말하는 것인데[37] 하나님은 보이지 아니 하시지만 이 땅에 몸을 입고 오신 예수 그리스도가 바로 하나님을 보여주시는 분이라는 말이다.

이 언급 후에 15~17절은 그리스도를 창조와 연결 짓고 있다. 예수 그리스도는 "모든 창조물보다 먼저 나신 자"요(15절), 그는 "만물보다 먼저 계시다"(17절). 예수 그리스도는 만물이 있기 이전, 즉 창조 이전부터 계신 분이라는 것이다. 이 생각은 잠언 8:22~26의 말씀과 상통하는 내용이다.

> 여호와께서 그 조화의 시작 곧 태초에 일하시기 전에 나를 가지셨으며 만세 전부터, 상고부터, 땅이 생기기 전부터 내가 세움을 입었나니 아직 바다가

---

37) Frederick W. Danker rev. and ed., *A Greek-English Lexicon of the New Testament and Other Early Christian Literature*, 3rd ed. (*BDAG*) (Chicago: The University of Chicago Press, 2000), p. 282.

생기지 아니하였고 큰 샘들이 있기 전에 내가 이미 났으며 산이 세우심을 입기 전에, 언덕이 생기기 전에 내가 이미 났으니 하나님이 아직 땅도, 들도, 세상 진토의 근원도 짓지 아니하셨을 때에라(잠 8:22~26).

잠언 8장은 지혜(지혜숙녀)가 자기 스스로를 소개하는 방식으로 지혜(지혜숙녀)가 만물이 생기기 이전, 즉 고대에 하나님이 만물을 창조하시기 이전부터 존재했다고 말씀하고 있다. 골로새서가 그리스도를 모든 창조물보다 먼저 나시고 만물보다 먼저 계신 이로 소개하는 것은 잠언 8장의 영향이 분명해 보인다. 또한 그리스도를 인격화된 지혜, 즉 지혜숙녀와 동일시하고 있다.

이번에는 골로새서 1:16이 "만물이 그에게서[38] 창조되되"라고 한 말씀과 "만물이 다 그로 말미암고"라고[39] 한 말씀을 생각해 보자. 그리스도는 창조 이전에 존재하신 분일 뿐 아니라(앞에 살핀 15, 17절) 이번에는 창조에 직접 개입하신 분으로 설명된다(16절). 이는 잠언 8:27~31의 말씀과 상통하는 사상이다.

그가 하늘을 지으시며 궁창으로 해면에 두르실 때에 내가 거기 있었고 그가 위로 구름 하늘을 견고하게 하시며 바다의 샘들을 힘 있게 하시며 바다의 한계를 정하여 물로 명령을 거스리지 못하게 하시며 또 땅의 기초를 정하실 때에 내가 그 곁에 있어서 창조자가 되어 날마다 그 기뻐하신 바가 되었으며 항상 그 앞에서 즐거워하였으며 사람이 거처할 땅에서 즐거워하며 인자들을 기뻐하였었느니라(잠 8:27~31).

---

38) 이 부분은 개역개정 "그에게서"가 개역한글판 "그에게"보다 낫다. 원문 엔 아우토(ἐν αὐτῷ)는 "그 안에서" 또는 "그에 의해"라는 의미인데 영역들이 정확히 옮기고 있다(NASB: "in Him"; NIV: "by him"; NRSV: 본문 "in him," 각주 "by him"). 개역한글판 "그에게"는 오해의 소지가 높고 정확치 않다.

39) 원문은 디 아우투(δι' αὐτοῦ)이다. NASB와 NRSV는 "through Him(him)"으로, NIV는 "by him"으로 옮긴다.

잠언은 하나님이 천지를 창조하실 때에 지혜(지혜숙녀)가 "거기에 있었고"(27절) "장인/건축자로40) 그의 곁에 있었다"(30절)고 말씀한다. 지혜는 하나님이 천지를 창조하실 때 그 일에 직접 관여하였다. 지혜는 우주 창조에 직접 개입한 존재이다.41) 골로새서 1:16이 만물이 그리스도에 의해 그리고 그리스도로 말미암아 창조되었다고 한 것은 바로 잠언 8:27~31의 영향으로 보인다. 물론 여기서도 그리스도를 인격적인 지혜, 즉 지혜숙녀와 동일시하고 있다.

이번에는 18~20절을 보기로 하자.

> 그는 몸인 교회의 머리라 그가 근본이요 죽은 자들 가운데서 먼저 나신 자니 이는 친히 만물의 으뜸이 되려 하심이요 아버지께서는 모든 충만으로 예수 안에 거하게 하시고 그의 십자가의 피로 화평을 이루사 만물 곧 땅에 있는 것들이나 하늘에 있는 것들을 그로 말미암아 자기와 화목케 되기를 기뻐하심이라(골 1:18~20).

15~17절에서는 그리스도께서 창조에서 담당한 역할을 말했는데 여기서는 그리스도께서 구속에서 담당한 역할에 대해 말한다. 그는 죽은 자들 가운데서 먼저 나신 자요 자신의 십자가의 피로 만물을 하나님과 화목케 만드신 분이시다. 흥미 있는 점은 골로새서가 그리스도의 창조에서의 역할과 구속에서의 역할을 분리된 별개의 것이 아니라 하나로 제시하고자 한다는 것이다. 그리스도는 "모든 창조물보다 먼저 나신 자"라고 말해지고(15절) 동시에 "죽은 자들 가운데

---

40) 히브리어 אמון은 역본의 정보들 때문에(칠십인역, 페쉬타, 벌게이트, 아퀼라 등) 여러 형태의 읽기 수정이 시도되기도 하는 해석이 매우 난해한 단어이다. BDB는 맛소라 사본의 אמון을 "artificer"(명장), "architect"(건축자), "master-workman"(장인) 등으로 해석한다. BDB, p. 54. NASB는 "master workman," NRSV는 "master worker," NIV는 "craftsman"으로 옮기고 있다.
41) 참고: 시 136:5 "지혜로 하늘을 지으신 이에게 감사하라 그 인자하심이 영원함이로다." 물론 여기 "지혜"는 호흐마(חכמה)가 아니고 호흐마와 의미가 매우 가깝고 평행어로 쓰이는 터부나(תבונה)이다.

먼저 나신 자"라고 말해진다(18절). 그리스도에 대해 말할 때 창조에 관계된 때나 구속(부활)에 관계된 때나 공히 같은 단어 "먼저 나신 자"(πρωτότοκος; 프로토토코스)가 쓰이고 있다.42) 그리스도는 창조에 있어서뿐만 아니라 구속에 있어서도 첫 자리를 차지하는 분이시다. 그리스도는 하나님의 두 거대 사역의 으뜸으로서, 두 사역의 시작이요 그것들을 있게 하신 분이다. 따라서 그리스도로 말미암아 창조와 구속은 별개가 아닌 긴밀하게 연결된 하나의 사건이 된다. 물론 양쪽에 공히 그리스도가 중심이요 주체이다. 골로새서의 바울에게 있어서 창조론과 구원론은 별개가 아니고 하나의 사상인 셈이다.

18절 상반절의 "그는 몸인 교회의 머리라"는 말씀 역시 흥미롭다. 이 말씀은 직역하면 "그는 몸, 즉 교회의 머리라"이다(참고: NIV, NRSV: "He is the head of the body, the church"). 여기서 "몸"은 두 가지를 동시에 상징하는 말일 수 있다. 하나는 교회이다. 교회가 그리스도의 몸이라는 것은 바울의 기본 사상이기 때문에(참고: 엡 1:23; 4:12; 5:30; 골 1:2443)) 바울 서신에서 몸이라는 말이 교회를 의미하는 것은 당연한 일이다. 그러나 한 가지를 더 생각해 볼 수 있다. 문맥을 볼 때 18절의 "몸"은 우주를 상징할 수도 있다.44) 바로 앞의 15-17절에서 우주의 창조에 대해 진지하게 논했고 또한 그리스도를 창조의 '시작'(πρωτότοκος)이라고 말했기 때문에 그것의 연속으로 여기서도(18절) 여전히 그리스도를 우주의 "머리"(κεφαλή; 케팔레)라고 말할 수 있는 것이다. 다만 그렇게 말하면서(우주의 머리라고 하면서) 그 우주를 교회에 연결시키고 있는 것이다(원문에는 "교회"가 "몸"에 바로 이어 동격으로 놓여 있어 "몸"을 주석[해석]하

---

42) 프로토토코스(πρωτότοκος)는 "최초로 태어난," "초태생의"라는 의미임. Bauer-Danker-Arndt-Gingrich 사전(BDAG)은 이 단어를 "firstborn"이라 주석함. F. W. Danker, *A Greek-English Lexicon of the New Testament and Other Early Christian Literature*, p. 894.

43) 고전 12:27도 볼 것.

44) 이 제안은 Conzelmann을 참고: Conzelmann, "Wisdom in the NT," p. 960.

는 말처럼 되어 있음). 그렇다면 이 역시 창조와 구속을 하나로 연결시키려는
바울의 탁월한 수사 기술로 보아야 온당할 것 같다.

이처럼 골로새서 1:15~20은 창조와 구속(부활)을 하나로 연결하면서 그리스
도를 양자의 중심이며 주체로 해설하고 있다.45) 창조를 말할 때(15~17절)
잠언 8장의 지혜 모티프를 깊숙이 원용할 것을 생각하면 창조의 이미지를
계속 사용하고 있는 구속에 대한 설명에서도(18~20절) 지혜 모티프의 영향은
지속된다고 보아야 할 것이 아닌가 생각된다. 실제로 "만물"(18절), "충만"(19절)
과 같은 단어들도 지혜와 관련을 가진 단어들로 생각된다.46)

골로새서에서 다음으로 살펴볼 곳은 2:2, 3이다. 이 두 절은 그리스도는
"하나님의 신비(μυστηρίου; 뮈스테리우)"라 말하고,47) 또한 그리스도 안에 "지혜
와 지식의 모든 보화가 감추어져 있다"고 말한다. 이 역시 지혜의 영향이
명료히 드러나는 곳이며 소위 바울의 지혜 기독론(wisdom christology)이 개진된
곳이다.48)

그리스도를 하나님의 신비라 한 것은 특정 시점에 독생자를 보내심으로
구속사를 완성하신 하나님의 경륜의 불가해한 깊이를 표현하고자 한 것일
것이다. 로마서 11:33과 16:27, 고린도전서 2:7에서도 바울이 복음 또는 그리스도
를 신비로 말한 것을 이미 살핀 바 있다. 구속사를 완성하기 위해 그리스도를
보내신 하나님의 지혜는 인간의 인지가 결코 파악할 수 없는 신비이다. 인간의

---

45) 결국 골로새서 1:15-20은 그리스도의 사역의 전체 국면, 즉 선재하시며(pre-existent) 성육신
하시며(incarnate) 승귀되신(exalted) 이 모든 국면을 하나로 연결된 창조와 구속 사건에
적용하고 있다고 말할 수 있다. 참고: Schnabel, *Law and Wisdom from Ben Sira to Paul*,
p. 258.

46) 이 두 단어 중 "충만"(πλήρωμα)의 지혜적인 배경에 대한 논의는 Schnabel을 참고: *Law
and Wisdom from Ben Sira to Paul*, p. 257.

47) 이 부분 역시 한글성경들은(개역한글판, 개역개정) "하나님의 비밀"이라 옮기고 있다.

48) 지혜 기독론에 관련된 설명은 각주 29 참조.

지혜로는 상상할 수조차 없었던 구원의 길이신 그리스도 역시 인간의 인지 능력 너머에 있는 신비이다. 그리스도는 하나님의 사랑의 신비이며 능력의 신비이며 지혜의 신비라 말할 수 있을 것이다. 로마서와 고린도전서의 경우에 살폈듯이 골로새서 2장의 "신비" 개념도 구약의 욥기 등이 말하는 불가해하고 측량할 수 없는 하나님의 지혜라는 관념의 영향을 받은 것이라 해야 할 것이다.

그리스도 안에 지혜와 지식의 모든 보화가 감추어져 있다는 것은 고린도전서 1:24와 30의 "그리스도는 하나님의 지혜"라는 언명과 상통하는 사상이다. 그리스도께서 지혜와 지식의 보화를 다 지니고 계시다는 것은 인간의 삶에 필요한 지혜와 지식을 그로부터 얻을 수 있다는 의미도 되겠지만 그보다 더 근본적인 것은 그리스도는 하나님의 성품을 배우기 위한 유일하신 지식적 보고가 되신다는 의미라고 보아야 할 것이다.49) 사실상 그리스도는 그리스도인들에게 과거 구약의 지혜가 성도들에게 하나님에 대해 가르쳐 주었던 모든 것을 가르쳐 주실 뿐만 아니라 그 이상을 가르쳐 주시는 분이라 해야 할 것이다.50) 그에게는 생명(완전한 생명)이 있기 때문이다(참고: 잠 3:18; 요 14:6). 구원과 영생은 그리스도 안에 감추어진 참된 보화이다. 그리고 그리스도 자신이 그 길로 인도하시는 진리이다.

지혜가 인간에게 가장 필요하고 소중한 것들을 가져다준다는 생각이나(잠 3:16~18 등), 지혜는 이 세상의 모든 보화보다 더 귀하며 아무리 귀한 것(보석)이라 하더라도 지혜에는 비교할 바 못된다는 생각은(잠 3:14~15; 욥 28:13, 15~19 등) 이미 구약에(구약의 지혜 사상에) 잘 알려진 생각이다. 지혜는 이처럼 소중한데

---

49) 이는 Schnabel의 도움을 받고 있다. 그러나 Schnabel은 하나님을 배우기 위한 보고란 점만을 강조하는 편이다. 그것을 강조하는 Schnabel의 표현을 정확히 옮기면 다음과 같다: "Christ, as God's wisdom, is the sole repository of what men may know of God's character." Schnabel, *Law and Wisdom from Ben Sira to Paul*, p. 259.

50) 참고: Schnabel, *Law and Wisdom from Ben Sira to Paul*, p. 259, n. 173.

그 소중한 보물이(지혜, 또는 지혜와 지식이) 그리스도 안에 감추어져(간직되어) 있다는 것이 골로새서 2:2, 3의 언명이다. 인간에게 필요한 모든 것을 공급하며 모든 보화, 즉 구속과 죄사함, 영생을 주시는 그리스도는 구약 지혜의 완성이다.

그리스도가 하나님의 신비라는 것이나 그리스도 안에 지혜와 지식의 보화가 감추어져 있다는 것이나 모두 구약 지혜와 깊은 연관 속에 개진된 사상이다. 골로새서 2:2, 3의 지혜 기독론은 구약 지혜의 영향으로 형성된 기독론인 것이다.

4. 야고보서

야고보서는 유일하게 이론의 여지가 없이 학자들 사이에 신약의 지혜서로 인정되는 책이다.[51] "지혜"라는 말은 전체적으로 다섯 번 나온다(1:5; 3:13, 13, 15, 17). 지혜서로 불리는 책 치고는 많이 나오는 편은 아니다. "지혜"가 나오는 문맥인 1:5과 3:13~18을 먼저 살피고, 야고보서가 지혜서로 분류되는 근거를 알아보기로 하자.

> 너희 중에 누구든지 지혜가 부족하거든 모든 사람에게 후히 주시고 꾸짖지 아니하시는 하나님께 구하라 그리하면 주시리라(1:5).

> 너희 중에 지혜와 총명이 있는 자가 누구뇨 그는 선행으로 말미암아 지혜의 온유함으로 그 행함을 보일지니라 그러나 너희 마음속에 독한 시기와 다툼이

---

51) Conzelmann이 골로새서와 에베소서를 포함하여 바울의 여러 서신을 지혜서로 분류하는 것에 반대하는 Sheppard도 야고보서만은 신약의 지혜서가 될 수 있음을 인정한다. G. T. Sheppard, "Wisdom," p. 1081.

있으면 자랑하지 말라 진리를 거스려 거짓하지 말라 이러한 지혜는 위로부터
내려온 것이 아니요 세상적이요 정욕적이요 마귀적이니 시기와 다툼이 있는
곳에는 요란과 모든 악한 일이 있음이니라 오직 위로부터 난 지혜는 첫째
성결하고 다음에 화평하고 관용하고 양순하며 긍휼과 선한 열매가 가득하고
편벽과 거짓이 없나니 화평케 하는 자들은 화평으로 심어 의의 열매를
거두느니라(3:13~18).

  1:5의 "지혜"는 문맥으로 볼 때 경건의 지혜 또는 인내의 지혜라는 의미가
될 것 같다. 이 신앙적 지혜는 하나님께만 있다. 신자는 하나님께 구하여
이 지혜를 얻음으로 경건 생활을 온전히 유지하고 믿음의 인내를 이룰 수
있다. 하나님이 주시는 지혜로써만 승리하는 신앙을 이룰 수 있다. 그런데
하나님은 지혜를 구하는 사람을 나무라지 아니하시고 후히 주시는 너그러운
분이다. 신자는 믿음의 승리를 위해 이 지혜를 하나님께 구해 받아야 한다.
1:5는 책의 모두(冒頭)에 승리하는 신앙의 핵심에는 하나님이 주시는 지혜가
있음을 설파하고 있다.[52] 그리고 1:5는 앞으로 전개되는 야고보서가 믿음(경건,
인내)의 승리를 위해 요긴한 교훈들, 즉 지혜를 제공하는 책이 될 것임을 시사하고
있다.
  3:13~18에서는 "위로부터 난" 지혜와 "세상적" 지혜를 대비시킨다. 야고보는
높은 도덕적 기준을 가지고 이 두 지혜를 비교한다. 세상적으로 지혜있다
하는 자들의[53] 지혜는 시기와 다툼과 무질서만 낳을 뿐이다(14, 16절).[54] 궤변으

---

52) 유사한 관찰을 Wood의 글에서도 찾아볼 수 있다: James Wood, *Wisdom Literature: An Introduction* (London: Gerald Duckworth & Co., 1967), p. 112.

53) 13절에 "너희"라 불리는 야고보의 논쟁의 적수가 누구인지는 정확히 알 수 없다. Wilckens는 이들을 영지주의자들로 규정하고 있다. Wilckens, "σοφία, σοφός, σοφίζω," p. 525. Sheppard는 과도한 추정을 피하고 단순히 이방 사회의 구성원들로 생각한다. Sheppard, "Wisdom," p. 1081.

54) 참고: Wilckens, "σοφία, σοφός, σοφίζω," p. 525.

로 자신들을 합리화할지 몰라도 삶의 열매를 보면 그것의 거짓됨은 드러나고야 말 것이다(참고: 14절). 그러한 지혜는 참된 지혜가 아니며 "정욕적이요 마귀적일" 뿐이다(15절). 위로부터 난 지혜는 그렇지 아니하다. 참된 지혜로서(참고: 17절) 의의 열매를 맺는다(18절). 온유, 성결, 화평, 자비, 질서 등의 선한 열매이다 (13, 17절).[55] 이 지혜는 행함으로 나타나는 지혜인데 치우침이 없고 진실하다(17절). 야고보는 행함이 있는 믿음을 강조하는 사도답게 여기서도 실제적 삶에 있어 높은 수준의 도덕성을 요구하고 있다. 공교히 꾸민 이론이나 고도의 사변 따위가 중요한 것이 아니다. 실제적인 도덕적 결과물이 중요하다.[56] 그것이 참된 지혜의 표징이다. 위에서 난 지혜는 신자 개인을 진실하고 균형잡히게 하며 공동체에는 사랑과 질서와 평화를 가져다준다. 갈급한 신자가 하나님께 구해서 얻은 지혜만이 이러한 결과물을 가져다 줄 수 있을 것이다(참고: 1:5).

이제 야고보서를 신약의 지혜서라고 부르는 이유를 살펴보자. 첫째, 위에서 살폈다시피 야고보서는 삶의 열매에 큰 관심이 있다. 생활에서 의(義)를 이루는 일에 주된 관심을 둔다는 말이다. 이 삶에 대한 관심 또는 의에 대한 관심은 바로 구약 지혜서의 관심이었다(제1장의 2항 참고). 야고보서는 이처럼 구약 지혜서와 같은 관심을 공유하기 때문에 신약의 지혜서라 불릴 수 있다.

둘째, 야고보서는 아무래도 신약의 다른 책들과는 달리 경험적인 교훈이 주를 이루는 책이라 해야 할 것이다. 이 경험적인 교훈이란 것이 바로 인간의 오랜 경험과 관찰, 또한 긴 시간의 반성이라는 배경 아래 형성된 지혜 또는 지혜적 교훈인 것이다. 이러한 지혜 또는 지혜적 교훈은 바로 구약 지혜서의 본질을 이루는 특징이다. 야고보서는 이처럼 경험-지혜적 교훈이란 면에서

55) 참고: Wilckens, "σοφία, σοφός, σοφίζω," p. 525.
56) 두 학자의 글을 참조: Wood, *Wisdom Literature: An Introduction*, pp. 111-112; Wilckens, "σοφία, σοφός, σοφίζω," pp. 524-525.

구약 지혜서들과 공통된 성격을 지닌다. 야고보서가 경험적 교훈을 주로 한다는 것은 다음에 설명하는 야고보서의 주된 장르가 교훈(훈계)과 금언이라는 사실과 무관하지 않다.

셋째, 야고보서는 기본적으로 교훈(Instruction)의 장르로 된 책(서신)이라 할 수 있다.[57] 어느 정도의 길이를 가진 교훈들이 연쇄적으로 이어지는 구조로 되어 있는 것이다.[58] 물론 짧은 교훈이나 금언도 간간이 섞여 있다. 교훈은 훈계(Admonition)라고도 하는데 이 교훈/훈계는 긍정적으로 무엇을 하라는 명령(Commands)과 부정적으로 무엇을 하지 말라고 하는 금지(Prohibitions)의 두 가지 방식으로 주어진다.[59] 훈계에 쓰이는 동사들은 2인칭 명령법(imperative)도 있고 3인칭 명령법(jussive)도 있다. 훈계(명령, 금지)의 뒤에는 통상 훈계에 대한 이유가 따르는데 그것들은 그 훈계를 잘 따르도록 동기를 부여하려는 목적을 지닌다. 본서 제2장 1항을 보면 잠언의 기본 장르인 훈계에 대한 설명이 나오는데 야고보서의 장르인 교훈(훈계)은 잠언의 훈계와 형태와 목적에 있어 매우 흡사한 것을 알 수 있다.

넷째, 야고보서에는 구약 지혜서에(특히 잠언) 나오는 것과 유사하거나 동일한 주제들이 많이 등장한다. 예컨대, 재갈물리지 않은 혀의 해악(3:1~12; 참고:

---

57) 교훈(Instruction)은 훈계(Admonition)라고도 하는데 이 장르에 대한 설명은 '제2장 잠언: 바른 생활의 교과서'에 상세히 되어 있다. 제2장 1항 참조. Conzelmann도 야고보서를 전체적으로 훈계(권면) 형태를 띤 지혜서로 해설한다. 그의 해석을 정확히 옮기면 다음과 같다: "The entire Letter of James is a wisdom document in parenetic style." Conzelmann, "Wisdom in the NT," p. 960.

58) Clifford, *The Wisdom Literature*, p. 167과 Sheppard, "Wisdom," p. 1081을 참고할 것.

59) 명령으로는 "하나님께 구하라"(1:5), "낮은 형제는 자기의 높음을 자랑하라"(1:9), "듣기를 속히 하라," "말하기를 더디 하라," "성내기를 더디 하라"(1:19), "손을 깨끗이 하라"(4:8), "마음을 성결케 하라"(4:8), "주 앞에서 낮추라"(4:10), "길이 참으라"(5:7) 등을 들 수 있고, 금지로는 "의심하지 말라"(분사로 되어 있음)(1:6), "듣기만 하여 자신을 속이는 자가 되지 말라"(1:22), "사람을 외모로 취하지 말라"(2:1), "많이 선생이 되지 말라"(3:1), "자랑하지 말라"(3:14), "서로 원망하지 말라"(5:9) 등을 들 수 있다.

잠 10:18~21), 미래에 대한 주제넘은 계획의 어리석음(4:13~17[60]); 참고: 잠 27:1, 16:1[61]), 불의하게 모은 재물에 대한 경고(5:1~6; 참고: 잠 10:2~3) 등이 그것이다.[62] 야고보서는 다루는 주제 면에서도 구약 지혜서와 공통된 면모를 띤다.

마지막으로 야고보서는 초월적인 지혜의 귀중함에 대해 말한다(3:13~18). 야고보서의 권면들은 이 땅에서의 실제적인 삶에 관한 것들이지만 그러나 야고보서는 또한 "위로부터 난 지혜"(3:17)를 강조하는 것이다.[63] 야고보서는 "각양 좋은 은사와 온전한 선물은 다 위로부터 빛들의 아버지께로서 내려온다" 고(1:17) 믿는다. 지상에서 거룩하고 선하고 의로운 열매를 맺는 삶이 중요한데 그러한 삶의 열매는 하나님께로부터 오는 지혜, 즉 하나님의 지혜로 말미암아서 만 가능하다. 야고보서가 초월적인 하나님의 지혜를 강조하는 것은 욥기 등이 인간의 지혜를 넘어서는 불가해한 하나님의 지혜에 관해 강조하는 것과(욥기 28장; 38~42장) 상통한다. 지혜가 빛들의 아버지이신 하나님께로부터 내려온다 는 생각은(3:17; 1:17) 잠언 2:6이 '하나님이 지혜를 주신다'고 말씀하는 것과[64] 상통한다고 할 수 있다.

이러한 몇 가지 이유가 신약에서 야고보서를 지혜서로 분류하게 하는 근거이다.

---

60) 같은 어리석음에 대한 경고가 누가복음 12:18-20에도 나온다.
61) 사람의 계획의 한계에 대한 말씀은 16:9, 19:21, 20:24 등에도 나온다.
62) 이 부분은 Clifford의 도움을 받았다: Clifford, *The Wisdom Literature*, pp. 167-8.
63) 이는 La Sor 등의 개론서도 확인하는 바이다. La Sor, Hubbard, and Bush, *Old Testament Survey*, p. 546.
64) 잠 2:6: "여호와는 지혜를 주시며"(יהוה יתן חכמה; 아도나이 이텐 호흐마).

5. 요한계시록

요한계시록에도 "지혜"가 네 번 나온다(5:12; 7:12; 13:18; 17:9). 앞의 두 번은
예수 그리스도와 하나님이 지니신 속성을 표현하는 데, 뒤의 두 번은 성도가
종말에 관한 환상의 의미를 이해하기 위해 갖추어야 할 자질을 말하는 데
쓰였다.

5:12과 7:12의 경우를 먼저 살피자.

> 큰 음성으로 가로되 죽임을 당하신 어린 양이 능력과 부와 지혜와 힘과 존귀와
> 영광과 찬송을 받으시기에 합당하도다 하더라(5:12).

> 가로되 아멘 찬송과 영광과 지혜와 감사와 존귀와 능력과 힘이 우리 하나님께
> 세세토록 있을지로다 아멘 하더라(7:12).

두 구절 모두 천사가 하나님(예수 그리스도)을 찬송하는 영광송(doxology)이다.
5:12는 죽임 당한 어린 양에게 돌아갈 영광을 찬송하는 내용인데 지혜는 어린
양이 받으실 속성 일곱 가지 중의 하나이다. 7:12는 하나님을 찬송하는 내용인데
역시 지혜는 하나님이 받으실 또 다른 일곱 가지의 속성 중의 하나이다. 예수
그리스도와 하나님께 돌아갈 속성이 일곱 가지로 제시된 것은 두 분이 받으실
영광이 완전한 것이라는 의미일 것이다.[65] 지혜는 하나님(예수 그리스도)의
완전하신 영광의 일부이다.

이번에는 13:18과 17:9을 살피자.

---

65) 참고: Wood, *Wisdom Literature: An Introduction*, pp. 113.

지혜가 여기 있으니 총명 있는 자는 그 짐승의 수를 세어 보라 그 수는 사람의 수니 육백 육십 륙이니라(13:18).

지혜 있는 뜻이 여기 있으니 그 일곱 머리는 여자가 앉은 일곱 산이요(17:9).

두 경우 모두 지혜는 난해한 종말의 환상(묵시)을 이해하는 데 필요한 자질을 의미한다.[66] 13:18은 둘째 짐승의 환상에 관해 말씀한 내용이다. 땅에서 올라와 (13:11) 표를 받게 하고 이 표를 가진 자 외에는 매매를 못하게 한(13:16, 17) 둘째 짐승의 수를 "세려면" 지혜가 필요하다. 17:9은 음녀와 짐승의 환상에 관해 말씀한 내용이다. 일곱 천사 중 하나가 말한 음녀와 짐승의 의미를 이해하려 면 성도는 지혜를 갖춘 마음이 필요하다.[67] 13:18과 17:9의 경우 지혜는 성도들이 장차 일어날 종말 사건들의 의미와 그 사건들이 어떻게 전개될 것인가를 이해하는 데 필요한 자질이다.

구약성경에 꿈이나 환상을 해석하는 뛰어난 능력을 지닌 사람 둘이 나온다. 구약은 이 능력을 지혜라 부르는데 이 두 사람은 바로 요셉과 다니엘이다.[68] 요셉은 애굽의 엘리트들이 해석하지 못하는 바로의 꿈을 해석하고 미래에 대한 대비책까지 제시하였다. 이 때 바로는 요셉의 지혜를 크게 칭찬한다.

---

66) Wood는 두 구절의 "지혜가 여기 있으니"와 "지혜 있는 뜻(마음)이 여기 있으니"를 이해하기 쉽게 각각 "이는 지혜를 요구한다"(this calls for wisdom)와 "이는 지혜의 마음을 요구한다"(this calls for a mind with wisdom)로 풀이했다. Wood, *Wisdom Literature: An Introduction*, pp. 114.

67) 한글성경들이 모두(개역한글판, 개역개정) "지혜 있는 뜻이 여기 있으니"라고 하고 있는데 여기서 "뜻"은 의미 전달이 모호한 말이다. "마음"이나 "정신"으로 해야 할 것이다. 헬라어 누스(νοῦς)는 "mind," "reason," "understanding"의 의미이다. 참고: F. W. Danker, *A Greek-English Lexicon of the New Testament and Other Early Christian Literature*, p. 680. NASB, NRSV, NIV 모두 "mind"로 옮기고 있음.

68) 요셉과 다니엘에 대해서는 Wood가 잘 관찰하고 있다. Wood는 창세기 41:39와 다니엘 5:14에만 관심을 두고 있다. Wood, *Wisdom Literature: An Introduction*, p. 114.

요셉에게 이르되 하나님이 이 모든 것을 네게 보이셨으니 너와 같이 명철하고 지혜 있는 자가 없도다(창 41:39).

다니엘은 느부갓네살 왕과 벨사살 왕의 꿈을 해석하여 크게 높임을 받은 사람이다. 다니엘 2장과 5장이 그의 꿈을 해석하는 능력을 지혜라 부르고 있다. 다니엘 2장에서 다니엘은 갈대아의 어느 엘리트도 파악하지 못한 느부갓 네살의 꿈을 하나님이 주신 능력으로 파악하고 해석해낸다. 하나님께서 꿈을 해석하는 힘을 주셨을 때 다니엘은 감사와 찬양을 드리는데 이 기도에서 그는 하나님이 주신 꿈을 해석하는 능력을 지혜라 부르고 있다.

다니엘이 말하여 가로되 영원 무궁히 하나님의 이름을 찬송할 것은 지혜와 권능이 그에게 있음이로다 그는 때와 기한을 변하시며 왕들을 폐하시고 왕들을 세우시며 지혜자에게 지혜를 주시고 지식자에게 총명을 주시는도다 그는 깊고 은밀한 일을 나타내시고 어두운 데 있는 것을 아시며 또 빛이 그와 함께 있도다 나의 열조의 하나님이여 주께서 이제 내게 지혜와 능력을 주시고 우리가 주께 구한바 일을 내게 알게 하셨사오니 내가 주께 감사하고 주를 찬양하나이다 곧 주께서 왕의 그 일을 내게 보이셨나이다 하니라(단 2:20-23).

다니엘 5장에서 다니엘은 역시 갈대아의 그 어느 엘리트도 해석할 수 없었던 벨사살 왕의 환상, 즉 벽에 나타날 글씨를 해독해낸다. 이러한 능력을 지닌 다니엘을 벨사살 왕은 (아직 글자를 해독하기 전이지만) 지혜를 지닌 사람으로 인정하고 있다.

내가 네게 대하여 들은즉 네 안에는 신들의 영이 있으므로 네가 명철과 총명과 비상한 지혜가 있다 하도다(단 5:14).

이처럼 구약은 꿈이나 환상을 해석하는 능력을 지혜로 이해하는 관념을 가지고 있다. 이러한 관념이 요한계시록 13:18과 17:9이 종말의 환상을 이해하는 자질을 가리켜 지혜라 부르는 일에 영향을 주었을 가능성이 있다.

이상과 같이 신약성경 중에서 공관복음, 요한복음, 로마서, 고린도전서, 골로새서, 야고보서, 요한계시록에 쓰인 지혜(σοφία, σοφός)에 대해 살피고 야고보서의 경우는 책 전체의 지혜서로서의 성격에 대해서도 살폈다.

구약의 지혜는 신약성경 각 부분에 광범한 영향을 끼친 것을 알 수 있다. 이는 바울의 기독론에도 영향을 미쳐 소위 지혜 기독론이란 것이 생기게 하였다. 구약의 지혜가 신약에 끼친 영향 중 가장 큰 것은 역시 인격화된 지혜, 즉 지혜 숙녀의 관념과 욥기 등이 말하는 하나님의 지혜는 불가해하고 측량할 수 없는 신비라는 관념 두 가지라 해야 할 것 같다.

구약의 지혜는 신약성경의 여기저기에 영향을 끼쳤다. 그러나 그것의 영향은 신약 책들의 어느 한 부분이나 어떤 한 개념에 제한된 것들이었다. 책 전체가 그것의 영향으로 압도되는 수는 드물었다. 바울을 포함한 신약의 저자들은 자신의 고유한 신학을 펼치는 중에 다만 필요한 곳에서만 구약 지혜의 관념들을 차용한 것으로 보인다. 유일한 예외가 있다. 야고보서이다. 야고보서는 책 전체가 구약 지혜의 영향을 받은, 말 그대로 지혜서이다. 형식과 내용 양면에 있어 그러하다 할 수 있다. 장르도 구약의 지혜를 많이 닮았고 다루는 주제도 구약의 지혜와 유사한 것이 많다. 특히 잠언과 흡사하다. 야고보서는 신앙적인 권면을 할 때도 구약 지혜의(특히 잠언의) 교훈(훈계) 장르를 사용하므로 그것이 경험에서 나온 지혜라는 인상을 깊이 준다.

요한계시록은 꿈이나 환상을 해석하는 능력을 지혜로 이해하는 구약의 관념에 영향받은 것으로 나타난다.

참고문헌

1. 사전류, 지혜서 일반

Danker, F. W., rev. and ed. *A Greek-English Lexicon of the New Testament and Other Early Christian Literature*. 3rd ed. Chicago: The University of Chicago Press, 2000.

Even-Shoshan, A., ed. *A New Concordance of the Bible*. Jerusalem: "Kiryat Sefer" Publishing House, 1993.

Hatch, E., and H. A. Redpath. *A Concordance to the Septuagint and the other Greek Versions of the Old Testament*. Reprint, Grand Rapids: Baker Book House, 1991.

Jenni, E., and C. Westermann, eds. *Theological Lexicon of the Old Testament*. Trans. M. E. Biddle. Peabody, MA: Hendrickson Publishers, 1997.

Kittel, G., and G. Friedrich, eds. *Theological Dictionary of the New Testament*. Trans. G. W. Bromiley. Grand Rapids: Eerdmans, 1964/76.

Mandellkern, S. *Veteris Testamenti Concordantiae Hebraicae atque Chaldaicae*. Tel Aviv: Sumptibus Schocken Hierosolymis, 1971.

Brown W. P. *Character in Crisis: A Fresh Approach to the Wisdom Literature of the Old Testament*. Grand Rapids: Eerdmans, 1996.

Clifford, R. J. *The Wisdom Literature*. Nashville: Abingdon Press, 1998.

Crenshaw, J. L. *Old Testament Wisdom: An Introduction*. Rev. and enlarged ed. Louisville, KY: Westminster John Knox Press, 1998.

_____. "Sirach." *Harper's Bible Commentary*. Ed. J. L. Mays. New York: Harper & Row, 1988. Pp. 836-854.

de Vaux, R. *Ancient Israel*. New York: McGraw-Hill, 1965.

Goldsworthy, G. 『복음과 지혜』. 김영철 옮김. 서울: 한국성서유니온, 1989.

Hermisson, H.-J. *Studien zur israelitischen Spruchweisheit*. Wissenschaftliche Monographien zum Alten und Neuen Testament 28. Neukirchen-Vluyn: Neukirchener, 1968.

Kidner, D. 『어떻게 지혜서를 읽을 것인가?』. 유윤종 옮김. 서울: IVP, 2000.

Murphy, R. E. *Proverbs*. WBC. Nashville: Thomas Nelson Publishers, 1998.

_____. *The Tree of Life: An Exploration of Biblical Wisdom Literature*. 3rd ed. Grand Rapids: Eerdmans, 2002.

_____. "Wisdom and Creation." *JBL* 104/1 (1985): 3-11.

Olivier, J. P. J. "Schools and Wisdom Literature." *Journal of Northwest Semitic Languages* IV (1975): 49-60.

Reese, J. M. "Wisdom of Solomon." *Harper's Bible Commentary*. Ed. J. L. Mays. New York: Harper & Row, 1988. Pp. 820-835.

Richter, W. *Recht und Ethos. Versuch einer Ortung des weisheitlichen Mahnspruches*. N.p., 1966.

Skehan, P. W., and A. A. Di Lella. *The Wisdom of Ben Sira*. AB. New York: Doubleday, 1987.

von Rad, G. *Theologie des Alten Testaments*. Vol. 1. München: Kaiser Verlag, 1966.

_____. *Wisdom in Israel*. Trans. J. D. Martin. London: SCM Press, 1972.

Winston, D. *The Wisdom of Solomon*. AB. New York: Doubleday, 1979.

2. 잠언

Alster, B. *Studies in Sumerian Proverbs*. Mesopotamia 3. Copenhagen: Akademisk Forlag, 1975.

Alter, R. *The Art of Biblical Poetry*. New York: Basic Books, 1985.

Camp, C. V. *Wisdom and the Feminine in the Book of Proverbs*. BLS 11. Sheffield: Almond Press, 1985.

Eichrodt, W. *Theology of the Old Testament*. Trans. J. A. Baker. London: SCM Press, 1961/1967.

Fox, M. V. "Ideas of Wisdom in Proverbs 1-9." *JBL* 116/4 (1997): 613-633.

Gordon, C. H. *Ugaritic Textbook*. Analecta Orientalia 38. Rome: Pontifical Biblical Institute, 1965.

Gunkel, H. *Die Religion in Geschichte und Gegenwart*. 2nd ed. Tübingen: J. C. Mohr (Paul Siebeck), 1927-30.

Koch, K. "Is there a Doctrine of Retribution in the Old Testament?" *Theodicy in the Old Testament*. Ed. J. L. Crenshaw. Philadelphia: Fortress Press, 1983. Pp. 57-87.

Lambert, W. G. *Babylonian Wisdom Literature*. Oxford: Clarendon Press, 1960.

McCreesh, T. P. "Wisdom as Wife: Proverbs 31:10-31." *RB* 92 (1985): 25-46.

McKane, W. *Proverbs*. OTL. London: SCM Press, 1970.

Meinhold, A. *Die Sprüche*. Vol. 1 and 2. Zurich: Theologischer Verlag, 1991.

Prichard, J. B., ed. *Ancient Near Eastern Texts Relating to the Old Testament*. 3rd ed. with supplement. Princeton: Princeton University Press, 1978.

Scott, R. B. Y. *Proverbs · Ecclesiastes*. AB. New York: Doubleday, 1965.

Skehan, P. W. *Studies in Israelite Poetry and Wisdom*. CBQMS 1. Washington: Catholic Biblical Association, 1971.

Van Leeuwen, R. C. *Context and Meaning in Proverbs 25-27*. SBLDS 96. Atlanta: Scholars Press, 1988.

Whybray, R. M. *The Composition of the Book of Proverbs*. JSOT Sup 168. Sheffield: Academic Press, 1994.

3. 욥기

Andersen, F. I. *Job: An Introduction and Commentary*. TOTC. Downers Grove, IL: IVP, 1976.

Brueggemann, W. "Theodicy in a Social Dimension." *JSOT* 33 (1985): 3-25.

Clines, D. J. A. *Job 1-20*. WBC. Dallas, Texas: Word Books, 1989.

Hartley, J. E. "Job." *ISBE*. Vol. 2. Grand Rapids: Eerdmans, 1982. pp. 1064-1076.

Mettinger, T. N. D. "The God of Job: Avenger, Tyrant, or Victor?" *The Voice from the Whirlwind*. Ed. L. G. Perdue and W. Gilpin. Nashville: Abingdon Press, 1992. Pp. 39-49.

Rignell, G. *The Peshitta to the Book of Job Critically Investigated with Introduction, Commentary and Summary*. Ed. Karl-Erik Rignell. Kristianstad, Sweden, 1994.

Rowley, H. H. "The Book of Job and Its Meaning." *From Moses to Qumran*. London: Lutterworth Press, 1963. Pp. 139-183.

_____. *The Book of Job*. The New Century Bible Commentary. Grand Rapids: Eerdmans, 1976.

Szpek, H. M. *Translation Technique in the Peshitta to Job: A Model for Evaluating a Text with Documentation from the Peshitta to Job*. SBLDS 137. Atlanta: Scholars Press, 1992.

The NIV Study Bible. Grand Rapids: Zondervan, 1985.

Tsevat, M. "The Meaning of the Book of Job." *Studies in Ancient Israelite Wisdom*. Ed. J. Crenshaw. New York: Ktav Publishing House, 1976. pp. 341-374.

4. 전도서

Archer, G. L. "The Linguistic Evidence for the Date of Ecclesiastes." *JETS* 12 (1969): 167-181.

Childs, B. S. *Introduction to the Old Testament as Scripture*. Philadelphia: Fortress, 1979.

Crenshaw, J. L. *Ecclesiastes*. OTL. Philadelphia: Westminster Press, 1987.

Dahood, M. J. "Canaanite-Phoenician Influence in Qoheleth." *Bib* 33 (1952): 30-52, 191-221.

_____. "Hebrew-Ugaritic Lexicography." *Bib* 49 (1968): 335-365.

_____. "Phoenician Background of Qoheleth." *Bib* 47 (1966): 264-282.

_____. "Qoheleth and Northwest Semitic Philology." *Bib* 43 (1962): 349-365.

_____. "Qoheleth and Recent Discoveries." *Bib* 39 (1958): 302-318.

_____. "Three Parallel Pairs in Ecclesiastes 10,18." *JQR* 62 (1971/72): 84-87.

_____. "Ugaritic-Hebrew Parallel Pairs." *Ras Shamra Parallels: The Texts from Ugarit and the Hebrew Bible 1*. Ed. L. Fisher. AnOr 49. Rome: Pontifical Biblical Institute, 1972. pp. 71-382.

Davidson, R. 『전도서 · 아가』. 박양조 옮김. 서울: 기독교문사, 1987.

Davila, J. R. "Qoheleth and Northern Hebrew." *Maarav* 5-6 (1990): 69-87.

Delitzsch, F. *Commentary on the Song of Songs and Ecclesiastes*. Trans. M. G. Easton. N. p., 1891; reprint, Grand Rapids: Eerdmans, 1982.

Ellul, J. *Reason for Being: A Meditation on Ecclesiastes*. Trans. J. M. Hanks. Grand Rapids: Eerdmans, 1990.

Fox, M. V. "The Meaning of Hebel for Qohelet." *JBL* 105 (1986): 409-427.

_____. *Qohelet and His Contradictions*. JSOTS 71. Sheffield: Almond Press, 1989.

Fredericks, D. C. *Qohelet's Language: Reevaluating Its Nature and Date*. Ancient Near Eastern Texts and Studies 3. Lewiston, NY: Mellen Press, 1988.

Gordis, R. *Koheleth—The Man and His World: A Study of Ecclesiastes*. 3rd augmented ed. New York: Schocken Books, 1968.

Gorssen, L. "La cohérence de la conception de Dieu dans l'Ecclésiaste." *ETL* 46 (1970): 282-324.

Lauha, A. *Kohelet*. BKAT 19. Neukirchen-Verlag: Neukirchener, 1978.

Lohfink, N. *Kohelet*. Die Neue Echter Bibel. Würzburg: Echter, 1980.

Luther, M. "Notes on Ecclesiastes." *Luther's Works*. Ed. J. Pelikan. St. Louis: Concordia, 1972. 15: 3-187.

Michel, D. *Untersuchungen zur Eigenart des Buches Qohelet* (mit einem Anhang von R. G. Lehmann, Bibliographie zu Qohelet). BZAW 183. Berlin: de Gruyter, 1989.

Murphy, R. E. *Ecclesiastes*. WBC. Dallas, TX: Word Books, 1992.

_____. *Wisdom Literature: Job, Proverbs, Ruth, Canticles, Ecclesiastes, and Esther*. FOTL 13. Grand Rapids: Eerdmans, 1981.

Pedersen, J. *Scepticisme Israélite*. Cahiers de RHPR. Paris: Alcan, 1931.

Schoors, A. "La structure littéraire de Qoheleth." *Orientalia lovaniensia periodica* 13 (1982): 91-116.

Stek, J. *Aspects of Old Testament Ecclesiastes*. An Unpublished Syllabus. Grand Rapids: Calvin Theological *Poetics and Introductions to Psalms Proverbs* Seminary, 1987.

Wright, A. G. "Additional Numerical Patterns in Qoheleth., *CBQ* 45 (1983): 32-43.

_____. "The Riddle of the Sphinx: The Structure of the Book of Qoheleth." *CBQ* 30 (1968): 313-334.

5. 지혜와 신약

Conzelmann, H. "Wisdom in the NT." *IDBS*. Pp. 956-960.

La Sor, W. S., D. A. Hubbard, and F. Wm. Bush. *Old Testament Survey: The Message, Form, and Background of the Old Testament*. Grand Rapids: Eerdmans, 1982.

Schnabel, E. J. *Law and Wisdom from Ben Sira to Paul*. Tübingen: J. C. B. Mohr, 1985.

Sheppard, G. T. "Wisdom." *ISBE*. Vol. 4. Grand Rapids: Eerdmans, 1988. Pp. 1074-1082.

Wilckens, U. "σοφία, σοφός, σοφίζω." *TDNT*. Vol. 7. Grand Rapids: Eerdmans, 1971. Pp. 465-528.

Wood, J. *Wisdom Literature: An Introduction*. London: Gerald Duckworth & Co., 1967.

찾아보기 | 주제

찾아보기∟인명(저자)

찾아보기_성구